区块链与数字经济前沿丛书

区块链商业思维

Business Thinking in Blockchain Ecosystem

陈义佳　蔡天琪　著

中国财经出版传媒集团
中国财政经济出版社

图书在版编目（CIP）数据

区块链商业思维／陈义佳，蔡天琪著. --北京：中国财政经济出版社，2020.6（2022.2重印）
（区块链与数字经济前沿丛书）
ISBN 978-7-5095-9750-7

Ⅰ.①区… Ⅱ.①陈… ②蔡… Ⅲ.①电子商务-支付方式-研究 Ⅳ.①F713.361.3

中国版本图书馆CIP数据核字（2020）第057409号

责任编辑：叶 彤　　　　责任校对：胡永立
封面设计：锦麒麟文化

中国财政经济出版社 出版
URL：http：//www.cfeph.cn
E-mail：cfeph@cfeph.cn

社址：北京市海淀区阜成路甲28号　邮政编码：100142
营销中心电话：010-88191537
北京时捷印刷有限公司印刷　各地新华书店经销
787×1092毫米　16开　19.75印张　300 000字
2020年6月第1版　2022年2月北京第6次印刷
定价：68.00元
ISBN 978-7-5095-9750-7
（图书出现印装问题，本社负责调换）
本社质量投诉电话：010-88190744
打击盗版举报热线：010-88191661　QQ：2242791300

本书编委会

编委会主任：

蔡恒进（卓尔智联研究院执行院长、武汉大学管理科学与工程及软件工程等学科教授、博导）

执行主任：

陈义佳（湾区国际金融科技实验室区块链专委会主任委员，华中科技大学中国金融研究中心研究员）

蔡天琪（卓尔智联研究院助理院长）

刘立清（星链合伙人）

副主任委员：

徐靖富（智慧谷董事长）

刘　乔（布洛克［武汉］区块链科技有限公司董事长）

陈庆全（中国城市发展联盟副秘书长，中国正意价格评估集团副总裁）

卢　荣（深圳市前海睿屹尚丰投资管理有限公司副总裁）

杨存哲（武汉长易科技有限公司 CEO）

唐科伟（孚临科技 CEO）

蒋凌广（如系区块链创始人）

柳　波（德方智链 CEO）

冯志慧（《全民众筹》作者）

吴　杰（见吾出新创始人）

夏甫杰（黑龙江省华商普惠科技集团有限公司执行副总裁）

陈　超（海一投资集团有限公司董事长）

孙祥轩（深圳仙人掌人工智能实验室有限公司 CEO）

周大勇（河南创吉汇智慧养老信息技术有限公司董事长）

专家委员：

郭剑武（星视界资本创始人、筵富资本创始管理合伙人）
张　恒（中国电信武汉分公司社会渠道运营中心副总经理）
周春恩（全球金融科技实验室总裁助理）
邵玉磊（北京钱景基金销售有限公司合伙人）
韦添誉（蘑菇智能董事长）
王华品（潍坊银行投行部副总裁）
原红星（TCL 科技集团股份有限公司武汉代表处首席代表）
陈建海（浙江大学计算机科学与技术学院副教授）
吴志彬（ToDo Block CEO）
王　晴（UPA 国际咨询与设计机构 CEO ）
王　滨（山西莱芙酒链科技有限公司总经理）
杨峻峰（北部湾金融租赁有限公司业务总经理）
邹二伟（华夏龙 CEO）
樊晓明（深圳市信息服务业区块链协会秘书长）
陈雷声（中能汇智［深圳］科技有限公司总经理）
黄郴雅（鼎世咨询董事长）
朱　源（上海影鑫实业有限公司总经理）
符青山（广东南粤银行金融市场总监）
虞天宁（谦和资本创始合伙人）
袁东阳（联储证券上海证券资产管理分公司投资研究部总经理）
李伟东（同盾科技副总裁）
高岚峰（全球金融科技实验室运营部副总经理）
肖明煌（全球金融科技实验室设计总监）
师霞麟（深圳链改实验室科技有限公司联合创始人）
陈家乐（中观传媒董事长）
赵国栋（全国知名农村电商战略咨询专家）
吴　均（区块链投资者）
熊　文（武汉中部发展创业投资中心合伙人）

推荐语

收到书稿第一章《区块链商业思维》,读了一下,我感觉像普朗克思维的现代版。普朗克曾说过,“科学是内在的整体,被分解为许多单独的个体,不是取决于科学事物本身,而是取决于人类认知能力的局限性”。你思考如何把区块链当成工具,链接被分裂的个体,回归一个内在的整体。这是一个时间不断延续的“减熵”链条。2020年以后,随着中国的天基互联网的出台,你的理想有可能逐步呈现。

——李幼平　中国工程院院士

《区块链商业思维》是一部纵横穿越的论著:纵穿工业化时代、互联网时代以及设想中的区块链时代;横贯数字化技术、市场化逻辑以及理想化的区块链商业模式。作者对区块链技术的内核做了专业而又精炼的分析,对市场逻辑的本质做了深刻而又新颖的透视,对商业模式的演变做了大胆而又独特的预测。书中记载的案例,涉及区块链融资、智慧养老商业、智慧供应链商业、体验式电商商业、宗亲商业、智慧城市商业、小微金融社区等等,实实在在,可资借鉴和参考。

这是一部值得精读的区块链著作。

——李礼辉　中国互联网金融协会区块链工作组组长

原中国银行行长,原海南省副省长

今年疫情期间收到的最好的礼物就是陈义佳和蔡天琦两位博士的大作，尤其是陈博士还是我的校友与同行。掩卷之余，收获良多。作为一家创投机构，信中利资本5年前开始成立专门的小组投资了区块链底层技术公司众享比特、矿机芯片公司比特大陆等国内领先的区块链技术与产品公司。我们关注的领域通常被称为“链圈”“矿圈”和“币圈”，本书提出了一个更新的概念——区块链“商圈”。从区块链发展的社会背景与历程，以及技术演进的逻辑与结构出发，提出一系列诸如“拥户”“坎陷”“增益”“通证”等全新的概念，以及商业创新的九大思维，结合中国国情提出深具实用性的商业模式与融资模式。所以本书的推出，不仅为科研学术界、政府决策与监管部门提供一部系统全面的区块链指引，更是为创业者、投资机构从业者展示众多实用、创新的商业思维与融资模式。我深信，这些全新的区块链商业思维将对中国的数字经济与数字货币发展影响深远，必将引爆创业者的区块链“商圈”！

——汪潮涌　信中利资本集团董事长

中央统战部建言献策财金组专家

序言

区块链领域的第一个应用是比特币，但区块链技术绝不仅限于此。如果将区块链技术的核心价值（即存证与通证）发挥得当，它将与人工智能技术一道，作为未来网络系统的底层必需，为网络空间中的各个节点（企业、组织、个人或机器）提供可信协作的基础设施。要实现这一目标，就需要我们从更深层面思考人与机器的异同，针对具体应用问题，在不同场景中实施契合的技术路线。

我非常欣喜地看到义佳、天琪的新作，就是从深层次的理论出发，将自我肯定需求、认知坎陷理论体系作为基础之一，更清晰地分析人类行为，尤其是商业行为，并将区块链技术思路应用到不同类型的商业场景中，展现了很多生动详实的案例。

自我肯定需求和认知坎陷理论框架是我们十多年潜心研究的结晶。自我肯定需求是人类的刚性需求和本质特征，人们倾向于高估自己的贡献并希望得到高于预期的回报，满足自我肯定需求的系统才能更好地持续发展，形成健康生态，在区块链系统（尤其是公链）中设计精妙的激励机制也是出于此目的。认知坎陷（或意识片段）的概念并不容易理解透彻，是指对于某个特定能动体具有时间一致性、在认知主体之间可能达成共识的结构体。区块链系统中的通证就可以看作是认知坎陷的载体，如果该认知坎陷生命力顽强，那么对应的通证更容易传播并在较大范围内形成共识。从某种程度上讲，要想发行让更多人认可的通证，背后就需要有一个富有生命力的认知坎陷。

互联网技术带来了“眼球经济”（Attention Economy），也就是“注意力经济”，互联网巨头的崛起就是依靠这种注意力，从而垄断用户的眼球。现在AI技术被逐步广泛应用，意向经济（Intention Economy）变得越来越重要，人们不再限于被动接收信息，而是更注重主动认知与思考，有更多的意向与偏好，也更愿意为自己感兴趣的商品、数据或服务等买单。随着区块链技术的涌现与发展，未来的交易是要对认知坎陷或者通证来定价，可以把传统交易包含的细节逐一拆开，不同的交易者针对各自相关的细节进行定价，形成共识。我们把这种由眼球经济与意向经济融合发展而来的、基于通证技术的经济模式定义为“坎陷经济”。以通证为媒介对认知坎陷定价的方式将随着区块链技术的普及而进一步被推广，人们也将迈入坎陷经济新时代意向经济时代。

科技的快速进步带来的不仅是便捷，还有挑战。当机器在专业领域一项一项超越人类，当“黑天鹅”事件出现得越来越频繁，当社会进程被不断压缩，人类必须学会利用技术手段制衡技术的潜在威胁。我们相信，区块链技术提供了一种可能路径，协助人类更好地应对前所未有的新形势并作出及时有效的决策，这也需要各界优秀人才在不同场景中应用区块链技术时，进行更多的思考与尝试。

蔡恒进

2020 年 3 月 21 日

前言

2008 年到 2019 年，区块链经历了第一个 12 年。下一个 12 年，在区块链技术的引领下，人类经济将迈向何方？区块链技术是什么？决定未来方向的区块链商业思维到底是什么？区块链技术如何革新实体经济？如何设计区块链商业模式？在中国的法律法规体系下，如何开启创新的区块链事业，又如何进行区块链模式融资？

这是一本基于现实实践的书，也是一本探索未来的书。这本书的价值不仅要帮助读者看到区块链商业未来，也要引领读者开创区块链商业未来。这是一个艰巨的任务，但本书作者相信可以做到，虽然这需要时间去证明，但时间从来都不会辜负每一个真正预见未来的人！

人类社会正在从“眼球经济”（Attention Economy）向“意向经济”（Intention Economy）的代际跃升的过程之中。眼球经济和意向经济都是坎陷经济的一部分，“坎陷经济”源自于武汉大学蔡恒进教授的卓越研究。蔡教授提出了自我肯定需求（只要有可能，人对自我的评价总是高于其认知范围领域内的平均水平，并在分配环节希望得到高于自我评估的份额）和认知膜（人在与外部世界交互时，在面对明显要高于自己水平的一个参照系的情况下对自身或自身所处环境进行评价时，为防止过大的落差击垮自身的心理防线，人总是更倾向于肯定自我，用较高的自我评价从主观上进行自我保护的认知综合体）和认知坎陷（指对于认知主体具有一致性、在认知主体之间可用来交流的一个结构体，人的所有思维产物或意识片段都可以看作是认知坎陷）等理论，人类通过不断开显、运用认知坎陷来丰富对自我和外界的认知，在认知坎陷的开显和发展过程中就可能在不同范围内达成一个又一个“共识”。在人工智能快速发展的驱动下，区块链技术带来的通证就成为了共识达成的媒介。未来的交易是要对所有的认知坎陷通过通证来定价，可以把交易包含的细节拆开，让交易者能给出一个相对合理的价格，形成某种共识，我们称之为“坎陷经济”。

通证的出现作为坎陷经济跃升的分水岭，没有通证的“眼球经济”作为坎陷经济的前时代，共识达成缺乏有效的媒介，消费者通过眼球来表达自己的主张和权利。“意向经济”时代的到来，使用者也可以通过投资、消费、推广、交易、记账、义工等方式获得生态所发行的通证，从而成为生态的拥有者，真正地表达自己的意向，通过拥有对于生态的收益权、投票权、治理权等来推动生态向共同的意向发展。

因为成为“拥有者”，人类对于自己未来的“拥有”的放大倍数要远远大于“使用”的倍数，在自我肯定需求和认知膜的作用下，“拥户”以前所未有的激情投入到自己笃信的“意向”之中，当意向不再限于个体的时候便形成了“共识”，催动“共识”的开显、转化和消亡。所以未来的经济不再以眼球为中心，而是以所有“拥户”的“共识”为中心，眼球经济追求流量价值，而意向经济追求共识价值。有几百个“拥户”组成的小范围认可的意向经济，也有几千万个“拥户”组成的大范围认可的意向经济，百花齐放，百家争鸣，让我们的经济更具生命力。

正如百度创始人李彦宏先生所言：忘记互联网商业思维！因为互联网商业思维就是“眼球经济”的内在逻辑，通过占用用户的时间来赢得更高额的利润，商业巨头们和创业者们挖空心思思考怎么解决用户的痛点来吸引用户的眼球以及占用他们的时间。而区块链技术的广泛应用，正在重塑这一切。区块链技术使我们的消费行为不仅能解决我们的痛点，而且还能够帮助我们成倍实现我们的效用，提升我们的“Gain Points”（也就是“增益点”，等于收获的价值/付出的成本），使我们不仅仅成为消费者，还能让我们成为拥有者，也就是“用者拥有”（即“拥户”）。随着时间的推移，“增益点”不再是互联网时代的通缩模式，也不再是一倍、两倍，而是成十倍、百倍提升的时候，“坎陷经济”就会自然而然地到来。到那时，我们不仅仅能享受产品、服务、内容带来的使用价值，通过通证能分享生态持续成长带来的财富价值，还能够成为平台的治理者，参与生态的建设的自我实现价值。当“用户”转变成“拥户”的时候，我相信这一天就会很快到来！

区块链商业思维驱动人类社会从眼球经济到意向经济的代际跃升，理解坎陷经济也需要建立在理解认知坎陷理论的基础之上。中国工程院院士李幼平先生称之为中国现代版“普朗克思维”。普朗克说：“科学是内在的整体，他被分解为单独的个体，不取决于事物本身，而是取决于人类认知能力的局限性”。李幼平院士主张“区块链商业思维就是要把这个被分裂的个体如何再形成一个整个的整体，这样（作为整体）的一个长链条，就能够持续下去。”

所以要理解作者提出来的区块链商业九个思维，不能割裂地看待某个思维，而是要从整体去理解，其最重要的是第五个“Gain Point”，这既是个物理概念，也是个商业概念。因为如果没有它，所有的商业就不再成立，也因为它的存在，整个区块链便拥有了灵魂！简单而言，对区块链商业思维可以理解成以下九大思维：存证通证不可分割思维、生态思维、拥户思维、数字资产思维、价值增益（Gain Points）思维、户以账算思维、财富通证化思维、分布式组织思维和价值互联网商业思维。九个思维相互支撑，又各有不同，形成一个整体，但又九九归一，共同推动坎陷经济的实现！

“思维之花是美的，但如果不结出果实，也是一无是处的”。在区块链商业思维的指引下，作者也提出了区块链商业模式九宫格来指导现实世界的商业转换，这是迄今为止第一次有人完整地提出区块链商业模式，我们暂且称之为“区块链商业模式”，相信在不久的将来，将有众多的人来研究这个领域，并会开出很多硕果。“区块链商业模式”将价值和通证两条主线融为一体，从“价值主张”出发，通过剖析“拥户画像”，理解拥户的“价值增益点”，找到“价值实现”路径，通过“激励机制”“共识机制”以及“共识治理”来确保“生态联盟”的每位成员可持续地满足拥户价值增益点，为通证提供强有力的“价值支撑”。这是条有价值的商业模式路径图，为我们探索区块链＋实体企业提供一个可靠的落地路径，而不再是“空中楼阁”。当然作为商业模式来讲，它还是非常粗糙的，有待进一步完善和细化，以指导更多的商业项目落地。

除此之外，区块链也带来了全新的融资模式，从ICO、IEO，到STO，到最新的ITO，每一个融资模式都和目前现实中IPO、创投等主流的模式不一样。但从来没有一种融资方式像区块链众创方式一样让人着迷，并且有效，但它也因此被蒙上一层面纱，异化成一种敛财的工具。全球的监管者都在试图理解它的同时又希望把它关在笼子里，特别是在中国，监管者为了保护投资人的利益，禁止所有 ICO 等方式的融资。当然，政府加强区块链领域的监管是正确的，当中国劳动人民对于自身财富管理能力认知过于自信，而认知膜又难以修正的时候，政府的出手恰恰是在保护劳动者的财富。

“上帝关上一扇门，就会开启另外一扇门”。基于此，作者提出了适合中国区块链初创者的融资之门，“区块链众创”融合了“中国式众筹”和“区块链技术”的双重优势，开启“消费者”“运营者”和“投资人”三位一体的融资模式，实现了“有钱出钱，没钱出力”的新模式。作者提出了区块链众创九步法让融资变成一个快乐且相对容易的事情，“大家的钱办大家的事”。通过区块链技术让每一个投资人在现在和未来之间找到一个通道，这个通道能通往未来可实现的财富之路，特别重要的是，这个路径是基于中国的法律法规框架下的一条“康庄大道”。但作者认为，这还只是一个中间品，当未来国家层面对区块链技术有了更多的认知，技术的演进能让区块链监管达成共识，更多更有效率的融资方式将会涌现出来，但目前它或许是最好的办法之一！

作者为了让大家通过一本书能够理解区块链技术是什么，也对区块链技术进行了梳理，以帮助读者从技术的角度能基本理解这些新概念。虽然这一切也不是必须的，作为整体来讲，技术只是其中一部分，但无论对于企业家还是即将从事区块链技术改革咨询的人，抑或是普通大众来讲，理解技术，将开启你理解区块链商业思维和商业模式的一扇便利之门。

作为一本全新的书，你所看到的新概念层出不穷，但未来这些概念或许将成为我们的日常用语，拥户、价值增益、共识、价值互联网、存证、认知坎陷等等，理解这些概念的确很难，作者也竭尽所能用最简单的语言来表达。我们希望，这是一本值得珍藏的书，30 年后，再回过来看，他还是有价值。当然，技术日新月异，世界正在以加速度前进，30 年后世界是什么样子，让 30 年的时间去决定吧！

陈义佳

2020 年 2 月 13 日于中国深圳笔架山

目　录

1. 区块链商业思维：从用户到拥户 …… 1

区块链发展十二载，由其带来的商业思维是什么？如何引领区块链商业的发展？区块链九大商业思维是一个不可分割的整体，是一段任何一处都不能被打断的链条。它是如何从“拥户”出发，让“用者拥有”，开辟一个商业新天地的？

1.1　区块链的基本概念 …… 4

1.1.1　区块链的起源 …… 4

1.1.2　区块链技术的基本概念 …… 5

1.1.3　区块链系统的三种类型 …… 10

1.1.4　区块链系统的主要威胁 …… 11

1.1.5　不可能三角 …… 12

1.2　区块链商业九大思维 …… 13

1.2.1　存证和通证不可分割 …… 13

1.2.2　不止于平台，定位于生态 …… 15

1.2.3　从“用户”到“拥户” …… 16

1.2.4　从用户资产到数字资产 …… 18

1.2.5　用户解痛点，“拥户”看增益点 …… 20

1.2.6　人以群分，户以账算 …… 22

1.2.7　万物可上链，财富通证化 …… 23

1.2.8　分布式组织崛起 …… 24

1.2.9　从信息互联网到价值互联网 …… 26

1.3 区块链商业思维的意义 …… 28

2. 区块链技术：一种信任和激励的机器 …… 29

作为一种信任和激励的机器，区块链技术是如何运行的？从比特币出发，区块链技术已经经历三代以上的快速迭代，有以太坊、DAPP、智能合约、超级账本、Plasma、分片技术、石墨烯技术、EOS、Everitoken、Libra，还有未来的数理区块链。

2.1 比特币：区块链的第一个应用 …… 32
2.1.1 比特币的历史 …… 32
2.1.2 比特币的交易 …… 33
2.1.3 工作量证明 …… 34
2.1.4 比特币治理与比特币改进提案（BIPs） …… 35
2.1.5 比特币改进提案类型 …… 36
2.1.6 比特币的局限 …… 37
2.2 以太坊：第二代加密货币与去中心化应用平台 …… 38
2.2.1 权益证明 …… 39
2.2.2 ERC 的定义与 EIP …… 40
2.2.3 燃料费与交易费用 …… 42
2.2.4 分布式应用（DAPP） …… 44
2.2.5 智能合约 …… 45
2.2.6 以太坊的漏洞 …… 46
2.3 超级账本：没有代币结构的联盟链 …… 48
2.3.1 超级账本的设计 …… 48
2.3.2 拜占庭容错算法 …… 49
2.3.3 Kafka 共识 …… 50
2.3.4 超级账本的局限性 …… 50
2.4 其他技术简介 …… 51

2.4.1 Plasma 技术 …… 51
2.4.2 分片技术（Sharding） …… 52
2.4.3 石墨烯技术 …… 53
2.4.4 隐私保护 …… 53
2.4.5 跨链技术 …… 54
2.5 EOS.IO：商用分布式应用设计的一款区块链操作系统 …… 59
2.5.1 总体架构 …… 60
2.5.2 账户体系 …… 60
2.5.3 账户权限管理 …… 61
2.6 EveriToken：基于通证的区块链应用生态系统 …… 62
2.6.1 安全合约 …… 62
2.6.2 RocksDB 的通证数据库 …… 62
2.6.3 EveriToken 权限管理 …… 63
2.7 LIBRA：The Internet of Money 时代 …… 64
2.7.1 Libra Reserve …… 65
2.7.2 交易与状态 …… 65
2.7.3 账户模型与数据库 …… 67
2.7.4 Libra 面临的挑战 …… 67

3. 区块链商业：从眼球经济到意向经济 …… 69

意向经济的时代已经到来，自我肯定需求和认知坎陷推动商业模式的代际跃升。区块链商业模式九宫格重新定义了区块链时代下的商业本质：让价值上链并交易。试看其从工业时代、互联网时代到区块链时代，是如何进行演进和发展的？

3.1 认知坎陷与坎陷经济 …… 72
3.1.1 自我肯定需求 …… 72
3.1.2 认知坎陷 …… 73

3.1.3 坎陷经济 …… 74
3.1.4 共识过程 …… 76
3.1.5 数字通证 …… 76
3.2 区块链商业模式：价值与通证 …… 77
3.2.1 区块链商业模式九宫格 …… 78
3.2.2 区块链商业模式差异 …… 82
3.2.3 区块链商业模式的营销 …… 84
3.2.4 通证目的、角色与特征 …… 85
3.2.5 区块链基础系统结构 …… 88
3.2.6 数字货币模式 …… 91
3.2.7 开发平台模式 …… 93
3.2.8 资产通证模式 …… 96
3.2.9 应用通证模式 …… 100
3.3 区块链商业本质：让价值上链并交易 …… 104
3.3.1 区块链技术改革的定义 …… 104
3.3.2 区块链+实现：基于链上的APP应用 …… 105
3.3.3 区块链+实现：价值上链的场景 …… 106

4. 区块链融资：模式、差异与全球监管 …… 117

从ICO、IEO、STO到IPO，区块链融资在持续地创造新的模式。它们颠覆了什么？它们之间的差别又在哪里？全球监管部分对于区块链的态度和监管策略是什么？又将如何影响区块链未来的发展？

4.1 区块链融资模式（一）：ICO …… 119
4.1.1 ICO的定义 …… 119
4.1.2 ICO的历史发展 …… 119
4.1.3 ICO的运作方式 …… 120
4.1.4 ICO典型案例特点 …… 122

4.1.5 ICO的下一步是什么 …… 123
4.2 区块链融资模式（二）：IEO …… 123
4.3 区块链融资模式（三）：STO …… 124
4.3.1 STO常见类型 …… 125
4.3.2 STO的优势 …… 125
4.4 区块链融资模式（四）：IPO …… 126
4.5 四大融资模式的差异 …… 127
4.6 区块链的监管 …… 129
4.6.1 监管态度 …… 130
4.6.2 美国的监管分析 …… 133
4.6.3 韩国的监管分析 …… 134
4.6.4 中国香港的监管分析 …… 135
4.6.5 日本的监管分析 …… 138
4.6.6 新加坡的监管分析 …… 138
4.6.7 中国大陆的监管分析 …… 140

5. 区块链众创：从大众创业到小众创业 …… 145

后互联网时代，创业已经从大众创业迈向小众创业。面临中国政府强监管的区块链项目如何取得种子融资？区块链众创九步法：从项目定位到项目退出如何操作？区块链融资真的让创业变得更容易了吗？

5.1 区块链众创第一步：项目定位 …… 155
5.1.1 项目的使命、愿景和核心价值观 …… 156
5.1.2 基于项目定位做详细的资源盘点 …… 157
5.1.3 力争做成细分领域NO.1 …… 157
5.2 区块链众创第二步：模式设计 …… 158
5.2.1 明确融资类型和具体操作模式 …… 158
5.2.2 项目前期重在方案设计 …… 158

5.2.3 通过超值回报吸引有资源的投资人 …… 159
5.3 区块链众创第三步：股东甄选 …… 159
5.3.1 找好牵头人及形成核心 …… 159
5.3.2 确定股东甄选的标准和维度 …… 160
5.3.3 功利法则：推荐制让前面的人决定后面的人 …… 161
5.4 区块链众创第四步：治理结构 …… 162
5.4.1 建立治理结构保证决策效率 …… 162
5.4.2 独特双层架构满足不同层面核心诉求 …… 163
5.5 区块链众创第五步：签约入资 …… 163
5.5.1 入资前形成完善的法律文案和财务制度 …… 163
5.5.2 签约入资之前应消除所有潜在的问题 …… 164
5.5.3 确定出资额的考量因素与技巧 …… 164
5.6 区块链众创第六步：圈子激活 …… 165
5.6.1 制定大家愿意响应的游戏规则持续互动 …… 165
5.6.2 通过利益机制引导股东持续作出贡献 …… 165
5.7 区块链众创第七步：预期管理 …… 166
5.8 区块链众创第八步：持续经营 …… 166
5.9 区块链众创第九步：项目退出 …… 167

6. 易养链：“区块链+”智慧养老商业模式 …… 169

建设社会尊重和信赖的养老生态，“易养链”作为全国首家运用区块链技术解决了政府、养老机构、金融机构、老人、服务员和生态联盟之间的信任和激励问题的智慧养老商业模式，促进了养老事业发展。它是如何运用区块链商业思维和商业模式来重塑养老的呢？

6.1 价值主张：做社会尊重和信赖的养老生态 …… 172
6.2 拥户画像 …… 173
6.3 拥户增益点 …… 174

6.4　生态联盟 …… 175
6.5　价值实现 …… 175
6.6　共识机制 …… 176
6.7　激励机制 …… 178
6.8　价值支撑 …… 181
6.9　治理机制 …… 182
6.10　结语 …… 185

7. 星链：“区块链+”智慧供应链商业模式 …… 187

星链友店以“供应链+互联网+区块链”为产品结构，让用户既是消费者也是经营者。“星链”以“坎陷经济（通证经济）”作为核心思想，以“共建、共享、共治”为核心经营理念，以“重塑商品流通、打破消费边界”为使命，以S2B2C为业务模式，构建商业共同体。

7.1　价值主张：全球最大的流通产业供应链云基础设施生态 …… 189
7.2　拥户画像 …… 189
7.3　拥户增益点 …… 190
7.3.1　区块链打破数据孤岛，连接信息和资源 …… 190
7.3.2　通证经济激励用户主动分享和传播 …… 191
7.3.3　构建合作共赢的行业生态 …… 191
7.4　生态联盟 …… 192
7.5　价值实现 …… 192
7.5.1　个人云：星链友店 …… 192
7.5.2　零售云：共享超市 …… 194
7.5.3　企业云：星链云商 …… 194
7.6　共识机制 …… 196
7.7　激励机制 …… 196
7.7.1　总量与分配比例 …… 196

7.7.2 发行与释放机制 …… 197
7.7.3 星钻在生态中的功能 …… 197
7.7.4 星钻获取：挖矿机制 …… 197
7.7.5 星力值兑换星钻 …… 198
7.7.6 星钻代表的权益 …… 198
7.8 价值支撑 …… 199
7.8.1 星钻的内在价值支撑 …… 199
7.8.2 星钻的价值预期 …… 200
7.8.3 利润来源 …… 200
7.9 共识治理 …… 201
7.10 星链商业生态建设计划 …… 204

8. 陈胡公链："区块链 +"体验宗亲商业模式 …… 205

作为全球第一个家族数字生命服务生态系统，"陈氏宗亲生命数据生产链"以胡公铁券为媒介，通过3DAR/VR等技术实现陈胡公族人（包含陈、胡、田、齐、姚等陈胡公之后）在线祭祀、数字族谱、传承文化和宗亲互助等功能，建设全球陈胡公在线家园。

8.1 价值主张：全球第一家族数字生命服务生态 …… 207
8.2 拥户对象： 全球陈氏宗亲 …… 208
8.3 拥户增益点 …… 209
8.4 生态联盟 …… 210
8.5 共识机制 …… 210
8.6 激励机制 …… 211
8.6.1 积分体系：胡公铁券 …… 211
8.6.2 贡献衡量：宗亲等级体系 …… 212
8.6.3 宗亲等级体系 …… 212
8.6.4 代币流转：胡公铁券的用途 …… 214

8.7　价值支撑 …… 214
8.8　治理机制 …… 215

9. 德方智链：“区块链+”智慧城市商业模式 …… 217

链企银通过区块链把政府的相关部门、人民银行、商业银行、企业、金融科技服务商、数据服务商、监管部门等链接了起来，建立起一个可信的中小微企业融资系统，解决中小微企业融资难、融资贵问题，赋能中小微企业快速发展。

9.1　价值主张 …… 219
9.2　拥户画像 …… 220
9.3　拥户增益点 …… 221
9.4　生态联盟 …… 222
9.5　价值实现 …… 222
　9.5.1　小微金融生态 …… 223
　9.5.2　金融产品超市 …… 224
　9.5.3　可信生态建立及数据隐私保护 …… 224
　9.5.4　大数据人工智能风控 …… 225
　9.5.5　反欺诈及风险监控服务 …… 226
9.6　共识机制 …… 226
9.7　激励机制 …… 228
9.8　价值支撑 …… 229

10. 见吾出新：“区块链+”体验式电商商业模式 …… 231

为了打造全新的区块链零售生态，见吾出新（深圳）科技有限公司作为F2C区块链技术体验式电商的代表，通过区块链技术来确保产品全程溯源，保证每一个产品的品质和真实的用户评价，去掉中间商，实现无差价的电商销售。

10.1　价值主张 …… 233
10.1.1　由渠道商向服务商的根本转型 …… 234
10.1.2　精选 SKU，打造爆款 …… 234
10.2　拥户画像 …… 235
10.2.1　见吾会员 …… 235
10.2.2　见吾客 …… 236
10.2.3　见吾供应商 …… 236
10.3　拥户增益点 …… 237
10.4　生态联盟 …… 238
10.4.1　生态联盟商户 …… 238
10.4.2　见吾积分流转体系 …… 239
10.5　价值实现 …… 240
10.5.1　会员模式 …… 240
10.5.2　联盟商家折扣 …… 240
10.5.3　核心 SKU 的打造 …… 240
10.6　激励机制 …… 241
10.6.1　见吾积分的发行 …… 241
10.6.2　见吾积分的产生 …… 242
10.6.3　见吾积分的用途 …… 242
10.6.4　会员权益 …… 243
10.6.5　会员值的获取 …… 244
10.6.6　见吾客权益 …… 244
10.6.7　见吾值的获取 …… 245
10.6.8　商家权益 …… 245
10.6.9　商家值的获取 …… 245
10.7　共识机制 …… 246
10.8　价值支撑 …… 247
10.8.1　平台利润来源 …… 247

10.8.2 平台会员拓展 …… 248
10.9 **治理机制** …… 248

11. 区块链发展：从现在跨越未来 …… 249

区块链有什么了不起的地方？跨链技术如何影响区块链未来的发展？监管部门的态度如何？区块链从现在到未来，是一个中心化—去中心化—再中心化—再去中心化—再再中心化……循坏往复的过程，是一条永不断裂的链条。

11.1 **区块链监管和治理的技术化** …… 251
11.2 **面向未来的商业跨链** …… 257
11.2.1 什么是跨链？ …… 257
11.2.2 跨链的现状 …… 257
11.2.3 跨链业务场景模式 …… 258
11.3 **商业跨链案例** …… 265
11.3.1 蚂蚁区块链可信数据连接服务（ODATS） …… 265
11.3.2 腾讯 WeCross 跨链平台 …… 267
11.3.3 复杂美跨链 …… 270
11.3.4 POWER 全球跨链跨境电商 …… 272
11.4 **隐私保护与安全监管** …… 274
11.4.1 隐私保护技术 …… 274
11.4.2 兼顾监管友好 …… 275
11.4.3 政府监管的态度趋势 …… 277
11.5 **纳入新基建，迎接新机遇** …… 279

参考文献 …… 281

后记：从数字区块链到数理区块链 …… 286

1.

区块链商业思维：从用户到拥户

区块链发展十二载，由其带来的商业思维是什么？如何引领区块链商业的发展？区块链九大商业思维是一个不可分割的整体，是一段任何一处都不能被打断的链条。它是如何从“拥户”出发，让“用者拥有”，开辟一个商业新天地的？

每一次的技术革新，都如暗流涌动，悄然蓄势，一朝时机成熟，便喷薄而出，成为改变社会的巨大推手。每一波浪潮来临，都不是偶然，现实世界的痛苦基因孕育着叛逆的因子。效率的低下，让工业革命有机会重新构建现代实体经济；信息的不对称，让互联网革命得以顺利重塑实体经济；价值的不对称，信任缺失，富者愈富，催生了以比特币为代表的区块链技术来改造实体经济。无论我们是实践者、监管者，还是投资者，都必然成为这个令人激动的时代的推动者。

技术一直是推动社会发展的中坚力量，但真正决定发展的是推动技术发展的底层思维及其演进的思想。先有了明治维新，再有了一个脱胎换骨的日本；先有了《独立宣言》，再有了海纳百川的强大美国；先有了毛泽东思想和邓小平理论，再有了一个屹立于世界之林的中国。虽然是在行动中总结出主义，在产业里发展出思想，在技术上折射出思维，但是主义又推动行动，思想又启发产业，思维最终超越技术，这是放之四海而皆准的定律。

“居高声自远，非是藉秋风”，区块链之于互联网，如同青年之于少年，在继承中扬弃，日趋成熟可靠，互联网的发展正在将物质世界改造成数字世界，既改造了产业格局，也革新了思维理念。正是互联网的开荒滋养，才催开了区块链的魅力之花，从信息互联网向价值互联网剧变的当下，我们该如何升华思维，摒弃落后观念，择善者而从之？

区块链商业思维是修炼内功培养心性的金刚经，是导引方向随时纠偏的指南针，是团结众生奔腾向前的动车组，是鼓舞士气带来希望的东升旭日。区块链十二载，我们需要弄清楚，引领区块链未来发展的商业思维究竟是什么？

查理·芒格说，人们计算得太多，思考得太少。努力洞明事物的本质，比毫无章法的行动更重要。区块链商业思维在借鉴工业化商业思维和互联网商业思维的基础上，融入区块链技术的核心价值，并结合区块链技术改革实体经济的实践，或许能够为大家打开一扇心智之门。

《金刚经》云，“一切贤圣，皆以无为法，而各有差别”，区块链商业思维实为思维，而非思维，是名思维！

1.1 区块链的基本概念

1.1.1 区块链的起源

1946年2月14日，由美国军方定制的世界上第一台电子计算机“电子数字积分计算机”（Electronic Numerical Integrator And Calculator, ENIAC）在美国宾夕法尼亚大学问世。1989年，电脑技术迅速发展，所有的文件都在逐渐革新成电子版本。在1990年，W. Scott Stornetta 和 Stuart Haber 为解决电子文档准确性的问题，首次提到区块链架构技术，描述了一种数字体系结构系统，可利用“数字时间戳”进行商业交易，颠覆了“由谁认证”这个问题：让所有的数字记录在被创造的时候就传输到每一个用户那里，这样就没有人可以篡改这个记录，这就是区块链概念的诞生。

2008年，Satoshi Nakamoto（中本聪）采用“数字时间戳”理念开发出当今大行其道的比特币，这是数字时间戳更为分布式的应用。2010年2月6日，第一个官方的比特币交易所 Bitcoin Market 产生，汇率基本按照 MtGox 上的比特币与美元汇率来确定。2010年5月21日，一个佛罗里达的程序员用1万个比特币购买了价值25美元的披萨，比特币开始有货币价值。2012年，比特币汇率最高达到1∶33美元，同年10月 BitPay 发布报告表明，全球超过1000家商户通过他们的支付系统来接收比特币的付款。

2014年起，区块链作为比特币的底层技术，开始走入人们视野。比特币的“去中心化”成为众多区块链实践者大肆吹捧的“理想国”，随着时间的推移，却发现去中心化并不能如推崇者们鼓吹的那样成为灵丹妙药，相反却因为种种实践困难而无法落地，沦为空谈。

1.1.2 区块链技术的基本概念

区块链是一种按照时间将数据区块顺序相连组合形成的链式数据结构，区块链以密码学方式保证其作为分布式账本的不可篡改和不可伪造性。每个区块由区块头和区块主体组成，区块主体只负责记录前一段时间内的所有交易信息，区块链的大部分功能都由区块头实现。以比特币区块链为例，每一个区块包含的信息有：版本号、父区块哈希值、梅克尔树、根时间戳、难度值、随机数。通过有效区块的列表，每个区块指向前序区块直到创世区块（Genesis Block），具体如图 1－1 所示。创世区块是一个区块链系统中的第一个区块，用于初始化加密货币系统。

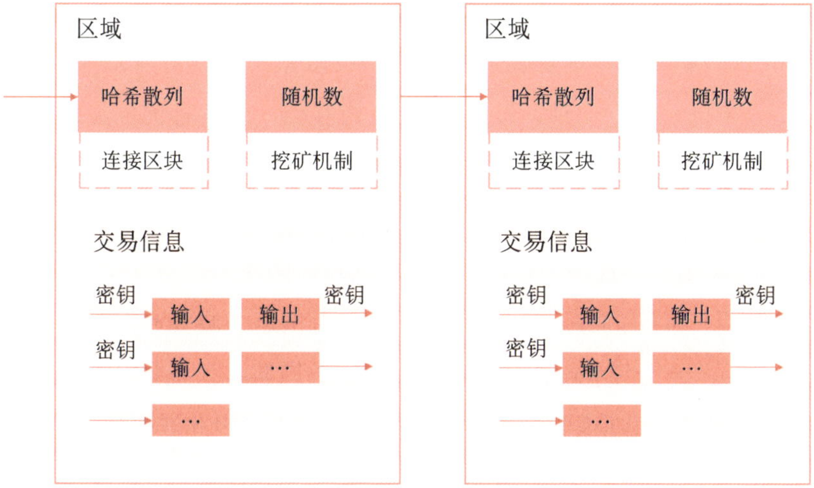

图 1－1 比特币区块链中的区块结构示意图

这其中包括几大要点：

（1）分布式账本技术（Distributed Ledger Technology，DLT）：可理解为一个可以在多个站点、不同地理位置或者多个机构组成的网络里进行分享的数据库，记账泛指记录区块链上的所有操作，不仅可以服务于币币交易，也可以应用于其他任意形式的资产或有价值的数据。

（2）记账方式：任何一种记账方式都必须包含三项信息——交易金额、钱的来源、钱的去向。经典的复式记账法（卢卡・帕西奥利，1494）的核心思想可归结为：钱不会无中生有，也不会凭空消失，有借必有贷，借贷必相等。区块链系统中的记账方式是系统的设计核心之一，不一样的区块链具体实现方式也有所不同。例如，比特币采用的记账方式是未花费交易输出（Unspent Transaction Output，UTXO），以太坊等区块链系统采用的是基于账户设计的记账方式，EveriToken 则采用的是基于通证的记账方式（Token-Based Bookkeeping Method）。

（3）共识机制：在一个时间段内对事物的前后顺序达成共识的一种算法，包括由谁记账、按照什么顺序记账等，常见的共识机制包括工作量证明（Proof of Work，POW）、权益证明（Proof of Stake，POS）、委托权益证明（Delegated POS，DPOS）、拜占庭共识算法（Practical Byzantine Fault Tolerance，PBFT）、权威证明（Proof of Authority，POA）等。POW“以算力为王”，即工作量越多收益越大，POS 类似股权凭证和投票系统，由持有最多通证（Token）的人来公示最终信息，PBFT 以计算为基础，也没有代币奖励，由链上所有人参与投票，少于（N－1）/3 个节点反对时就获得公示信息的权利。

（4）激励机制：联盟链和私有链中，激励机制不是必须，但在公有链系统中，激励机制是实现系统自治的关键。比特币区块链是公有链，“挖矿”就是其激励机制，目的是为了鼓励并奖励记账者快速、诚实地记账。节点们为了获得系统每 10 分钟奖励的比特币，每个出块周期内都需要求解一个难以计算但易于验证的数学难题，过程困难犹如开采矿石，因此被称为“挖矿”。公有链的特性是去中心化，并没有节点或组织对整个系统监督或负责，而记账需要耗费算力，那么必须有一种机制，让系统中的大多数节点维持生态，诚实记录，这就是激励机制的作用。

（5）哈希算法：密码哈希（Hash）函数是一类数学函数，可以在有限合理的时间内，将任意长度的消息压缩为固定长度的二进制串，其输出值称为哈希值，也称为散列值。以哈希函数为基础构造的哈希算法，在现代密码学中扮演着重要的角色，常用于实现数据完整性和实体认证，同时也构成多种密码体制和协议的安全保障。比特币区块链采用的 SHA－256 就是一种哈希算法。

（6）梅克尔树（Merkle Tree）：一种树形数据结构，多用来进行比对以及验证处理。树中每个节点最多只有一个双亲节点，但可以有 0 个或多个子节点，叶子节点的值由设计者指定，如 Merkle Hash Tree 会将数据的 Hash 值作为叶子节点的值，非叶子节点的值是根据它下面所有的叶子节点值，然后按照一定的算法计算而得出的。

专栏 1－1　记账科技的千年演化

如果说金融科技（Financial Technology，Fintech）是保障社会文明的重要支柱，那么记账科技（Ledger Technology，或账本科技）则是这一支柱最核心的基石。大到国际贸易，小到个人消费，都离不开记账这一看似普通却并不简单的操作。无论是资金的流转，还是资产的交易，都依赖于银行、交易机构正确维护其记账系统。毫不夸张地说，人类文明的整个发展历程，都伴随着账本科技的持续演化。

按照科技发展的一般规律，可将账本科技从古至今的演化过程大致分为四个阶段：简单账本、复式账本、数字化账本、分布式账本。各个阶段的时期和特点如下表所示。

阶段	时期	主要特点
阶段一：单式账本	约公元前 3500 年 ～ 15 世纪	使用原始的单式记账法（Single Entry Bookkeeping）
阶段二：复式账本	15 世纪 ～ 20 世纪中期	现代复式记账法（Double Entry Bookkeeping）出现和被应用
阶段三：数字化账本	20 世纪中期 ～ 21 世纪初	物理媒介账本演化到数字化账本
阶段四：分布式账本	2009 年至今	区块链为代表的分布式账本相关思想和技术出现

1. 阶段一：单式账本

人类文明早期，就已经产生了记账需求和相关活动。已知最早的账本是“库辛（Kushim）泥板”，于 1929 年被发掘于幼发拉底河下游右岸的伊拉克境内。库辛泥板同时也是目前已知的最古老的人类文字记录。除了昙花一现的苏美尔文明，包括古中国、古埃及、古希腊、古罗马等人类早期文明，都不乏跟记账相关的考古发现。类似通过单条记录进行账目记录的方法，被称为“单式记账法”或“简单记账法”。此后相当长的一段时间里，人们都在使用单式记账法进行记账，无论是记录在泥板、绳索，还是后来的纸质账本，虽然物理媒介不同，但核心方法都是一致的。

2. 阶段二：复式账本

关于复式记账法的文字记载最早出现于1494年，意大利著名数学家卢卡·帕切奥利（Luca Pacioli）在其著作中介绍了算术的原理和应用、意大利各地的度量衡制度、商业记账方法和几何学基础。当然，复式记账法的出现是数百年商业活动和数学发展的结果。早在1202年，比萨（意大利北部城市）的数学家斐波那契在《珠算原理》中介绍了东方数学思想，包括十进制阿拉伯数字、分数等，还指出了如何使用这些数学手段来进行记账和计算利息。这些都极大地促进了金融行业的发展。

复式记账法演化到现在包括增减记账法、收付记账法、借贷记账法三种。目前最常用的是借贷记账法，它基于会计恒等式（资产 = 负债 + 权益），确保每笔交易都按照该恒等式进行记录。复式记账法很快就得到了广泛应用，并成为现代会计学的重要基础。

复式记账法原理并不复杂。由于交易的本质是将某种价值从来源方转移到目标方，因此可将每笔交易分别在贷方（来源方）和借方（目标方）两个科目进行记录，且借贷双方的总额应该时刻保持相等（即守恒）。如果要做审核，可以分别对不同科目进行统计，查看其结果是否相同。可见，使用复式记账法能够很容易地对交易的来龙去脉进行追踪，而且验证账目是否记录正确。实际上，比特币的交易模型中也借鉴了复式记账法的思想。

复式记账法虽然解决了单个记账人所持本地账本可信的问题，但是仍然无法解决多方之间账本的可信互通问题。例如，投资者如何确保所投资企业的账目没有作假？贸易双方产生交易纠纷时该以谁的账本为准？这些问题的解决要等到数百年以后了。

3. 阶段三：数字化账本

如果要评价20世纪最伟大的十大发明，数字计算机一定会入围。它在物理世界之外开创了全新的赛博空间，为人类社会的方方面面都带来了巨大变化。

早期计算机很重要的用途之一便是进行账目相关的统计处理。1951年，全世界首台商用计算机UNIVAC，即为美国人口普查局所使用。

使用计算机，不但可以提高大规模记账的效率，还可以避免人工操作的错误。为了更好地管理统计数据，人们发明了专门的数据库技术。从最早的网状数据库（Network Databases）和层次数据库（Hierarchical Databases），到具有开创意义的关系型数据库（Relational Database），再到互联网出现后大量新需求催生的大数据、NoSQL等技术，根源上都与记账问题息息相关。

在这一阶段，记账方法本身并没有太多创新，但由于数字媒介的出现，使得账本的规模、处理的速度、账本的复杂度，都有了天翻地覆的提升。而这些为后来包括电子商务、互联网金融在内的多种数字化服务奠定了技术基础。

4. 阶段四：分布式账本

复式记账法虽然记录了交易的来龙去脉、不易出错，但本质上仍然是中心化模式。中心化模式的记账系统方便使用，但在很多情况下仍然存在不少问题：账本掌握在个体手中，一旦出现数据丢失则无法找回；同时涉及多个交易方的情况下，需要分别维护各自的账本，如果出现不一致，对账较为困难。

为此，人们想到借助分布式系统的思想来实现分布式账本（Distributed Ledger）：由交易多方共同维护同一个共享的分布式账本；打通交易在不同阶段的来龙去脉；同时凭借分布式技术，进一步提高记账的规模、效率、可靠性以及合规性。

但在分布式场景下，如何避免有参与方恶意篡改或破坏记录？该由谁来决定将交易记录写到账本中？这些问题一直没有得到很好的解决。

2009 年 1 月，基于区块链结构的比特币网络悄然问世，它融合了现代密码学和分布式网络技术等重要成果。此后数年里，在纯分布式场景下比特币网络稳定支持了海量转账交易。这让人们开始认识到，区块链这一看似极为简洁的数据结构，居然恰好解决了分布式记账的基本需求，基于区块链结构的分布式记账技术开始大量出现。由于这些技术多以区块链结构作为其核心的账本结构，也往往被统称为区块链技术。

2015 年年底，30 家金融、科技领域的领军企业（包括 IBM、Accenture、Intel、J. P. Morgan、DTCC、SWIFT、Cisco 等）联合发起了超级账本（Hyperledger）开源项目，并由中立的 Linux 基金会进行管理。该项目遵循 Apache v2 许可（商业友好），致力于打造一个开源的、满足企业场景的分布式账本科技生态。围绕企业分布式账本的核心诉求，超级账本社区已经发展到 12 大顶级项目，拥有超过 280 名全球的企业会员，支撑了众多的应用案例。

资料来源：https：//www. iminho. me/wiki/docs/blockchain_guide/ledger_history. md。

1.1.3 区块链系统的三种类型

根据不同区块链的开放程度，我们可以将区块链系统归为三大类：公有链（Public Blockchains）、私有链（Private Blockchains）、联盟链（Consortium Blockchains）。

（1）公有链（Public Blockchains）：

公有链的开放程度最高，任何人都可以随时进入系统中读取数据、发送可确认交易和竞争记账权。参与的节点按照系统规则自由接入网络，节点间基于共识机制开展工作，通常被认为是完全去中心化的：无官方组织及管理机构，无中心服务器，一般会通过代币机制鼓励参与者竞争记账，来确保数据的安全性。

公有链具有三大特点：用户免受开发者的影响，公有链中程序开发者无权干涉用户；访问门槛低，任何拥有足够技术能力的人都可以访问；所有数据默认公开，每个参与者都可以看到所有的账户余额和其所有的交易活动。目前公有链应用主要有比特币、以太坊、NEO、Pchain、everiToken 等。

（2）私有链（Private Blockchains）：

私有链的写入权限是由某个组织或机构控制的区块链。相比中心化数据库，私有链能够防止机构内单节点故意隐瞒或篡改数据，即使发生错误，也能够很快发现来源，因此许多大型金融企业更倾向于使用私有链技术。私有链一般建立在某个企业内部，系统的运作规则根据企业要求进行设定，修改甚至是读取权限仅限于少数节点，同时仍保留着区块链的真实性和部分去中心化的特性，其基本特点是交易速度快、成本低且保护隐私。

（3）联盟链（Consortium Blockchains）：

联盟链是由若干机构联合发起，介于公有链和私有链之间，兼具部分去中心化的特点，共识过程受到预选节点控制的区块链。联盟区块链可以看作几个私有区块链的集合，采用分布式、多中心、有中介的架构。其基本特征是，开源式、多中心的分布式账本，有限许可、有限授权的读写及交易权限，不强调去中介的数字信任机制。原中国银行行长李礼辉表示分布式、多中心、有中介的联盟链架构，将会成为区块链技术规模化应用的主流结构。当然如果基于公有链这样去中心化的结构能够有更大的技术突破，能够满足规模化的交易要求和可靠性的要求，那它也有可能开辟一片新的蓝海。联盟链应用主要有 Hyperledger Fabric、FISCO BCOS、微软的 Coco、企业以太坊联盟（EEA）、R3 的 Corda 及瀚德科技的金融联盟链等。

1.1.4 区块链系统的主要威胁

（1）51%攻击：是指掌握了比特币全网的 51% 算力之后，用这些算力来重新计算已经确认过的区块，就会破坏区块链去中心化的特性，同时也让网络处在几种攻击风险之下，例如私自挖矿、取消所有转账、双花以及随机分叉，从而修改自己的交易记录，这可以使他进行双重支付，阻止区块确认部分或者全部交易，阻止部分或全部矿工开采到任何有效的区块。

（2）差分攻击：差分攻击是通过比较分析有特定区别的明文在通过加密后的变化传播情况来攻击密码算法的。差分攻击是针对对称分组加密算法提出的攻击方法，看起来是最有效的攻击 DES 的方法。

（3）双重支付，即“双花”（Double Spend）：现实生活中常用的纸币具备良好的可转移性，可以相对容易地完成价值的交割。但是对于数字货币来说，数字化内容容易被复制，数字货币持有人可以将同一份货币发给多个接收者，这种攻击称为“双重支付攻击”（Double - Spend）。

（4）女巫攻击（Sybil Attack）：女巫攻击的命名来自一个故事，一个女人患有多重人格障碍，扮演着多个角色。微软研究院的 Douceur 首次给出了 Sybil 攻击的概念，即在对等网络中，单一节点具有多个身份标识，通过控制系统的大部分节点来削弱冗余备份的作用。最早的女巫攻击模型是在 P2P 网络中，指的是一个网络节点伪装成多重身份，并且在网络中其他网络节点对于它的每一次伪装都认为是不同的节点，就像一个特工频繁地换衣服、化妆以达到特定目的。当这些伪装节点达到一定数量时，那么就成功发起了一次女巫攻击。

（5）DDOS 攻击：分布式拒绝服务（Distributed Denial of Service）攻击即拒绝服务攻击，针对的目标正是“可用性”。该攻击方式利用目标系统网络服务功能缺陷或者直接消耗其系统资源，使得该目标系统无法提供正常的服务。

（6）重放攻击：是指由于硬分叉之后每条链上的地址、私钥和算法等都相同，交易格式也完全相同，导致在其中一条区块链上发起的交易，完全可以放到另一条区块链上去重新广播，可能也会得到确认。

1.1.5 不可能三角

CAP 理论是一种不可能三角，是计算机科学家埃里克·布鲁尔提出的关于分布式计算系统的一致性（Consistency）、可用性（Availability）、分区容错性（Partition-Tolerant）的 CAP 定理。CAP 定理证明，当网络存在分区时，一致性、可用性和分区性之间只能三取二，具体如图 1 - 2 所示。

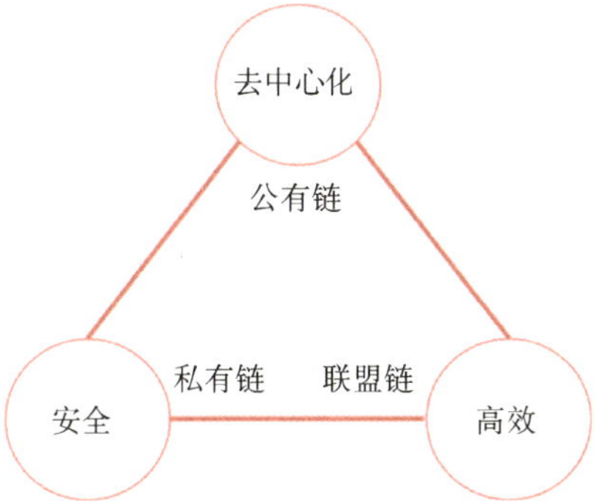

图 1－2　区块链技术的“不可能三角”

区块链系统中不可能三角是指：去中心化、安全性、高效不可兼顾。这个三元悖论就在于，如果一个密码学货币是既安全又环保的，那么它必然是中心化的，比如 PPcoin、Nextcoin、Ripple，它们要么本身就是中心化的架构，要么其去中心化的架构不可稳定持续，从本质上看依旧是和 PayPal 或者网银一样的中心化的验证机制；如果一个密码学货币是既环保又去中心化的，那么它必然是不安全的，比如 IP 投票制的 P2P 货币，中本聪起初就排除了这种可能，他认为“如果决定大多数的方式是基于 IP 地址的，一个 IP 地址拥有一票，那么如果有人拥有分配大量 IP 地址的权力，比如僵尸网络，就有可能主宰比特币网络”；如果要有一个安全的去中心化货币，就必然要以付出能源与计算力为代价。工作量证明是以去中心化形式构建安全产权认证系统的第一个解决方案，也可能是唯一解决方案。

1.2　区块链商业九大思维

1.2.1　存证和通证不可分割

区块链技术的核心是存证和通证，以及在此基础上形成的共识机制，也就是在一段时间内对事物前后顺序达成共识的算法。存证是将证据（包括但不限于数据、图片、文本、资产等）放到按照顺序排列的区块上存起来，通过时间戳、分布式技术、哈希算法、共识机制等区块链技术防止证据篡改，从而确保证据可信、真实。区块链技术将顺序的重要性放在第一位，这也正是区块链技术能够解决信任问题、具有强大生命力的原因。通证是区块链技术为了快速达成共识而发行的数字凭证，核心在于激励区块链生态的各方能够参与到建设中去，推动区块链生态的发展。存证解决信任，通证解决激励，两者相互支撑，从而彰显区块链技术的核心价值。

比特币的成功，一度使“去中心化”成为区块链技术的图腾，让人误认为“去中心化”才是区块链技术的核心。但通过12年来的实践，我们已经理解，比特币通过区块链技术实现了信任，而不是“去中心化”实现了信任，“去中心化”只是区块链技术的一个技术路线。现实世界中，我们要平衡区块链技术的“不可能三角”，将技术与实体应用场景结合起来，解决信任实际上也没有必要完全去中心化，我们可以选择多中心化，而且每一个中心都是可以移动的，也可以选择中心化与去中心化相结合的方式。

存证，即一旦数据上链就不可以更改，这一点是至关重要的。这个看起来是很小的点，但如果变成必须遵守的规则，就会影响我们所有人的行为。存证不但可以说清楚因果，甚至能够追溯清楚因为何物、果因何起。很多人觉得这里可能存在一个问题，区块链的数据不能改，但是如果开始记录的数据就是假的呢？其实，我们大可以假定这些上链的数据是假的，但如果时间足够长，这个人就需要写足够多的数据，来证明之前的数据是真的，如同撒了一个谎就需要无数个谎言来弥补一样，这一过程的完成极其困难，甚至得不偿失，还不如一开始就老老实实地把真实的情况放上去。只有链条足够长的、真实的、经得起验证的数据才是有价值的。同时现有技术使人脸可以造假（美图）、声音可以造假（抖音），身体可以作假（Deep Nude & Deep Fake），那未来AI大行其道时，所有的东西都可以被重新包装了，存证的“保真”价值就更加凸显。

通证，或者是数字凭证，是能够帮助在一个群体中快速达成共识的一个媒介。在传统社会里，法律或是普世认同的伦理道德都是达成的共识，但达成共识其实是一个很难的事情，因为每个人的主观和预期是不一样的。在人工智能日趋发展的未来，我们需要通证帮助我们快速达成共识。先是在一个小范围内对通证价格形成共识，再把这个定价和外面的进行交换，来形成一个比较大的共识，随着共识的演进，或者开显新的共识，使得共识变得更大，或者是逐步消亡，或者是瞬间消失。正如马克思所讲：金银天然不是货币，但货币天然是金银。通证天然也不是区块链，但区块链天然是通证！

在区块链商业思维中，存证和通证是不可分割的，无论是基于 Account-based 还是 Token-based，还是未来的数理区块链，脱离通证的存证和其他技术一样，无法带来商业明显的变革；而脱离存证的通证，将是无本之源，无法和实体结合，价值无法开显，也无法推动商业快速的演进。只有存证和通证结合，才是未来区块链商业的根基，才是区块链商业的未来。

1.2.2 不止于平台，定位于生态

在工业化时代，产品的本质是满足客户的某种需求，其使用对象是客户，直接解决了客户的某种需求，产品对客户就有价值。产品提供商主要靠渠道商来进行产品的销售和交付，对于每一个生产者来讲，渠道是通往客户的唯一通道，渠道为王，谁拥有了渠道，谁就能在竞争中取得胜利，也造就了一批大型的渠道商，如国美、苏宁、物美、华润等，渠道商吞噬产品上的利润，倒逼众多大型制造商自建渠道，直接面对客户。

在互联网时代，物质越来越丰饶，除了传统的渠道商之外，各种平台为产品提供商带来巨大的商机，能创立一个平台也成了每个创业者的梦想。平台的本质是满足了多个产品提供商（可以称为乙方）的某种共性需求，能对接供需、互通有无，便有可能开启市值百亿美元的平台事业，而平台赢家通吃的超级威力和创造性破坏的本质，让人憧憬无比，也望而生畏。

在区块链时代，先驱者构建生态框架，后进者加入维护并发展生态，都能成为生态联盟的重要参与者，共同运营并分享客户，这不仅是未来销售的主要模式，更是产品提供商未来成长的核心！生态的本质是通过所有联盟成

员的相互作用，实现每个联盟的发展壮大，从而促进整个生态的进一步扩大和繁荣。其核心价值是，为联盟企业的相互作用、发展壮大提供了基本的要素和规则，这就是共识。

区块链技术为生态而生！区块链技术支撑的比特币系统，没有发号施令的统治者，没有坐享其成的剥削者，只有最大程度的平等的参与者，让每一个参与者成为拥有者，带来一个又一个财富神话。榜样力量是巨大的，以太坊、EOS、Pchain 等一个又一个区块链生态应运而生，每一个区块链系统从一个共识出发，一个通证开始，通过通证作为数字媒介，快速地帮助生态成员达成共识，这是一个生态体系。如同森林，万物自由生长却互不相扰，和谐共处而彼此共生，平等自由也随缘聚散，达成人类文明前所未有的高度。区块链技术，从一开始就是为生态而生，越接近这个本质，其前景必将越广阔，应用越多维，未来越辉煌。

区块链时代已经到来！在这里，每一个节点都能找到自己的归属，在不同的局部范围内通过通证快速达成共识，逐渐形成越来越多的、更大范围的共识。我们可以看到未来出现百万个不同共识的链，每一条链就是一个生态，围绕不同的价值主张，成就亿万企业和个人。

1.2.3　从“用户”到“拥户”

人类商业经历了 400 年“以客户为中心”的工业时代和 60 多年“以用户为中心”的互联网时代。在以客户为中心的工业时代，“客户是上帝”，在物质匮乏的时代，生产出来的商品如何送达到客户手中是整个商业的核心；以用户为中心的互联网时代，“用户是上帝”，围绕用户的痛点搭建商业平台满足用户的产品和服务是整个商业的核心。而如今，在区块链商业思维的引领和区块链技术的支持下，人类商业即将迈入以“拥户”为中心的区块链时代，围绕“拥户”的“增益点”搭建商业生态，满足“拥户”的价值所在。

区块链商业生态的对象是“拥户”，即生态的拥有者。在工业化时代和互联网时代，只有成为组织的股东才能成为组织的拥有者，而在区块链时代，区块链商业生态的每一个参与者通过拥有通证而成为生态的拥有者，他可以是消费者、运营者，或是服务或产品的提供者，而不再必须是股东才可以成为生态的拥有者。

区别于互联网时代，当使用者变成了拥有者后，会从生态“主人”的角度去参与生态的价值建设和治理建设，生态的成长与否与所有“拥户”的根本利益息息相关，所带来的动力将远远超过互联网时代仅仅是“交易关系”的“用户”。所以“拥户思维”不仅仅解决了使用者享受交易带来的价值，更解决了使用者的动力问题，从消费者、运营者到供给者，都是生态的拥有者，根据自己对生态的贡献而分享生态发展带来的价值增长，改变了生态所有参与者的生产关系，这一过程中会释放出无穷的活力。

区块链商业思维围绕“拥户”的核心利益来展开，我们在设计区块链商业模式的时候不仅仅要考虑商业交易的核心价值，更要注重如何运用通证激励所有的“拥户”，更要注重“生态治理”来激发所有的“拥户”参与生态的建设。只有赢得“拥户”，无论是数量，还是其为生态创造的价值，才是生态繁荣、生生不息的根本。

“拥户”时代的来临，商业的本质正在发生蜕变和跃升。工业时代利用信息不对称来赚钱，互联网时代制造信息对称来赚钱，区块链时代创造价值对称来赚钱。工业时代下客户仅仅是消费者，和组织之间是交易关系，客户越多，组织的利润越多，组织的市值就越大；互联网时代下用户越多，成长性越好，组织的市值就越大；区块链时代下，衡量商业价值是你拥有多少“拥户”，即平台的拥有者越多，生态的市值就越大。

随着区块链技术的“拥户”模式的开启，整个社会组织形式也将发生天翻地覆的变化，雇佣关系将逐步走向终结，公司这种组织形式逐步让位以区块链技术为底层的自运营组织，人尽其才，各得其所，通过大众拥有而走向生命自由。

这将是一个崭新的时代，从交易到共享，从参与到拥有，从不平等到平等，从黑暗到光明！用者拥有，这是一场史诗级的生产关系变化，参与者不再仅仅是交易关系或是资本关系，而是将价值、劳动、知识和资本转化成通证，成为生态拥有者。

1.2.4 从用户资产到数字资产

古典经济学家和新古典经济学家提出：货币是罩在实物经济上的一层面纱。套用这句话，任何的金融工具，如货币、证券等均是罩在底层资产上的一层面纱。以证券为例，它是为了让底层资产流动起来而人为创造的一种符号表征。股票是股东权益的证券化，债券是债权的证券化，电子黄金是黄金的证券化，抵押贷款证券（MBS）是银行信贷的证券化……资产证券化的意义在于为资产创造了流动性，但有了资产数字化，传统证券的含义就会有新的变化。

用一个简单的例子来说明数字资产与证券的差别，现在通用的电子票据，很多人把它定义成数字资产，其实不然。传统电子票据本质上只是纸质票据的一种数字化表达形式，它应该称作证券，还不能称作数字资产。因为其只记录了作为流通工具的部分信息，并没有记录合同、物流、发票、税务、保理等与真实贸易背景相关的底层信息。真正意义的数字资产应该是包含了全量原始信息并以数字形式展现和流转的资产。数字化后的订货合同、物流单据、发票、保理合同等资产，才是真正的数字资产。这些数字资产就像证券一样可流通可交易，但又难以按传统意义上的证券划分标准来分类，就像数字货币的出现模糊了 M0、M1、M2 等货币层次一样，数字资产也模糊了证券的属性。

区块链商业思维下“数字资产”的本质不再是占用他人的数字资产，而是每一个人，包括个人、法人、政府以及异化人的数字资产经过确权并通过密钥进行保护后，可以随时随地进行交换交易，就像保护知识产权一样，越保护，社会越进步。在未来世界中，我们可以理解每一个生态就是一个现实版本“交易所”，但他们交易的不是证券，而是生态中上链的各类数字资产，参与交易各方身份也不再能分割，每一个“拥户”不仅是资产方，也是交易方。数字资产的流动性也成了衡量好的生态的核心标准之一，“熵减”让生态充满活力，迸发无限的价值，区块链商业模式的设计的核心就是始终推动生态从一个“熵减”到另外一个“熵减”。

在互联网时代，因为产权无法数字化，“不求所有但求所用”就盛行起来，正是在这种文化的指引下，没有拥有一家餐馆的美团网、没有拥有一家住宿房间的蚂蚁短租、没有拥有一个设计师的猪八戒网、没有拥有一辆汽车的滴滴出行纷纷涌现出来。在互联网时代，平台的核心价值是用户资产，包含两层含义，一层是用户本身贡献给平台的价值，包括消费等；另外一层是用户数据，这些本应该归属用户的数据经过平台肆意收集、窃取、加工后所产生的价值，而后者，越来越成为大部分平台的赢利点，在互联网时代，用户资产越多，企业的价值就最大。因此，在互联网时代，衡量价值的是用户及用户产生的数据资产，即“用户资产”。

互联网发展至今，其连接人和信息的阶段性使命已初步完成。因电子数据易删、易改、易复制等特性，现有网络安全技术难以保障互联网上高价值数据能高效、安全、广泛、有序流转，因此互联网上的价值交换依然依赖于金融专网完成最终的价值转移。区块链技术打破了这一藩篱，一切有形和无形的资产通过区块链进行确权，分布式账本加上非对称密码算法，价值交换不再依赖专网，也不再是富人的游戏，数字资产的时代到来！

在区块链时代，衡量价值的是“拥户”及“拥户”所拥有的数字资产。产权通过区块链技术进行确认，从而给数字资产流通提供了可能。同时，在互联网时代被巨头们肆意收集、窃取的数据重新回到每一个“拥户”手上，真正被自己所拥有。每一个“拥户”用于在生态中交换的数字资产越多、越频繁，生态所呈现的价值就越大！

这对于我们的政府来讲，也将是一个极大利好，拥有“数字资产”思维的地方政府应该运用区块链技术做好城市运营基础设施建设，对政府的数据资产进行加工整理，在未来，将不再以出售土地、收取税收来维持政府的运作，他们只需要出售属于政府的数据资产和收取数据资产交易产生的技术服务费用就可以维持城市运营，并将城市的每一个公民变成城市的拥有者。这将极大地激发城市的每一建设者，一个不再有税收的城市，一个低房价的城市，一个可以得到分红的城市将不再是遥远的故事！

值得一提的是，资产数字化后，天然就有了流动性，因此就无须证券这一层薄纱了，进而就很难划分成哪一类证券，也就不适用于现行的证券监管体制了。前央行货币所所长姚前指出 ICO 之所以争议很大，除了被利用包装成为诈骗工具之外，还在于数字股权的公开发行、流通和交易，与传统的股票概念、模式完全不同，使建立在传统的证券概念基础上的整个金融体系和监管规则，出现了分歧。所以，为了保证区块链生态的健康发展，政府应该迅速地建立起与之相匹配的监管体系，将区块链商业纳入合法监管之中。

1.2.5 用户解痛点，“拥户”看增益点

增益点（Gain Points），是借用的物理学概念“增益”，增益点是评价 EDFA 的重要参数，它表示放大器的放大能力，定义为输出功率与输入功率之比，在游戏中也有放大和意愿的含义。在区块链商业思维中，增益点指的是“拥户”价值的放大能力，其值定义为获得价值与付出成本的函数比。

GainPoint =（交易收益 + 通证收益 + 治理收益）/（交易成本 + 通证成本 + 治理成本）

也就是说，增益点大于 1 且持久地大于 1，整个商业生态才有生生不息的价值，当增益点值小于 1，“拥户”所获得的收益小于付出成本的时候，“拥户”就会逐步退出生态建设，共识逐步消亡，需要开启新的共识才能创造新的价值。

在互联网商业思维下，经营的本质是为用户持续创造价值。要想用户持续购买服务和产品，每一个公司都在不断地打造组织能力，以解决用户不断变化的痛点，赢得用户尖叫般体验，从而让用户更有黏性，贡献更多的价值。此时，资本往往更是助推器，通过补贴等方式快速赢得用户，组织更多的产品提供商为聚集在平台的用户提供服务。

互联网商业思维中的“用户思维”是一个通缩模型，作为分子的价值获得有边际递减效应，用户所获的价值在持续减少，而作为分母的成本却不断上升，增益点值在不断地下降，从而逐步失去用户，进而导致大多数的互联网公司不可持续。在快速扩张时期，一般容易忽略组织能力的建设，抑或是满足用户的伪需求，当资本一旦枯竭，不能够再烧钱去降低分子的成本时，

增益点值急剧下降，当其小于 1 时，用户会快速离开，导致公司倒闭。

在区块链商业思维下，经营的本质是为“拥户”放大价值的能力。区块链商业思维下的增益点可能呈现多样性，但其本质还是在于核心价值提供能力和通证的激励能力。核心价值提供能力是整个生态的基础，也就是生态所提供的服务或产品带给使用者的收益是否持续地大于使用者付出的成本；通证的激励能力取决于通证的权利收益和生态的治理收益。“拥户思维”是一个通胀模型，根据梅特卡夫定律，网络的影响与系统连接用户数量的平方成正比（N^2），具体如图 1 – 3 所示。它由以太网的发明者和 3Com 的联合创始人 Bob Metcalfe 制定。

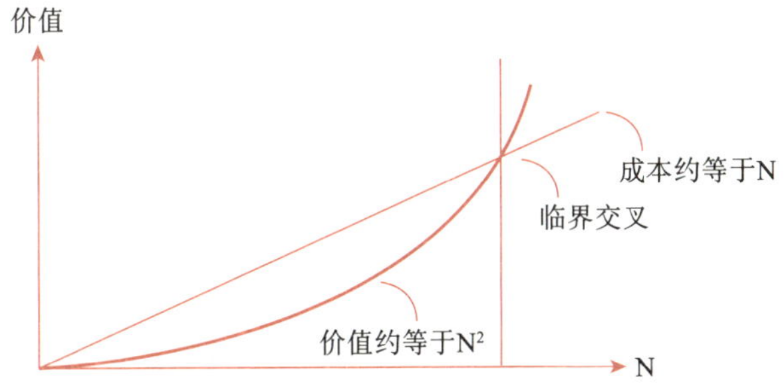

图 1 – 3　梅特卡夫定律

梅特卡夫定律指出，参与网络的人越多，它就越有价值。随着越来越多的人使用它们，他们也会吸引越来越多的用户。这就是为什么大多数成功的网络产品，都倾向于享受极端指数增长的原因。“用户思维”和“拥户思维”模型的差异在于“拥户”表现出的增益点是乘数关系，而痛点是加数关系，并且增益点的在一定节点之前趋势是越来越大的。

随着“拥户”数量的不断增加，随着认同共识的参与者越来越多，最开始几位，然后几十位、成百上千位，通证收益和治理收益会持续增长，从而推动交易收益的持续增长，进而推动增益点持续增加。对比互联网商业思维下，这个速度是极其缓慢的，但是其价值又是巨大的，因为其带来的不仅仅是持续增加投入的消费者，更是持续增加的运营者，试想几万名运营者共同运营一个生态，就是 30 天的荷花池，布满整个池塘就是一晚上。当然，当认知共识达成一致的人数太少或者找不到新的共识时，整个商业就要塌陷。

用户的痛点永远在变，增益点却拥有一致性和稳定性，区块链帮助“拥户”实现对美好生活的向往和对自由的追求。每一条链都有一个增益点，因为共识而聚集，因为贡献而创造，不仅仅实现财富的自由、价值的自由，更实现了思想的自由。当一条链的共识得到越来越多人的认同和同行，它创造的不再仅仅是一个好的产品，一个令人尖叫的服务，而是人们对财富自由的实现，更是理想和自由的实现。

1.2.6 人以群分，户以账算

《荀子·劝学》中有这样的话：“物类之起，必有所始。……草木畴生，禽兽群焉，物各从其类也。”

在工业化时代，产品依据不同的品类进行聚合展示，进而吸引用户到某一个特定产品聚合处进行消费购买，即“以物类聚”，渠道就是聚集物到客户的通道。工业化时代也涌现出一大批具有“以物类聚”时代特征的公司，电器的国美、生活的华润、男性衣服的海澜之家、儿童衣服的 Balabala 等等，各种商品按照品类进行划分并进行销售，以吸引更多的同类型客户来购买。

步入互联网时代后，商业的本质从“物以类聚”开始转向“人以群分”，对用户进行精准画像，投其所好，持续创造价值。商业的逻辑不再仅仅分析物品，而是转向分析用户，寻找同类属性和标签的人：少年伙伴、同学、亲戚、老乡、同事、同行、车友、校友、驴友等，这些圈子无不遵循《荀子·劝学》所说的“人以群分”，商业开始发展为围绕这些人群来提供产品和服务。他们根据用户群体的定位来精准地提供产品和服务：DoNews、宝宝树、17173、榕树下、UCDChina 等均是如此，而拼多多更是将电商模式从“物以类聚”推向“人以群分”，成为可能超越京东等以物聚平台的核心原因。

区块链技术到来，让数据成为一种可交易的价值，人类文明进入了新的时代。物联网技术的发展，让万物互联；人工智能的跃升，让万物拥有对话的权利，商业面临的对象不再仅仅是人，还将包括异化后的人、机器人、设备、车辆等等。户以账算，账就是数据，每一个单独的数据拥有者都有一个单独的户，凡是拥有智能端口的，拥有独立账户的“人”，都将是商业获取的对象，每一个账户及其背后的主人都是拥有者。

区块链商业模式将从“人以群分”迭代到“户以账分”，即按照数据的类型来进行分类，轨迹数据、消费数据、就医数据、睡眠数据、心脏数据、征信数据、电源数据、水流数据、病毒数据、体型数据、车辆行驶数据等等。数据的分类不仅仅因为设备无限扩大而放大，更重要的是数据分类就会带来无限的商机。正如已故科学家张首晟所说，区块链将带来几十倍甚至百倍的互联网市场。数以亿万级的市场被创造出来，人类财富的密码将重新被打开。

1.2.7 万物可上链，财富通证化

工业化时代，谁拥有资产，谁就拥有财富，过去十余年，深圳的房价从平均1万元每平方米跃升到6万元每平方米，增长达到6倍；互联网时代，谁拥有股票，谁就拥有财富，2009年购买腾讯股票，平均6.81港币每股，到现在351港币每股，增长57倍左右。而有了区块链技术，财富创造被赋予了新的意义，2009年比特币问世时没有价格，到2019年年末比特币的价格是7000多美金，增长万倍级以上！

区块链时代，万物皆可上链，有形和无形的资产都能进入流通市场。传统的固定资产、股票、债权经过数字化，终将通证化；新时代的知识、劳动、资源甚至“个体差异”本身也会通过“区块链激励机制”直接通证化，进入链上自由流转。财富交易不再仅仅限于富人俱乐部，而成为每一个认知主体都拥有的权利，其速度和广度将大为提升。

首先，原有的财富表现载体将会陆续通证化后进入链上，包括最受银行青睐的房产、股票、债权、金融衍生品、黄金、大宗商品等金融产品，票据、单证、仓单、商票等基础商业凭证，还包括未来收取的租金、学费等都可以通证化。在这个过程中，并没有创新财富增量，只是将原子世界平移进比特世界，加速了流转速度，提高了交易便捷程度，也“推倒了围墙”，从一国一地市场，发展成为全球市场。

同时，一直没有被认可，无法被量化的“个体差异”，也会被评估和通证

化。如征信、荣誉、能力、品格等，甚至我们能“感知和热爱”却“始终无法购买或出售”的个性特征，均会通证化后进入市场。

看得见的可以通证化，看不见但能被预期的也可通证化。一个勤奋上进的学生，可以提前出售自己未来的价值，以便获得融资，为当下创造更好的学习和奋斗环境；一个作家也可以提前出售自己尚未动笔的小说，为自己病重的妻子换取医疗费用。

一切行为皆数据，一切数据皆上链，共同组成了个体的精准画像，画像可以通证化，造假也越来越难，因为造假越来越难以自圆其说，这一切将会促使我们更加珍惜自己的一言一行，努力做到慎独和自律。财富也将无处不在，但财富获取能力与品德水平的紧密相连。数据采集点遍布和万物皆上链，会让很多人的言行得到纠偏，说谎话、做坏事不再因为“我爸是某某”得到纠偏，摄像头下的数据也不再突然消失。信用就是财富，医术精湛的医生、德艺双馨的教师，均可以通过个人信用发行通证化产品而实现财富的救赎，恐怕这就是姗姗来迟却众望所归的新时代的号角！

1.2.8 分布式组织崛起

伴随着区块链技术发展带来迭代变化，区块链技术和实体经济的融合将推进组织全局变革，分布式组织将会崛起！区块链技术所带来的变化推动了价值对象从用户到“拥户”、价值模型从平台到生态、价值类型从用户资产到数字资产等各个方面的变革，进而将更大程度上重构组织的价值创造方式。

德鲁克曾经说过，组织的重点必须放在机会上，而不是放在问题上。如果组织把精力放在出成果的地方——即放在机会上，组织就具有生命和活力。现在的组织，不论处于初创还是成熟阶段，也不论组织已经达到何种规模，问题总是伴随而生，组织越大，问题越多。今天组织的核心不再是为了解决问题而生，而是如何在全球化竞争加剧、跨界带来行业边界模糊等一系列挑战下寻找机会，这才是决定组织成败的关键！以区块链和人工智能为代表的技术正在改变整个世界和商业形态，表现卓越的组织总能在变化发生之前，用敏锐的眼光准确地感知和预见，能提前采取措施进行调整，从而化被动为主动，有效地把握机会实现超越。

迈克尔·波特（Michael E. Porter）在“价值链”理论中表示，在经济活动中价值链无处不在，上下游组织间存在行业价值链，组织各部门、各业务单元之间存在组织内的价值链，价值链上的每一项价值活动都会对组织最终能够实现的价值产生影响。长期以来，人们习惯于从单向价值链的角度理解和思考组织发展的问题，甚至简单地认为只有生产制造才是创造价值的中心环节，处于中心环节的组织才是所有价值创造的源头，而经营活动的下游环节、价值链以外的用户以及合作伙伴都被认为是次要的部分，只要中心环节贡献自己的力量，整个价值链便拥有了竞争优势。但这种组织形式成本较高，缺乏创新，腐败丛生，对外界的感知也越来越弱。当今社会的主流已经明显地向互联互通、合作共赢进行转移，在这样的时代主旋律和趋势下，任何一个组织的发展都无法离开行业内、行业间组织的合作，更无法脱离用户的价值参与。

封闭、孤立的组织管理模式显然无法适应新的环境，“联盟”开始对原有的商业环境进行升级和重构，使得组织之间的竞争转变为基于合作的竞争，甚至转变为基于合作抛弃竞争的模式。合作的优势不仅是融合合作系统中每个组织的竞争优势，而且在于优化组织之间的竞合关系，更好地激发每个组织的活力，最终结果是更好地满足了消费者的需求。

在合作的要求下，相同领域甚至不同领域的组织不再是竞争对手，而转变为荣辱与共的联盟，联盟链应运而生。联盟链让链上的企业成为联盟的拥有者，成为“拥户”，参与价值创造，更分享价值成长！随着区块链技术的重塑以及市场竞争的日趋激烈，组织需要改变固有的思维模式，将传统的价值链创造价值模式转变为联盟合作创造模式。

从区块链诞生以来，构建联盟为组织带来的价值是明显提高的，从“拥户”出发，区块链技术实现合作各方的无缝连接，使得解决问题的效率更高。现实的选择催生了一种全新的组织逻辑，我们称之为“分布式组织”。

本质上，分布式组织是一种基于“拥户”价值创造和跨领域价值网的高效合作的组织形态，其所形成的网络成员实现了互为主体、资源共通、价值共创、价值共享，进而创造单个组织无法实现的高水平发展。分布式组织的生态网络摒弃了传统的单线竞争的线性思维，打破了价值活动分离的机械模式，真正围绕“拥户”价值创造开展，将理解和创造“拥户”价值作为组织的核心，进而使创造价值的各个环节以及不同的组织按照整体价值最优的原则相互衔接、融合以及有机互动。

分布式组织以共同的价值主张为基础。首先，从价值主张的核心出发，“拥户”是分布式组织的核心，围绕“拥户”价值创造来提供的产品和服务价值是联盟展开的圆心。其次，共识治理是打造分布式组织的关键，在既定的价值主张下，共识治理在很大程度上决定了价值共同体是否可以有效开展。再次，在价值创造过程中的共识机制和激励机制也不可或缺，通过计算机语言来削弱人为的干预，才能激发“拥户”更好产生价值。

根深蒂固的中心化管理理念在区块链技术的冲击下，将会在一段时间内与之并行、逐渐消融，最后取而代之的必然是分布式组织。但是需要特别指出的是，分布式组织虽然在联盟链已基本形成共识，但如何在联盟中的战略层面，以及运营中形成有效的共同体，则是一个极其困难的事情。因为价值共同体的构建涉及众多组织的价值创造，组织之间的理念和价值观差异必然会需要一定的磨合期，其间可能出现的利益冲突、风险都可能使得价值共同体的创造充满坎坷。分布式组织之路虽然艰辛曲折，不过，这是求取真经的必由之路。

1.2.9 从信息互联网到价值互联网

区块链技术作为能够实现数据一致存储、无法篡改、无法抵赖的技术体系，在网络中建立了点对点之间可靠的信任，使得价值传递过程去除了中介的干扰，提高价值交互的效率，同时降低了成本，成为构建价值互联网的基石。

在工业化时代，商家通过制造信息不对称来攫取巨额的财富，在封闭的商业世界里进行交易，谁掌握了信息，谁就创造财富。工业化时代下的商业是一环扣一环，在商品流转的各个环节中，每个环节都会赚取利润，因为信息不透明，所以参与者并不能知道每个环节赚取了多少差价，这其实是一种单向的赚“差价”模式。显然，上下游环节是一种侵占的关系，此消彼长，上游赚得多下游就赚得少，反之亦然，因而每个人都尽量隐藏信息使自己的利润最大化。

互联网的出现，从一定程度上减少了信息不对称，让众多靠吃差价的中间商日暮西山。互联网世界通过 IP 与 IP 的链接，使每一位参与者都能获取信息，并从公开的信息中获取商业价值。互联网时代下，整个社会不断向“平台 + 个体”的结构转变，平台先淘汰掉了一部分人，包括各级经销商、中介、经纪人、销售等“二道贩子”。平台的价值，就是通过运营能够精准地将生产者和消费者对接起来。在平台中，定制化、个性化产品也越来越多，并且生产者都在千方百计地提升产品的附加值，这就是点对点的服务。而在工业化时代，这些都是不可能实现的，因为生产者和消费者是无法直接对接的，所以需要大量的中间商，但是这些中间商只充当了信息桥梁作用，并没有提升产品的附加值。可以说原来的投机倒把、囤积居奇、反经济周期、低买高卖等差价思维，被互联网颠覆了。互联网平台使产品或服务的信息尽可能传递给用户，而不是建立阻隔。

但是在信息互联网时代，由于造假的成本极低，数据的唯一性必须依赖于线下的权威机构。而区块链技术可以实现信息的唯一性，且支持交易；在区块链系统中，信息的造假成本被大幅提高，数据被不可篡改地记录下来，具有公信力。

区块链具有通证特性，将把我们带入价值互联网时代。因为通证的产生，交易成本更低，流动更便捷。房屋产权、公司股权、债券、版权、票据、知识、数据等各种资产，都可以通过区块链实现所有权登记、证明、交易等。在社会基础设施中引入区块链技术作为底层支撑，使得我们的房地产交易通过智能合约直接进行，不再需要去房管局变更房产证；通过持有的私钥，节点即可证明身份无须泄露隐私；通过区块链的溯源可以衡量“拥户”的贡献，无需得到权威认可即可实现价值。通过区块链，我们在互联网上发布的数据确权更容易，并能在此基础上实现交易。区别于移动互联网是解决信息不对称的思维，区块链则更多的是思考如何让价值对称起来、让价值流通起来，从而获取商业价值的思维。

1.3 区块链商业思维的意义

珍妮纺纱机从一项新技术到改变纺织行业，再到后来被定义为工业革命的肇始，影响东、西方经济格局，花了近 400 年时间；互联网发展到今天也经历了半个多世纪，几乎颠覆了工业化时代所建立的世界；以区块链作为技术底层的比特币横空出世，年仅 12 岁的区块链就已经取得了巨大跨越，在技术日新月异的今天，区块链依然在以不可思议的速度不断加速发展。

区块链商业思维是在技术实践中不断开放出来的硕果之花，正在逐步指引商业经济的发展。因传统经济的思维理念一旦固化，便根深难撼，而区块链商业思维与互联网商业思维、工业化商业思维又是如此迥异，接受它何尝不需要接受更多的挑战、打破更多的桎梏、经历更多的实践。

区块链商业思维只能面对冷酷的发展环境，“梅花香自苦寒来”，不拘一格“野蛮发展”。区块链并非真的是“洪水猛兽”，一味回避不是应对的良方，让区块链技术赋能实体、提高效率、节约成本和促进创新，让更多人受益，才是更值得肯定的方法。

值得庆幸的是，区块链商业思维，也许从野蛮中成长，但必然会在文明中进化。文明来源于技术水平的突飞猛进，来源于国民商业思维的觉醒，来源于百姓对于区块链认知的提升，也来源于监管机构对于新生事物越来越开放的理念和态度。

区块链商业思维含苞待放，一切可期，在天苍苍野茫茫的商业版图上，我们已经看到未来的样子，如同一轮旭日，在黄沙漫卷中，已经霞光初显，指引着勤劳智慧的人们开拓出一个崭新的天地。

2.

区块链技术：一种信任和激励的机器

作为一种信任和激励的机器，区块链技术是如何运行的？从比特币出发，区块链技术已经经历三代以上的快速迭代，有以太坊、DAPP、智能合约、超级账本、Plasma、分片技术、石墨烯技术、EOS、Everitoken、Libra，还有未来的数理区块链。

2015 年 10 月 31 日，《经济学人》杂志刊登了一篇题为《信任机器——比特币背后的技术如何改变世界》的封面文章，具体如图 2 - 1 所示。这篇文章提出了一个核心观点，即“区块链是制造信任的机器”，并且强调“区块链这个技术创新所承载的意义延伸，远远超出了加密货币本身”。中国工程院李幼平院士结合物理学原理，由三个时差就可以唯一性地确定一个物理位置，体现了大自然存在空间与时间的“自洽性”（Self-Consistency）。以此为第一原理，假如能够创建兼具真实性、唯一性和可信性的证明链条，用物理自洽证明真实性，用数学自洽证明唯一性，就可能获取人类的普遍信任。

图 2 - 1　《经济学人》杂志封面文章《信任机器》

比特币作为第一个区块链的应用一直被大家津津乐道，原教旨的“去中心化”思想也可谓深入人心。但在我们看来，区块链技术的核心价值并不是去中心化，而在于存证（Proof of Existence）和通证（Token），及在此基础上形成的共识机制，也就是在一段时间内对事物前后顺序达成共识的算法。强调不可更改地定序记录，正是区块链技术能够解决信任问题、具有强大生命力的原因。

区块链未来的应用，必然是首先寻找那些对共识有要求，对事物前后的排序有更精确、更迅速要求的场景。从比特币开始的区块链 1.0，到区块链 2.0 的以太坊，再到 Libra，区块链技术正在以奔跑的速度前行，区块链技术从制造信任的机器开始，脚步已经迈得更远更深，并将作为新型的激励机器重新定义人与人之间的交互。对于非技术人士来说，想要深刻理解区块链技术的确不容易，但对于区块链从业者而言，这又是必须，否则我们将无法理解区块链何以成为信任与激励的机器。区块链时代已然开启，作为普通人，虽然我们不用明白如何编写区块链系统，但起码我们应该了解区块链的基本技术，在理解的基础上，我们才可能更好地利用区块链创造价值。

2.1 比特币：区块链的第一个应用

2.1.1 比特币的历史

2008 年全球金融危机爆发，2008 年 11 月 1 日，一个自称中本聪（Satoshi Nakamoto）的人在 P2P foundation 网站上发布了比特币白皮书《比特币：一种点对点的电子现金系统》，陈述了他对电子货币的新设想——比特币就此面世。2009 年 1 月 3 日，比特币创世区块诞生，2009 年 1 月 5 日，不受央行和任何金融机构控制的比特币诞生。比特币网络通过“挖矿”来生成新的比特币。

2009 年比特币诞生的时候，区块奖励是 50 个比特币。诞生 10 分钟后，第一批 50 个比特币生成了，而此时的货币总量就是 50。随后比特币就以约每 10 分钟 50 个的速度增长。当总量达到 1050 万时（2100 万的 50%），区块奖励减半为 25 个。当总量达到 1575 万（新产出 525 万，即 1050 的 50%）时，区块奖励再减半为 12.5 个。

2014 年后，比特币背后的区块链技术受到关注，随后引发分布式账本的革新浪潮。中本聪开发了比特币，比特币使用的技术就是区块链，可以看作基于 UTXO 算法的数字现金，本质是一堆复杂算法所生成的特解，这个方程组被设计成了只有 2100 万个特解，比特币的上限就是 2100 万枚。区块链在比特币网络中可以看作是一个分布式账本，每一个区块就是账本的一页。

这个账本上只记录每一笔交易，即记载付款人、收款人、交易额。交易记录具有时序，无论什么时候，每个人的资产都可以被推算出来。账本完全公开，只要任何人需要，都可以获得当前完整的交易记录。账本上的交易身份不是真实身份，而采用一串字符代替，每个人都拥有唯一的一串字符，签名使用非对称加密。验证交易的合法性采用的是公私钥非对称加密体系数字签名，也就是公私钥非对称加密的一个常见应用，只要能够保证私钥没有被泄露，这种机制就能确认私钥所有者的唯一性与合法性，数字签名（Digital Signature）又称公钥数字签名，一套数字签名通常定义两种互补的运算，一个用于签名，另一个用于验证。

2.1.2 比特币的交易

（1）交易步骤：

步骤一：所有者 1 用私钥对前次交易和下一所有者 2 签署数字签名，并将签名附加在这枚货币的末尾，制作成交易单；

步骤二：所有者 1 将交易单广播至全网，比特币就发送给了所有者 2，每个节点都将收到的交易信息纳入一个区块中；

步骤三：每个节点通过解数学难题，争取获得创建新区块权利以及比特币的奖励；找到解的节点向全网广播该区块记录的所有盖时间戳交易，并由全网其他节点核对；

步骤四：核对无误后节点将在该合法区块之后竞争下一个区块。

比特币的交易逻辑具体如图 2-2 所示。

（2）最重要的创新——UTXO（未花费交易输出）：

UTXO，Unspent Transaction Output，是指只有未经过交易的输出，这是比特币区块链最重要的创新。UTXO 能够解决交易的证伪问题：除了当事人（在私钥没有泄露的前提下），没有其他任何人能够伪造出一笔合法的交易。

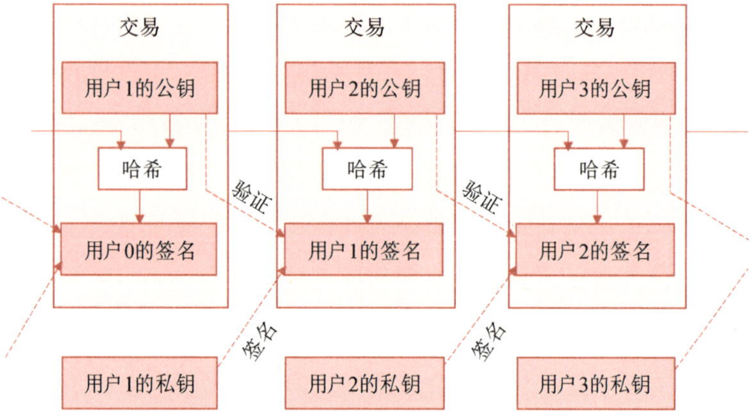

图 2-2　比特币的交易逻辑

UTXO 的安全性较高，但其设计原理意味着 UTXO 只能用于建立简单的、一次性的合约（如币币交易），扩展性较差，因此以太坊并没有沿用这种记账方式。

2.1.3　工作量证明

比特币采用一种去中心化的自发共识（Emergent Consensus），基于规则的完整列表，每个完全节点独立验证每个交易；通过基于工作量证明的运算，矿工独立将交易打包到新区块中；每个节点独立验证新区块并将其整合进区块链；每个节点独立选择积累进行了最多工作量证明计算的链。

（1）工作量证明（Proof of Work，PoW）是一种对应服务与资源滥用，或是阻断服务攻击的经济对策，概念最早于 1993 年提出，PoW 一词在1999 年被发表，工作（Work）意味着时间，PoW 是一个分布式、去中心化的时钟。

（2）PoW 共识机制的工作流程：

第一步：矿工找到交易内存池中的交易，打包交易，矿工计算自己能够从中得到的手续费总额，这个收益我们这里暂且设为 Coinbase；

第二步：矿工构造 Merkle Tree，计算出 Merkle Tree Root；

第三步：遍历 Nonce 32 位随机数，将 Nonce 放在现有的区块头中；

第四步：再将区块头放进双重 SHA-256 哈希函数中作输入字符串，每遍历一个 Nonce 随机数，就要进行一次对区块头双重 SHA－256 哈希函数的计算，直到找到一个 Nonce 随机数，可以使得计算出来的哈希值小于目标哈希值。

第五步：目标哈希值可以规定挖矿的难度，随后这个矿工将整个区块信息发送给节点，节点确认后广播给周围的节点。

PoW 本质是一 CPU 一票，“大多数”的决定表达为最长的链，最长的链包含了最大的工作量，比特币 PoW 共识算法中，挖矿的过程是一个拼“算力”的过程，也因此，PoW 算法由于其耗电量大、消耗资源多，而备受诟病。

2.1.4 比特币治理与比特币改进提案（BIPs）

我们拒绝：国王，总统和投票。

我们相信：粗略的共识和运行代码。

——David Clark

以上引用 David Clark 的话正如摘取自那些比特币自由战士的手册一般。对那些集中管理机构和决策机构的不信任，被内置进了比特币协议中。正如中本聪写给密码学邮件列表（The Cryptography Mailing List）中提到的，“各国政府擅长切断像 Napster 这样的中央控制网络的智能接口，但像 Gnutella 和 Tor 这样的纯粹 P2P 网络似乎持有自己专属的领地”。但实际上 Clark 并没有在谈论比特币，因为这是比比特币白皮书问世还早 16 年的时候，他在互联网工程任务组（IETF）召开的会议上发表的讲话，该组织致力于开发和维护在开源互联网上建立的标准。

比特币是去中心化的和开源的，这意味着没有集中的权限来决定协议升级，以及任何人都可以自由地使用、修正和变更代码。这并不意味着比特币是无政府主义式治理的。相反，比特币遵循开源软件传统的协作治理模式，比特币用于更新其软件的过程，大量借鉴了部分阿帕网（ARPANET）在 1969 年创建的请求评议（Request for Comments）格式。

比特币既是一种技术也是一种货币。虽然比特币交易是不可篡改并且永久保留在区块链上，但其基础协议正在被不断改进和升级。仅仅因为没有一个控制这种发展的中心机构，并不意味着基础协议也年复一年地保持不变。

通过比特币改进提案（BIPs）提出并执行对比特币协议的升级。BIP 为贡献者提供了标准化流程，以便为协议提出新想法、测试这些想法以及对其进行同行评审。这种制衡系统旨在允许对协议进行持续创新，同时确保通过共识和协作实现改进。BIP 是一项提议改进比特币协议的标准，由 Amir Taaki 于 2011 年在 BIP 0001 中提出，并由 Luke Dash Jr. 在 BIP 0002 中对其进行了扩展。BIP 流程的目标是允许任何人对比特币协议提出改进的想法，但在实施任何可能威胁到网络稳定性的代码之前，还要彻底审查这些想法的安全性和可行性。该流程旨在让社区围绕提出的想法建立粗略的共识。P. Resnick 将粗略共识定义如下：粗略的共识已经在很多方面被定义过了，意味着强烈提出的反对意见必须经历辩论，直到大多数人都认为这些反对意见是错误的；赋予社区能够提出想法、同行评审想法以及围绕它们达成共识的能力，对于像比特币这样没有领导者的分布式协议的发展至关重要。

2.1.5 比特币改进提案类型

（1）标准追踪 BIP 提议了对比特币进行更改，包括更改网络协议、区块或交易有效性规则，还包括影响使用比特币的应用程序互操作性的任何更改。

（2）信息 BIP 描述了协议中的设计问题或向社区提供信息。他们不建议为协议执行新的功能。

（3）流程 BIP 提出围绕开发比特币的流程，或建议对流程进行更改。它们不直接影响比特币的代码库，但它们可能包括新程序、开发决策的变化或者比特币开发中使用工具的变化。

每个 BIP 必须经过几个不同的阶段才能实施。图 2 - 3 是 BIP 001 中描述该工作流程的图像：

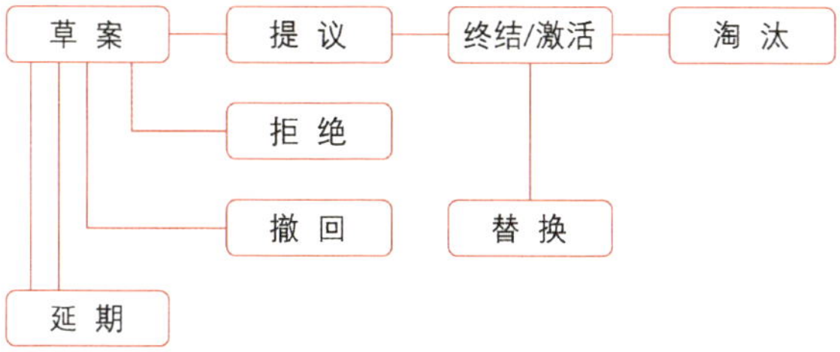

图 2-3　BIP 001 描述的工作流程图

要实施的话，BIP 必须从草案阶段，到提议阶段，再到最终阶段。

草案（Draft）：BIP 作为草案提交给比特币开发邮件列表和 BIP Github 代码仓库。

提议（Proposed）：BIP 包括了一个含有部署 BIP 计划的工作执行方案。

最终（Final）：BIP 符合现实世界的采用标准，且必须客观地验证这一点。在此过程中，BIP 可以被社区拒绝、撤回或替换：

延期（Deferred）：BIP 的提交人可以在没有取得任何进展的情况下将其状态更改为延期。

撤回（Withdraw）：BIP 的提交人也可以选择完全撤回 BIP。

被拒绝（Rejected）：如果三年内没有取得任何进展，任何人都可以请求将 BIP 移至被拒绝状态。

替换（Replaced）：如果先前的最终 BIP 变得无关紧要，则将其标记为已替换。例如，这种情况可能发生在，当一个在软分叉中实施的 BIP 在三个月之后却被硬分叉倾覆的时候。

2.1.6　比特币的局限

比特币是典型的单链式区块链，具有去中心化、匿名免税、无国界等特性，但局限性也非常明显：

（1）POW 共识始终面临 51% 攻击的威胁，比特币交易平台容易遭受攻击，钱包文件可能被盗；

（2）交易速度慢，下载历史交易块、交易、全网认证均需要时间，且随着交易量逐渐积累，耗费的时间还会增加。整个比特币区块链的交易速度大约为每秒钟 6~7 笔；

（3）总数有限，易导致通货紧缩，也可能产生分叉，价格波动很大，不适合真正的匿名交易；

（4）财富聚集太快，大部分消费者的消费能力受到局限，系统缺乏活力；

（5）资源浪费，比特币采矿需要消耗 1000 兆瓦时电力，足以为 3 万美国家庭供电。

2.2 以太坊：第二代加密货币与去中心化应用平台

以太坊（Ethereum）是一个开源的有智能合约功能的公共区块链平台。通过其专用加密货币以太币（Ether）提供去中心化的虚拟机（“以太虚拟机”Ethereum Virtual Machine）来处理点对点合约。在 2013~2014 年间由程序员 Vitalik Buterin，受比特币启发后提出，为“下一代加密货币与去中心化应用平台”。

以太坊在 2014 年通过 ICO 区块链融资开始得以发展，截至 2020 年 2 月，以太币依然是市值第二高的加密货币，仅次于比特币。

比特币与以太坊部分特点对比具体如表 2-1 所示。

表 2-1　比特币与以太坊部分特点对比

	区块链 1.0——比特币	区块链 2.0——以太坊
图灵完备性	图灵不完备	图灵完备
智能合约	不支持	支持
定位	某一具体应用，如支付	平台，可实现各种应用
交易速度	<10 TPS	<100 TPS
算力消耗	122029TH/s，相当于 5000 台天河 2 号 A 运算速度，消耗相当于 1700 万人口国家一年耗电量	无资源消耗，支持 POS、DPOS、PBET 等无消耗共识机制

2.2.1 权益证明

权益证明（PoS，Proof of Stake）机制，是针对工作量证明机制存在的不足而设计出来的一种改进型共识机制。最基本的概念就是选择生成新区块的机会应和权益的大小成比例。权益可以是投入的资金或拥有一定数量的数字货币的所有权，也可以是预先投入的其他资源，即“权益”。与工作量证明机制要求节点不断进行哈希计算来验证交易有效性不同，在工作量证明机制中，只要买了矿机，下载了软件，就可以参与进入。而权益证明机制要求参与者通过计算所持有占总币数的百分比（数量）以及占有币数的时间来决定记账权，并试图解决工作量证明机制中大量资源被浪费的情况。

通过这种机制，节点记账权的获得难度与节点持有的权益成反比，相对于 PoW，在一定程度减少了数学运算带来的资源消耗，性能也得到了相应地提升，但依然是基于哈希运算竞争获取记账权的方式，可监管性弱。该共识机制容错性和 PoW 相同。

在现实世界中权益证明机制很普遍，最为熟知的例子就是股票。股票是用来记录股权的证明，股票持有量越多，则拥有更高、更多的投票权和收益权。

PoS 的优点包括：在一定程度上缩短了共识达成的时间；不再需要大量消耗能源挖矿；PoS 能防作弊，因为如果一名持有 51% 以上股权的人作弊，相当于他侵犯了自己的利益，因为自己不会“坑”自己的钱。

PoS 的缺点包括：

还是需要挖矿，本质上没有解决商业应用的痛点；

所有的确认都只是一个概率上的表达，而不是一个确定性的事情，理论上有可能存在其他攻击。例如，以太坊的“The DAO”攻击事件造成以太坊硬分叉，而以太坊由此事件出现，事实上证明了此次硬分叉的失败；

极端的情况下会带来中心化的结果。PoS 机制由股东自己保证安全，工作原理是利益捆绑。在这个模式下，不持有 PoS 的人无法对 PoS 构成威胁。PoS 的安全取决于持有者，和其他任何因素无关。在 PoS 机制里，拥有币和币龄越多、节点越高，就拥有越强的产生新区块的能力。简单来说，拥有越多的币并且拥有币的币龄越久，获得记账权的概率越大。

结合两种挖矿方式的优点，开始有了基于“PoW + PoS”混合共识机制的币，例如 Hcash，以及以太坊也正在向混合挖矿转变。“PoW + PoS”混合机制的优势就是能够将受众群体最大化。在该机制下持有数字货币的用户与矿工均可以参与到投票中，共同参与该币社区的重大决定，持币者与矿工都可以影响预先编制好的更新，如隔离见证（Seg Wit）、增大区块等。如果这些更新被广泛认可，无需开发者干预，链就会自动分叉以配合更新，而这才是真正的去中心化。以混合机制来实现广义上的去中心化自治组织的高效运行。通过“PoW + PoS”公平地按持币数量与工作量分配投票权重，实现社区自治。

2.2.2 ERC 的定义与 EIP

ERC 代表“Ethereum Request for Comment”，即以太坊开发者提交的协议提案。这是 Ethereum 版的意见征求稿（RFC），RFC 是由互联网工程任务组制定的一个概念。RFC 中的备忘录包含技术和组织注意事项。对于 ERC，意见征求稿中包括一些关于以太坊网络建设的技术指导。

ERC 是 Ethereum 开发者为以太坊社区编写的。因此，ERC 的创建流程中包括开发人员为了创建一个以太坊平台的标准，开发人员应当提交了一个以太坊改进方案（EIP，Ethereum Improvement Protocol），改进方案中包括协议规范和合约标准。一旦 EIP 被委员会批准并最终确定，它就成为 ERC。EIP 的完整原始信息可以在 GITHUB 网址找到。相应的 EIP 对应有 4 种状态：草稿（Draft）—— 处于打开状态，便于考察讨论；接受（Accepted）—— 即将被接受，例如将包含在下一个硬分叉中；定稿（Final）——在上一个硬分叉中被接受，已定稿；延期（Deferred）——不会马上被接受，但也许在将来的硬分叉版本会考虑。最终确定的 EIP 为以太坊开发者提供了一套可实施的标准。这使得智能合约可以遵循这些通用的接口标准来构建。

区块链的通证类型可以分为同质性通证与非同质性通证。所谓同质性通证（Fungible Token）也被称为可替代性通证，不同的通证互相可以替代，可以接近无限拆分。而非同质性通证（Non-Fungible Token，NFT）即不可替代性通证，指基于区块链技术发行的、唯一的、不可替代的 Token，大多数情况下不可拆分，如加密猫（Crypto Kitties），如 Token 化的门票、实物资产等。

在以太坊中，ERC20 用于实现同质性通证，而 ERC721 可以用于实现非同质性通证。

（1）ERC20：ERC20 是以太坊定义的一个标准的接口，允许任何基于以太坊上的代币被其他从钱包到第三方交易所的应用程序使用。这个标准接口提供了代币的基本功能并允许代币被批准。

在智能合约中使用的 ERC20 标准只包含 6 个基本功能：

TotalSupply（）函数，该函数确定将在给定项目的通证模型中创建以进行交换的通证的总数；

Transfer（）函数，用于将通证初始分发给用户钱包，该函数是 ERC20 通证在 ICOs 中如此流行的最大原因，因为当 ICO 完成时，它可以非常容易地向投资者发送通证；

TransferFrom（）函数，允许通证持有者在初始分发后彼此交换通证，假设要向朋友发送一些代币，此功能将获取发送方的以太坊钱包地址、收款人的以太坊钱包地址以及发送的金额，然后执行交易；

BalanceOf（）函数，用于跟踪每个用户钱包中的通证余额；

Approve（）函数，用于保证经济中的通证供应总量保持不变，换句话说，该函数的作用是确保没有人能够凭空创建额外的通证，从而使自己受益；

Allowance（）函数，确保事务在添加到区块链之前是有效的，每当用户想要将某些通证转移到另一个钱包时，该函数都会检查发送地址是否至少与 TransferFrom（）函数中规定的数量相同，如果不满足条件，则事务无效。

有了以上这 6 个功能，创建新的通证并为它们开发平台和钱包就变得非常简单了。这个标准已经被成千上万个不同的项目所采用。

（2）ERC721：ERC721 是一个用于智能合约内实现非同质性通证操作标准的 API，其中提供了用于跟踪所有权转移的基本功能，允许跟踪在标准化钱包和交易所的交易。在 ERC721 中，每个代币都有一个独立唯一的 Token ID，这意味着每个通证是完全不同的，并且每个通证对不同的用户都有不同的价值。例如 CryptoKittes 中，每一个数字猫都是独立的，其价值取决于其稀缺性和用户的购买欲。ERC721 通证可用于任何交易所，但通证价值是“每个通证的唯一性和稀缺性所决定的结果”。标准中规定的接口函数包括 Name、Symbol、TotalSupply、BalanceOf、OwnerOf、Approve、TakeOwnership、Transfer、TokenOfOwnerByIndex 和 TokenMetadata，它还定义了 Transfer 和 Approval 两类事件。

2.2.3 燃料费与交易费用

Gas 的本意是瓦斯、汽油，代表一种可燃气体，在区块链系统中，这个单词率先被以太坊用来形象地比喻交易手续费计算模式。不同于直接支付比特币作为转账手续费，以太坊作为一个去中心化的计算网络，当用户发送 Token、执行合约、转移以太币或者在区块上执行其他操作时，计算机处理交易需要进行计算、消耗网络资源，这样用户必须支付燃油费（Gas）购买燃料，才能让计算机网络正常工作，最终燃料费就会作为手续费支付给矿工。

与比特币不同的是，无论交易成功与否，用户都需要为此支付燃料费。因为即使交易失败，矿工依旧为此交易进行校验和计算，消耗了资源。同时用户也无法在钱包中直接设置支付多少燃料费，而是矿工根据实际消耗计算得出的，并记录在包含此交易的区块中。

以太坊中的 Gas，实际讨论了两个概念，即 Gas Used 和 Gas Price，默认情况下是指 Gas Used。可以把 Gas Used 看成是汽车所需多少升燃油，把 Gas Price 看成是燃油单价。对于汽车，每升汽油 6 元（Gas Price），加 10 升汽油就是 60 元（Gas Used）。

（1）**Gas Used**：

以太坊有专门的虚拟机处理交易，虚拟机根据交易中确定的操作指令进行逐个处理，而每个操作指令都有明文规定的 Gas 消耗量，具体如表 2－2 所示。比如执行一次加法运算将消耗 3Gas，这样交易需要消耗多少 Gas 完全取决于执行完交易中的所有操作指令的累计 Gas，交易执行完成时虚拟机将反馈总消耗 Gas 量，称之为 Gas Used。而用户所需支付的手续费等于 Gas Price ×

Gas Used。

表 2－2　　　　指令与消耗 Gas 对照表

指令	Gas Used	Notes
STOP	0	停止执行
ADD	3	两数相加
MUL	5	两数相乘
SUB	3	两数相减
DIV	5	两数相除

（2）Gas Limit：

因为手续费等于 Gas Price × Gas Used，用户在转账，特别是执行智能合约时 Gas Used 无法提前预知。这样存在一个风险，当用户的交易涉及一个恶意的智能合约，该合约执行将消耗无限的燃料，这样会导致交易方的余额全部消耗（恶意的智能合约也有可能是程序 Bug，如合约执行陷入一个死循环）。

为了避免合约中的错误引起不可预计的燃料消耗，用户需要在发送交易时设定允许消耗的燃料上限，即 Gas Limit。这样不管合约是否良好，最坏情况也只是消耗 Gas Limit 量的燃料。

然而，一笔交易所必须支付的燃料已经在区块中通过该交易已执行的计算量记录。如果用户不想支出太多燃料，而故意设置过低的 Gas Limit，是没太多帮助的。用户必须支付足够燃料来支付本交易所必要的计算资源。如果交易尚未执行完成，而燃料已用完，将出现一个 Out of Gas 的错误。

另外，如果最终 Gas Used 低于 Gas Limit，即燃料未用完。则剩余燃料（Gas Limit-Gas Used）将在交易后退还给你。比如你发送 1 Ether 到另一个账户 B，设置 Gas Limit 为 400000，交易正常完成后将有 400000 －21000 返回给你。21000 是标准转账交易的 Gas Used。因此一笔标准的转账交易你可以设置 Gas Limit 为 21000。

（3）Gas Price：

因为用户所需要支付的燃料费为“燃料单价（Gas Price）×燃料开销（Gas Used）”，如果想让交易花费更少，能够做的是降低愿意支付的燃料单价。另外，降低燃料单价的坏处是交易可能需要等待很长时间才被打包到区块中。这是因为交易燃料费将归属于挖出本区块的矿工。当矿工挖矿时，他需要决定哪些交易放入到区块中，可以随机选择交易，也可以不包含任何交易。为了鼓励让矿工将自己的交易放入区块，用户会考虑将燃料单价设置得足够诱人，已确保能优先放入区块。大部分矿工遵循一个简单策略，优先打包本地交易，将接收到的交易按燃油单价从高到低排列，依次放入区块中直到塞满区块，或者直到低于矿工所设置的燃料单价低限。如果着急交易，高燃料单价会使得交易排在别人前面。如果不着急，只需设置一个足够让矿工包含交易的燃油单价即可。

2.2.4　分布式应用（DAPP）

分布式应用或去中心化应用（Decentralized Applications，DAPP）：智能合约+前台交互界面，DAPP 带来业务模式的改变，性能可能大幅下降，但核心是去中心化。DAPP 技术允许无限数量的市场方参与，利用区块链技术达到财务之外的目的，创造新的 DAPP 的过程，相比写一份智能合约，更容易操作。DAPP 分为匿名的分布式应用，允许每个参与者保持匿名，如 BitTorrent 和非匿名的分布式应用，节点是可追溯的，在应用中身份是显示的。

专栏 2－1

全球首个品牌链上线——“品牌星球”DAPP 应用落地

基于区块链技术的全球首个品牌价值共享平台——“品牌星球”DAPP 正式上线。品牌星球 DAPP 的发布，预示着全球首个品牌链诞生，区块链分布式商业应用开启新篇章。

品牌星球 DAPP 已经正式登陆苹果应用商店，目前主要包括基于区块链技术的个人和企业区块身份和信用建设功能、去中心化的价值交换功能、虚拟资产获取及管理功能、点对点的企业品牌传播任务分发功能等。在后期更新的版本中，还将增加社交游戏、领取品牌推广任务、在线点击查看广告、用户社区（自组织）等模块，通过任务系统、消费者奖励、社交分享、品牌互动、线上线下购物、跨链技术搭建起完整的区块链应用生态场景，实现品牌建设生态的闭环。

品牌星球项目联合发起人徐进辉指出："品牌星球是全球首款基于区块链的品牌价值共享平台，将通过品牌建设任务分发、社交分享等形式，把亿万新中产与数以百万计的个人品牌、小众品牌、区域品牌、网红品牌、中型品牌连接起来，让人人参与品牌建设，致力于打造一个消费升级时代的优质生活圈。"

品牌发展的新需求，呼唤着新技术的出现。区块链技术正在全球掀起一场革命，它的商业价值也越来越凸显，"区块链+品牌"应用契合了多方参与、资源共享、价值整合、模式透明的未来商业发展趋势。品牌星球DAPP，可以让消费者参与到品牌或公司的业务中来，同时获得全新的Token奖励，在这个品牌生态中共享品牌发展的红利。

"你就是品牌"是品牌星球的价值主张。这款DAPP将成为集聚数亿新中产的品牌星球，每一个人都可以发布自己的品牌，每一个创业团队也都可以孵化自己的品牌，小众化品牌、小而美的品牌将层出不穷，满足品牌星球中各类人群的差异化需求。未来，品牌星球还将完善类似虚拟房产、虚拟生活等功能，形成一个共生共享、无界流通的虚拟世界。一个全新的品牌星球新世界即将来临！

2.2.5 智能合约

在以太坊中有两种账户：一类是由人工操作的普通账户，当前只有ETH金额；另外一类是智能账户，存储了状态和代码，是以太坊智能合约（Smart Contract）的载体。智能合约（Nick Szabo，1994）是一种旨在以信息化方式传播、验证或执行合同的计算机协议，允许在无第三方的情况下进行可信交易，这些交易可追踪且不可逆转。

以太坊的智能合约：指由事件驱动的、具有状态的、获得多方承认的、运行在一个可信共享的区块链账本之上的且能够根据预设条件自动处理账本上资产的程序，具体如图2－4所示。在矿工收集足够消息并准备加密生成一个区块时，必须启动一个运行时环境（EVM）来运行智能账户收到消息时对应的代码。

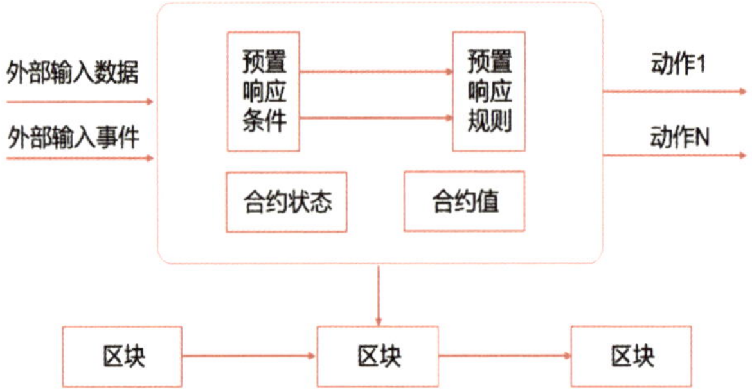

图2－4　执行智能合约的示意图

比如，智能合约可以用来向全网用户发起募捐：先定义一个智能账户，它有三个状态：当前募捐总量、捐款目标、被捐赠人的地址，然后给这个智能账户定义两个函数：一是接收募捐函数，每次收到转账请求时，先核对发送者是否有足够多的钱，然后比较下当前募捐总量和捐款目标，如果满足条件，则更新当前募捐总量状态值；二是捐款函数，将所有捐款发送到保存的被捐赠人地址，并且将当前捐款总量清零。

以太坊在应用层增加了合约功能，在共识层加入POS（股权证明，公有链）、DPOS（授权股权，公有链）、PBET（不要代币，联盟链），扩充了区块，支持发送数据和变量，采用优化的加密算法和Merkle树。缩短出块时间为16s，不需要大量算力挖矿，提升交易速度，秒级确认。以太坊的网络架构图具体如图2－5所示。

2.2.6　以太坊的漏洞

以太坊提供图灵完备的智能合约，将区块链技术的应用范围做了大幅扩展，可由用户根据自己的实际需求自定义智能合约的条目。在用户拥有高自由度的同时，一方面需要掌握一定的编程技能，另一方面智能合约一旦发布就全网可见并且不便于修改，因此很容易被其他人或蓄意作恶者抓住漏洞并展开攻击。

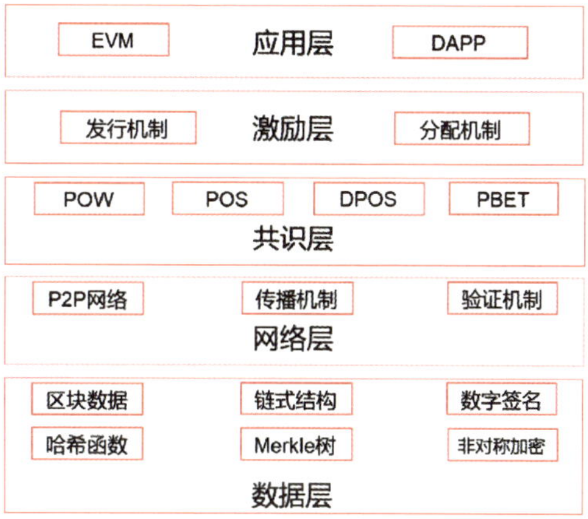

图 2－5　以太坊的网络架构图

（1）“The DAO”漏洞： 指运行在以太坊公有链上的 The DAO 智能合约遭受攻击，致使该合约筹集到的款项被一个函数的递归调用转入另外的子合约，涉及损失总额高达三百多万以太币。

（2）Parity 多重签名漏洞： 即使用多重签名的智能合约由于越权函数调用无法执行使用。黑客可以通过间接调用初始化钱包的库函数成为多个 Parity 钱包的所有者，而原来的所有者变成了攻击者。钱包的取款功能都会失效，黑客还可以调用“自杀”函数报废整个合约库。

（3）Solidity 语言漏洞： Solidity 是以太坊用来研发智能合约的一种类似 JavaScript 的语言，它曾被爆出“太阳风暴”漏洞，即当以太坊的合约相互调用时，彼此的程序控制和状态功能可能丢失，就相当于切断了智能合约之间的通信。还有一种 Solidity 漏洞是能够影响智能合约中的地址或数据类型，并且这些改动无法恢复。

（4）递归调用漏洞： 取款代码中的递归调用漏洞，可能将其他用户账户中的以太币全部提空。

（5）区块节点漏洞： 当时来自以太坊的第 2283416 区块节点，所有基于 Go 语言开发的以太坊 1.4.11 版本客户端出现内存溢出，并停止了挖矿。

（6）日蚀攻击（Eclipse Attack）： 其他节点针对网络层进行的攻击，通过囤积和侵占被攻击受害者的点对点连接时隙（Slot），将受害者限制在一个隔离的网络中，组织最新的区块信息进入到日蚀节点，从而达到隔离的目的。

（7）时间戳依赖性：对于部分使用时间戳来作为某些操作触发条件的智能合约而言，所依据的通常是矿工本地时间，大约有 900s 的波动范围，因此矿工就有机会通过设置区块的时间来尽可能最大化自身利益。

2.3 超级账本：没有代币结构的联盟链

超级账本是由 IBM 带头发起的一个联盟链项目，2015 年年底移交给 Linux 基金会，成为开源项目。超级账本基于工业关注点和特定行业的多种需求来设计，引入了这个领域内的开拓者的经验，如扩展性。为权限网络、隐私网络和多个区块链技术的私密信息提供一种新的方法，它是一个框架，没有任何的代币或者 Token 结构，只有资产的概念，确定模块组件之后（相当于定制服务），才能作为区块链进行服务。

2.3.1 超级账本的设计

超级账本通过 Membership Service Provider 登记成员系，统成员有：客户端节点、对等节点、排序服务节点，经过定制服务后的 Fabric 区块链系统仍然是采用基于账户的记账方式，只是账户对应的不是余额而是资产，交易验证通过后，账本中属于账户名下的资产进行更新。

使用链码（Chain Code，可以提供 Go、Java 等语言编写的链码）通过所有参与者来管理交易，支持多种数字资产。但创建者不得不自己重复编写业务逻辑。

Fabric 的账本子系统由世界状态（World State）数据库和交易记录组成，世界状态组件描述了账本在特定时间点的状态，是账本的数据库。交易记录组件记录了产生世界状态当前值的所有交易，即世界状态的更新历史。

Fabric 提供了建立 Channel 的功能，允许参与者为交易新建一个单独的账本，多通道的账本数据相互隔离。

Fabric 是异步的系统，不支持相同通道内同一对节点的并发事务处理。如果同时发生了诸如 Amy 转给 Bob 10 元、Bob 转给 Amy 10 元的交易，那么只有一条交易能成功，而另一条无法通过验证。

Fabric 的智能合约基于 Docker（一种应用容器引擎）运行，无法对合约运行所消耗的计算资源进行精确地评估，此外运行 Docker 是耗费资源的操作，难以在移动设备上运行合约，最后不同节点的硬件配置、合约引用的开发库等，都会影响合约执行，使得系统的不确定性过高。

2.3.2 拜占庭容错算法

实用拜占庭容错算法（PBFT，Practical Byzantine Fault Tolerance）刚开始是在 MIT 的 Miguel 和 Barbara Liskov 在 1999 年的学术论文中提出的，他们的本意是为设计一个低延迟存储系统设计系统，将算法复杂度由指数级降低到多项式级，使得拜占庭容错算法在实际系统应用中变得可行，主要是为了应用于不需要大交易量但需要处理许多事件的数字资产平台，每个节点都可以发布公钥，这是被允许的。节点将签名所有通过节点的消息，以验证其准确性。当得到一定数量的签名响应，此交易就被认定为有效。

PBFT 的运作步骤为：取一个副本作为主节点，其他的副本作为备份；用户端向主节点发送使用服务操作的请求；主节点通过广播将请求发送给其他副本；所有副本执行请求并将结果发回用户端；用户端需要等待 F +1 个不同副本节点发回相同的结果，作为整个操作的最终结果。

PBFT 对每个副本节点提出了两个限定条件：

一是所有节点必须是确定性的。也就是说，在给定状态和参数相同的情况下，操作执行的结果必须相同；

二是所有节点必须从相同的状态开始执行。

PBFT 包含三个重要阶段，分别是预准备（Pre-Prepare）、准备（Prepare）和确认（Commit），预准备阶段和准备阶段用来把在同一个 View 里发送的请求给确定下序列，就是排好序，让各个 Replicas 节点都认可这个序列，照序执行。准备阶段和确认阶段用来确保那些已经达到确认状态的请求即使在发生 View

Change 后在新的 View 里依然保持原有的序列不变。

PBFT 存在的问题：计算效率依赖于参与协议的节点数量，不适用于节点数量过大的区块链系统，扩展性差；系统节点是固定的，无法应对公有链的开放环境，只适用于联盟链或私有链环境；PBFT 算法要求总节点数 n > =3f +1（其中，f 代表作恶节点数），系统的失效节点数量不得超过全网节点的 1/3，容错率相对较低；不能很好地存储交易信息，黑客能够截取一些失效的副本，会让信息外漏。

本质上来说，拜占庭容错方案就是少数服从多数。目前有一些机构正在关注 PBFT，比如中国 ChinaLedger 联盟和 Hyperledger 联盟就在研究探讨其实际应用，包括迅雷链使用的也是这类共识算法。

2.3.3　Kafka 共识

Fabric 从 0.6 版本中提供的 PBFT 到 1.0 版本的基于 Kafka 实现的共识机制，PBFT 交易性能达不到要求，Fabric 面向的联盟链环境中，节点都是有准入控制的，拜占庭容错的需求不是很强烈，反而是并发性能最重要。一个共识集群由多个 Orderer 节点（OSN）和一个 Kafka 集群组成，Orderer 之间不直接通信，仅仅和 Kafka 集群通信，每个 Orderer 内，针对每个通道都会建立与 Kafka 集群对应 Topic 的生产者及消费者。生产者将 Orderer 节点收到的交易发送到 Kafka 集群进行排序，在生产的同时，消费者也同步消费排序后的交易。

结块操作是由 Orderer 节点中的 Kafka 生产者发送一条 TTC-X（Time to cut block X）消息到 Kafka 集群，当任意 Orderer 节点的 Kafka 消费者接收到任意节点发出的 TTC-X 消息时，都会将之前收到的交易打包结块，保存在 Orderer 本地，之后再分发到各 Peer 节点。

2.3.4　超级账本的局限性

（1）通道的管理问题：在 Fabric 的设计里，通道其实就相当于账本的概念。现阶段仅仅只有创建而没有删除功能，当然这可以理解，区块链的一个重要特性是不可篡改，如果能直接将整个链删除，那将造成严重后果。但是在使用

Kafka 共识的过程中，如果数据操作不当，直接在 Kafka 中删除数据，而 Orderer 没有逻辑去处理这种异常删除，因此会不断地重试，在达到重试极限后直接令整个进程崩溃。

（2）没有完善的数据管理方案：在使用场景中，数据增长是可以很快的，如果使用 CouchDB 作为底层数据引擎，数据更是以几何倍数地爆发。现有的解决方案只能是在云上部署节点，提供可持续扩充的云硬盘，再者使用 LevelDB 替换掉 CouchDB，避免使用模糊查询。

2.4 其他技术简介

2.4.1 Plasma 技术

Plasma 技术是一系列在根区块链（Root Blockchain）（即主网以太坊区块链）上运行的合约。根网络合约只处理少量来自子区块链的承诺的请求，在大多数情况下，子区块链能够完成大量的计算。来自子区块链的承诺的请求定期在根区块链中广播。可以把根区块链看作最高法院，所有下级法院均从最高法院获得权力。

然而，由于并不是所有数据都被传播到所有各方（只有那些希望验证某个特定状态的几方），各方只负责定期监测特定的链，惩罚欺诈行为。在攻击事件中，参与者可以迅速而廉价地从子链大规模退出到根区块链。

区块链可以以树状图分层排列。这将允许创建一个良好的平衡系统，在最大化数据可用性/安全性的同时，最小化成本。挖矿只有在根链上进行时才具有完整的安全性，安全和证明来自于根区块链。

额外的扩展性来自无需监测在经济上不受影响的链的行为，而只需监测需要保证正确行为的链。取消监测区块链的需求，而不是在经济上受到影响，人们应该通过监测区块链来保证其执行正确的行为。

有许多像 Cosmos 和 Polkadot 这样的系统在一个分层结构中部署区块链。

每个子区块链可以有它的代币（就像付给矿工的加密数字货币奖励一样），以激励这条链的验证者保证它运行，并通过欺诈证明规则以保护其不受错误状态侵害。一旦欺诈如“扣块攻击（Withholding Attack）”或广义的“数据可用性问题”被检测到，存款（即保证金）就被一个验证者扣留。

假定区块数据有效，每个子区块链的所有状态都是通过欺诈证明（智能合约逻辑）执行的，欺诈证明允许任何一方执行无效的区块。欺诈证明确保所有状态转换都被验证。此外，欺诈证明还执行了一项资金提现的互动协议。

2.4.2 分片技术（Sharding）

分片技术（Sharding），就是一种允许节点具有完整的区块链的部分副本的技术，是基于传统的“数据库分片”这一概念而产生的一种扩容技术。一般情况下，区块链上的节点都包含了区块链的完整数据库，为了提高整体性能和交易速度，把大型数据库分成更小、更快、更容易管理的部分，并存放在不同的服务器（节点）上。

（1）分片技术可分为网络分片、交易分片和状态分片三类。

网络分片：把节点的网络分成不同的部分（或者叫碎片）。

交易分片：把大量的交易数据分成不同的子集，分配给不同的碎片。

状态分片：将整个存储区分成不同的部分。

（2）分片技术的作用：如果把区块链比作高速公路，把待验证的交易比作汽车，把验证交易的节点比作收费口，原本繁忙的高速公路上只有一个收费站，收费站里只有一个收费口，结果就是越排越多，导致交通堵塞，而分片技术就好比把收费站重修，增加了十个收费口，极大地提高了汽车通过的速度。

通过网络分片和交易分片，每个网络碎片都有独立的处理过程，实现网络交易的并行处理，由于每个节点依然需要更新完整的数据库，不能解决全节点的存储负担，通过状态分片，可以将不同的交易碎片存储在不同部分，这样一来，每个节点只需处理自己负责的那部分交易数据就可以了，大大提高了交易速度和吞吐量。

2.4.3 石墨烯技术

石墨烯（Graphene），是 EOS 创始人 Daniel Larimer 带领 Cryptonomex 公司团队一起创立的区块链底层技术架构，Daniel 基于此架构开发了 Bitshares、Steem、EOS 等具有影响力的项目；Graphene 使用区块链来记录参与者的转账信息及市场行为。每个人都能够查看详细数据，并验证交易、市场订单和买卖盘数据；石墨烯可以看作是 Bitshares 对 DPOS 共识机制的具体实现，其出块速度大约为 1.5 秒、比特币的每秒不到 10 笔，以太坊的每秒 30 多笔；石墨烯技术使得区块链应用实现更高的交易吞吐量，Bitshares 可以处理十万级别的 TPS，而 EOS. IO 则宣称可以处理百万级别的 TPS。

授权股份证明算法（DPOS）于 2013 年 8 月由 Bitshares 项目提出，思路类似于“董事会决策”，依赖于一定数量的代表，同时，区块链中的全体节点具有随时罢免和任命代表的权力；“民主集中式”的记账方式，不仅能够解决 PoW 浪费能源和联合挖矿对系统的去中心化构成威胁的问题，也能够弥补 PoS 中拥有记账权益的参与者未必希望参与记账的缺点；其设计者认为 DPOS 是当时最快速、最高效、最去中心化和最灵活的共识算法。

2.4.4 隐私保护

（1）零知识证明：

零知识证明（Zero – Knowledge Proofs）是一种特殊的交互式证明，证明者向验证者证明“他知道答案”，但是验证者不能获得答案的任何信息。

零知识证明满足三个特性：完整性（Completeness）：因为该论述是真实的，诚实的证明者可以说服诚实的验证者；可靠性（Soundness）：如果证明者不诚实（即其实他们不知道密码），他们也无法在多次实验下欺骗验证者，即便证明者很幸运，运气也总有耗尽的一天；零知识性（Zero-Knowledge）：验证者自始至终都不知道密码是什么，但他会被说服证明者拥有密码。

（2）同态加密：

同态加密（Homomorphic Encryption）是一种加密形式，它允许人们对密文进行特定的代数运算得到仍然是加密的结果，将其解密所得到的结果与对明文进行同样的运算结果一样。

这项技术令人们可以在加密的数据中进行诸如检索、比较等操作，得出正确的结果，而在整个处理过程中无需对数据进行解密。是一种具有极高潜力的隐私保护解决方案。

2009年9月克雷格·金特里（Craig Gentry）的论文从数学上提出了“全同态加密”的可行方法，即可以在不解密的条件下对加密数据进行任何可以在明文上进行的运算，使这项技术获取了决定性的突破。

2.4.5 跨链技术

跨链是指将两个或者多个原本不同的、独立的区块链上的信息、价值，通过可信机制，进行交换、转移、流通。由于人为的因素，传统的互联网世界中的数据联通会受到阻隔，而区块链的技术特性决定了大部分区块链项目都是在各自的领域中垂直发展。单一的区块链网络是一个相对封闭的体系，不会主动与外界发生交互，每条链的资产也都作为一个独立的价值体系而存在。虽然拥有各自的生态社区，但相互之间信息和价值的联接存在不可忽视的技术隔阂，因此区块链世界中存在类似地缘政治（Geopolitics）的“技术政治（Techpolitics）”。不可否认的是，跨链技术的出现是区块链技术推进的必然结果之一，能够在不同项目间搭起互联互通的桥梁，更好地创造生态共识，为项目个体扩大影响力、增加流通价值。

一个完整的跨链解决方案需分别设计或引用每个步骤的具体技术方案，而最能体现类型区别的是信息传输方式或验证机制的不同。依照目前的区块链行业技术发展阶段，主流跨链解决方案各有优缺点，适用于不同的场景。

（1）中心化公证人机制（Notary Scheme）——验证机制：

中心化公证人机制也叫单签名公证人机制，通常由单一指定的独立节点或者机构充当，公证人机制是执行区块链互操作性最通用的机制。公证人是通过链上或链下的治理机制选出的个人或群体，担任“内部中立方”的角色，享有监听查看、验证审核等职能。在链与链之间进行价值转移或信息交换时，公证人来验证其唯一合法性。公证人除了能够自动监听查看和响应跨链命令之外，也可在接收到请求之后再执行其职能。最早的公证人机制应用是在2012年瑞波实验室提出的Interledger协议（ILP）中。因此该机制最常见的方案是原区块链的网络层协议+公证人机制的组合。

该机制也有若干衍生方案，其本质的验证模式一致，只是架设在区块链的不同层级中。例如陪审团机制架设在合约层，摆脱了全网共识，进而能够更便捷地在不同底层共识机制的区块链间执行跨链协议。

优点：公证人选举机制较为成熟；兼顾了跨链效率。

缺点：过度依赖于公证人的可靠性。

（2）多重签名公证人机制（Multi-Signature Notary Scheme）——验证机制：

在公证人机制的基础上，为了改善过于中心化的问题，提出以多重签名的方式增加验证流程的可信度。多重签名的公证人机制是由多位公证人在各自账本上共同签名达成共识后才能完成跨链交易。公证人的选取可以有多种方式，比如随机抽取公证人、对交易双方可信公证人节点列表求交集和直接采用可信联盟中的可信节点等。

多重签名的公证人组的每一个节点都拥有自己的一个密钥，只有当达到一定的公证人签名数量或比例时，跨链交易才能被确认。这种方式相较于单签名模式的安全性更高，少数几个公证人被攻击或者是作恶都不会影响系统的正常运行。但是这种方式要求两条链本身都要有支持多重签名的功能。

Wanchain和Fusion以加入分布式私钥控制为其具体方案。分布式私钥控制又称门限密钥共享，是为防止对固定公证人的过度依赖而加入的密码学技术，目的是在n位公证人中，随机选出m位及以上的人即可验证跨链交易的合法性。

实现方式为，假设总共5位公证人，至少3位验证之后可以确认交易，即 $m=3$，$n=5$。

1）密钥数设置为C（n，m−1）=C（5，2），共10个密钥，编号为0~9。

2）每位公证人持有数 C（n－1，m－1）＝C（4，2），每人持有 6 个密钥。

3）将密钥分配给 5 位公证人：

公证人 A	0、1	2、3	4、5	–	–
公证人 B	0、1	2	–	6、7	8
公证人 C	0	3	4	6、7	9
公证人 D	1	3	5	6	8、9
公证人 E	–	2	4、5	7	8、9

因此，任意三位及以上公证人一起即能得到全部 0～9 的密钥，可形成有效验证签名。

优点：相较于公证人机制更去中心化。

缺点：仍然具有潜在的作恶风险，仅作为目前的一种权衡方案，后期存在被替代的可能。

（3）侧链：

侧链（Sidechain）和中继（Relay）的技术基础一致，为达成跨链操作，两条链需为彼此维护一个轻客户端来传输数据。在侧链方案中，以简单支付验证（SPV）为代表；而在中继方案中，互联链通讯协议（IBC）是其跨链的连接实现方式。

侧链的概念是相对于主链而言的。当主链的性能出现瓶颈，或者某些功能无法扩展的时候，把资产转移到侧链上，相关的交易只需要在侧链上执行，从而达到了分担主链的压力、扩展主链的性能和功能的目的。

早期侧链技术方案主要是针对比特币提出的。因为比特币的技术架构，天生就有扩展性的不足。比如交易延时长、吞吐量低、不支持图灵完备的智能合约，都是比特币内在的设计缺陷。这些设计缺陷必须通过重构比特币基础框架和算法才能解决。侧链既可以自己独立存在，也可以依附于主链，作为主链新业务新需求的延伸，实际上是一种分片机制。所以侧链是一条独立的区块链，拥有自己独立的代码和数据，不会为主链带来负担，这样避免主链数据过度膨胀。

优点：侧链可以提高交易速度，侧链的出现使得比特币主链可以把部分交易转移到侧链上，在小范围内达成共识，加快交易速度，降低交易成本，提升交易效率；侧链是相对独立的，如果侧链上出现了代码漏洞和大量资金被盗等问题，主链的安全性和稳定性都不会受到影响。用户不必担心被篡改，即便多条侧链一起运行，也不会对主链造成影响，类比如分支干道发生车祸等应急现象时，是不会影响主干道的。侧链可以为主链拓展不同的功能，如智能合约、隐私性等，大部分情况下，生态的用户可以直接持有主链 Token 即可体验不同功能的侧链提供的服务，这样也就能够进一步扩展了区块链技术的应用范围和创新空间。

缺点：为了创建侧链，我们需要足够的矿工，以使网络免遭攻击者的攻击。此外，我们必须确保它们已经启动和在运行。侧链需要联盟：这在主链和侧链之间增加了额外的层。这可能是攻击者可以攻击的另外一个弱点：可以贿赂或攻击联盟。

（4）中继链：

以太坊创始人 Vitalik 在其互操作性论文中提到中继 Relay，指出链 A 和链 B 可通过对方的区块数据来进行信息同步和跨链函数调用，目前信息同步是可以做到的，但是跨链函数调用还没有成熟的技术方案。但两个链不能同时验证对方区块的有效性，否则将陷入互为嵌套的死循环。如链 A 拥有链 B 的区块数据，则链 A 需在链 B 交易确认的情况下才能进行确认，而链 B 因为同时拥有链 A 的区块数据，链 B 又需等待链 A 的交易确认……这样，交易确认就陷入了死循环。

中继是更灵活、易于扩展的跨链技术，其不依赖可信第三方帮助其进行交易验证，而是在拿到发送链数据后由接收链自行验证，自行验证的方式依据系统结构不同而不同，例如 BTC - Relay 依赖于 SPV 证明，Cosmos 还依靠验证节点签名数量等。而中继链相当于公证人机制和侧链机制的融合和扩展——如侧链和主链之间进行价值和信息的交换时，中继链就相当于它们之间交流的通道。通过多签的方式，中继链将主链上交易的资产冻结，同时在侧链上进行锚定和释放对应价值的侧链资产，最终通过多重签名共同投票来决定交易是否有效。中继模式看似简单，但实现形式却是多种多样，如 Cosmos 中的 Hub、Polkadot 中的 Relaychain（中继链）、BTC-Relayer 中的 Relayer、比原链中的中继器 XRelay 等都充当了中继的角色，一些侧链的实现也采用了中继的模式。

侧链与中继的区别在于，从属关系上侧链锚定并从属于主链，而中继采用了中心辐射设计，不从属于某条主链，更像是“调度中心”，只负责数据传递；执行过程看，侧链需要同步所有的区块头，且只能验证交易是否发生而非当前状态，中继不需要下载所有的区块头，因此拥有更优越的速度。

优点：中继协议是从各主链抽象分离出的一个跨链操作层，避免受到主链过多的技术限制，保持中立的同时也能为自身项目积累价值；中继链提供了统一语言，可减少链路之间通信的安全隐患。

缺点：由于基于侧链技术，且进行跨链交易，仍然存在链间交互安全隐患；大多项目采用 PBFT 或衍生机制，若 1/3 以上验证节点宕机则无法工作。

(5) 公证人机制 + 侧链混合技术：

该跨链方案是最近衍生出的新思路，把原公证人机制的执行由 DPOS 共识机制下另一条公链（如 EOS）的超级节点来执行，而链之间的信息交互是采用侧链/中继协议达成。

公证人机制与侧链混合方案的创新点为引入第三方 DPOS 公链，由其超级节点承担公证人的职责。第三方公链社区治理下诞生的超级节点可信度较单独由中继链选举出的公证人高，因此跨链过程中发生恶意攻击的概率更小。

优点：公证人由第三方（如 EOS）担任，可继承 DPOS 公链的高效率；较低的交易手续费用。

缺点：依赖第三方公链的运行稳定，如第三方的超级节点联合作恶，也将波及跨链的验证可靠性。

(6) 哈希锁定：

哈希锁定最早出现于比特币闪电网络的解决方案中（哈希时间锁定合约 Hashed Time-Locked Contract）。其实现逻辑为通过两条链上智能合约的信息交互完成跨链流程，例如 Buyer 想用自己的 BTC 换取 Seller 的 BTM。

Buyer 创建随机密码 s，并算出其哈希值 h = hash（s）发送给 Seller。

Buyer 和 Seller 通过智能合约将各自资产先后锁定。该智能合约中规定：a. 当任何人能在 H 时间内提供随机数 s’且验证 hash（s’）=h（即 s’=s）到智能合约，Buyer 获得 Seller 的 BTM，否则超时后 BTM 退还；b. 当任何人能在 2H 时间内将原始随机数 s 提供给智能合约，Seller 即可获得相应的 BTC，否则超时后 BTC 退还。

在实际执行过程中，由于 Buyer 如实提供随机密码 s 的速度绝对优于其他人计算哈希值的速度，因此遵循智能合约步骤将顺利完成交易。如果其中一方存在故意拖延的状况，则超时后未拖延方将会获得退还的资产而避免损失，拖延方将主动损失资产或取消交易。因此整个过程的原子性得以保证。

优点：保证交易原子性。

缺点：需要高流通性市场来匹配 Buyer 和 Seller 的订单，因此较适用于小额交易；无法做到资产转移，仅仅是持有者变化；无法做到跨链预言机，只能通过 Buyer 主动发起请求进行。

2.5 EOS. IO：商用分布式应用设计的一款区块链操作系统

EOS，即 Enterprise Operation System，是商用分布式应用设计的一款区块链操作系统，类似于 Windows。它是一个对开发者友好的区块链底层平台，支持多个应用同时运行，为开发 DAPP 提供底层的模板，使开发门槛降低，通过并行链和 DPOS 的方式解决了延迟和数据吞吐量的难题，处理量可达每秒上千级别，EOS 没有手续费，普通受众群体更广泛。

2.5.1 总体架构

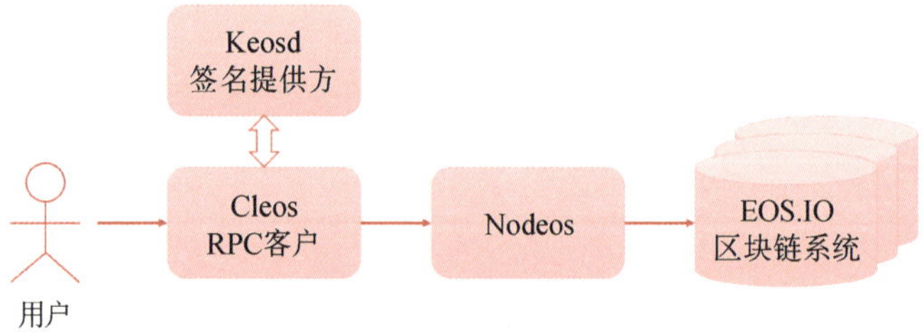

图 2－6 EOS 模块架构图

如图 2－6 所示，总体上 EOS 主要由 Keosd、Cleos、Nodeos 三大运行时组件构成：

Keosd 可以认为是个密钥管理器，用来管理和 EOS 账户相关的公私钥。

Cleos 客户端命令行交互组件，用于解析用户命令，根据具体命令请求调用相应的接口，例如查看区块信息、操作钱包等等。

Nodeos 是 EOS 核心进程，EOS 大部分的功能都是在 Nodeos 中进行。我们可以使用插件来配置 Nodeos 去执行各种功能。p2p 网络、合约代码调度以及区块链数据持久化等大部分区块链核心功能都被放在了 Nodeos 中。对于开发人员来说，Nodeos 也足够用来建立一个单节点区块链网络。

用户在和 EOS 进行交互时，通常来说都是通过 Cleos 来发送指令，根据具体情况将请求转发到 Keosd 还是 Nodes，由 Keosd 进行账户创建，交易签名等操作。

2.5.2 账户体系

EOS 的账户体系实现了基于角色的权限管理和账户恢复功能，使得用户可以灵活地以一种组织化的方式管理账户，并最大化保证资产的安全性。EOS 基于角色的多层级账户体系，是通过智能合约实现的。

常见区块链项目的账户是一对公私钥，账户名就是公钥（的推导形式），而 EOS 中的账户名是由用户自定义的 12 位可读标识符组成，且一般一个账户可以被多对公私钥控制，每对可以自定义拥有不同的权限。遇过权限配置可实现该账户只被个体拥有或者被一个组织控制，该账户是传统公钥所代表的单一权限的更高层次抽象集合。

对于常见的区块链项目而言，账号一般就是一对公私钥，如果私钥被盗取代币便可被直接转走。而在 EOS 中，代币是放在账户里的，每个公钥可以配置不同的权重，可以控制每个公钥可以转移的账户的代币的金额（需要每个拥有转账权限的钥匙的权重之和达到设定的阈值）。EOS 上的所有交易行为都是通过账户来完成的，通过账户执行任意操作时，EOS 系统首先会验证操作者是否拥有足够的权限，通过验证该操作才能生效。

EOS 中，每个账户刚创建时一般由个体拥有，通过单一公私钥便能进行所有操作，后续可根据需要通过权限配置将该账户扩展成组织账户，由多对公私钥共同控制，甚至可为组织外部个体或组织分配部分操作权限，从而实现极其灵活的组织管理方式。

2.5.3 账户权限管理

EOS 中任意账户都自带两个原生权限：Owner 和 Active 权限。Owner 即代表账户所有权，该权限可进行所有操作，包括更改 Owner 权限，可由一对或多对 EOS 公私钥或另一账户的某权限实现权限控制。因此，代表着 Owner 权限的 EOS 公私钥是最重要的，必须冷储藏（离线存储）。Active 即活跃权限，能进行除更改 Owner 权限以外的所有操作，也是通过一对或多对 EOS 公私钥或另一账户的某权限实现权限控制的。

EOS 允许恢复被盗窃的密钥，这在比特币和以太坊上是不可能的。在比特币和以太坊上一旦密钥丢失，整个账户也将随之丢失。EOS 系统软件为用户提供了密钥被盗时恢复其账户控制的方法。账户所有者可以使用过去 30 天内活跃的任何其批准的账户恢复合作伙伴的密钥，并重置账户上的所有者密钥。没有账户所有者的配合，账户恢复合作伙伴无法重置账户的控制权。

2.6 EveriToken：基于通证的区块链应用生态系统

EveriToken 为意向经济量身打造的适合区块链应用落地的生态系统，是一条全新的公链。真实世界的资产、证书和各种凭证都可以通过发行通证来数字化，并且以超高的安全性和速度在网络上流通。

2.6.1 安全合约

安全合约是指用户不需要直接编码，而是通过使用安全合约接口来方便、快速地进行通证的发行和转移。智能合约存在广泛的安全漏洞可能产生不恰当的代码执行或者逻辑错误从而导致出现账户锁定、访问泄露、服务终止等等问题。因此，智能合约往往不能起到提供信任的效果，反而可能被认为比传统合同更加不可靠。

安全合约确保链上所有的交易都是安全无漏洞的，且安全合约可以增加系统利用率来提高速度。突发事件更容易进入现有工作流中而不用从头编译中断代码、接口使得不同种类的数据转换变得清晰，可以更方便地把不冲突的操作进行并行处理以提高系统速度，实测已经达到 10000TPS。

2.6.2 RocksDB 的通证数据库

EOS 为了支持回滚操作使用了基于多索引的内存数据库，所有操作的结果都存在内存数据库中。在保留 EOS 内存数据库的同时，EveriToken 团队开发了一个基于 RocksDB 的通证数据库，它有几个好处：

RocksDB 是一个非常成熟的工业级键值对数据库，已经在 Facebook 等核心集群中得到了充分验证和使用。

RocksDB 是基于 LevelDB 的，提供了比 LevelDB 更好的性能和更丰富的功能。它还对低延迟的情况（如闪存或者固态硬盘）重点进行了优化。

在必要的情况下，RocksDB 也可以当作内存数据库使用，基于 RocksDB 的体系结构天然支持版本回退等特性，并且几乎不会影响性能。

2.6.3 EveriToken 权限管理

EveriToken 设置了三种权限类型，即发行、转移和管理。系统有三种参与者，账户 Account，组 Group 和所有者组 Owner Group。账户是独立的个体用户，组是集群账户，所有者组是一个特殊的组。

权限树（Authorization Tree）：每一个权限都由一个树形结构来管理。从根节点开始，每一个授权都包括阈值，以及与之相对应的一个或多个参与者（Actor）。

组内自制（Group Autonomy）：持有组公钥的成员可以授权对组成员及其权重进行修改。

EveriToken 数据库设计和权限转移方式具体如图 2－7 和图 2－8 所示。

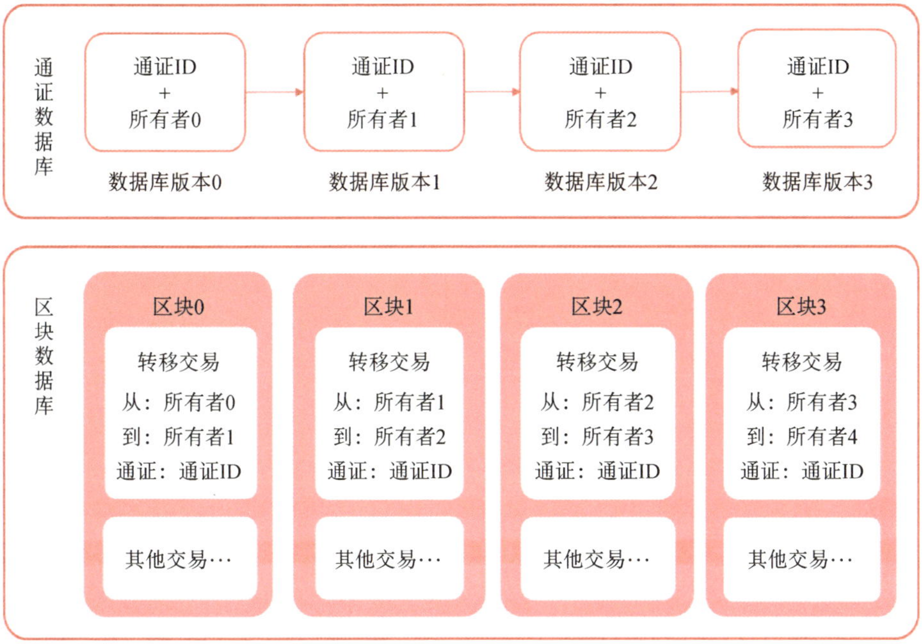

图 2－7　EveriToken 数据库设计示意图

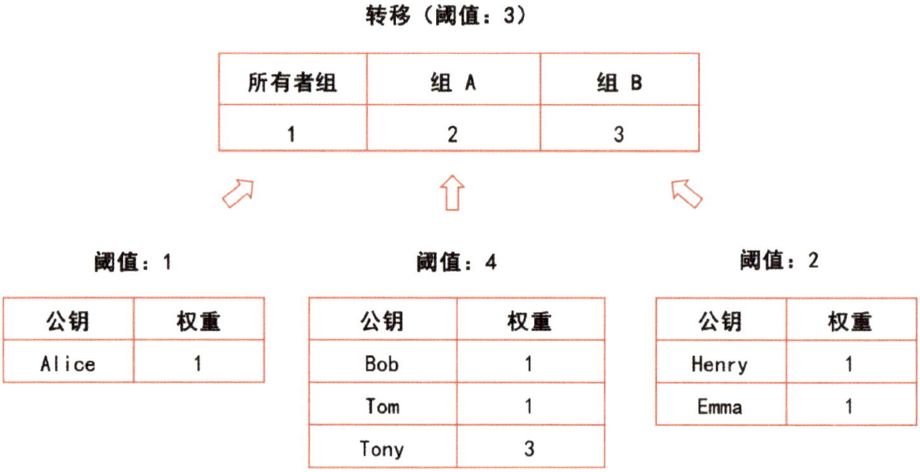

图 2－8 EveriToken 中一个转移权限示例图

2.7 LIBRA：The Internet of Money 时代

2019 年 6 月，Facebook 主导的 Libra 发布数字货币白皮书后，其关注度已经突破区块链领域，燃烧到了经济、金融、科技、政治等多个领域。Libra 核心技术涉及三个方面：Move 编程语言、拜占庭共识算法（BFT）和区块链数据结构。Libra 可以简单理解为采用拜占庭共识算法的一种联盟链。

Libra 设计和使用更可靠、安全性更高的 Move 编程语言。Move 有以下特点：每个资源只有唯一所有者，从设计上防止数字资产被复制；自动验证交易是否满足条件，确保区块链安全性；可执行对 Libra 货币和验证者节点的管理，减轻关键交易代码的开发难度。

采用基于 Libra BFT 共识协议的 BFT 机制。共识机制旨在确保各分布式节点交易信息的一致性和不可逆性。Libra 采用 BFT 机制，即使三分之一节点发生故障，其依然可以确保网络正常运行。

采用梅克尔树的数据存储结构，确保存储交易数据的安全性。梅克尔树是在区块链（如比特币）中广泛使用的数据结构，可以高效、快速归纳和检验大规模数据完整性，只要树中任何一个节点被篡改就会出现校验失败。

2.7.1 Libra Reserve

在传统的数字加密货币系统中，如比特币，数字货币往往是被“凭空”挖掘出来的。这种加密货币的“发行”行为是一种纯粹的“体内循环”的激励机制，其发币的动机是为了维持该加密货币系统的运转（激励矿工为用户的交易做验证、打包和执行等工作）。这些加密货币的背后并没有和实体资产有任何的锚定关系，也没有组织和机构宣布过对这些加密货币的刚性对付。而 Libra Reserve 则描绘了一个不一样“发币”机制：首先，Libra 的投资者和用户需要使用法币从 Libra 协会手中“购买”Libra 代币，当有 1 块钱的法币被 Libra 协会“收储”之后，才会有等价 1 块钱的 Libra 代币被“发行”出来。Libra 协会集中管理这些“收储”的法币，并使用这些法币去做高安全、低收益的投资，例如投资各种主权基金。这些投资的收益大部分会用来支持 Libra 生态的运转。看起来这似乎更像是一个“世界银行”，用户可以把各种法币“储蓄”到 Libra 上，然后在 Libra 的支付网络上使用 Libra 代币去做交易，或者通过 Libra 授权经销商把代币兑换成法币。

Libra 在设计上把自己的主要结构定义成一个可验证的加密数据库（Cryptographically Authenticated Database），然后通过 Libra 协议在这个数据库上维护了一个全局状态统一的总账本。Cryptographically Authenticated 的意思是说这个数据库中保存的数据都是经过密码学验证过的，可以保证数据的真实可靠。而在网络结构上，Libra 有两类节点：用户节点（Client）和验证节点（Validator）。用户节点可以提交或查询交易，验证节点则负责根据 Libra 协议去处理这些交易并维护账本的更新。

2.7.2 交易与状态

State（状态）指账本中某个数据的状态（值），在不同的时间节点上，数据可能有不同的状态。Transaction（交易）指一个去改变某些数据状态的指令。比如：Alice 当前账户余额是 110，这是一个状态；Alice 要买商品，向商户 Bob 付款，这个付款指令是一个交易；付款之后，Alice 的账户余额变成了 100，这是一个新的状态，具体如图 2－9 所示。

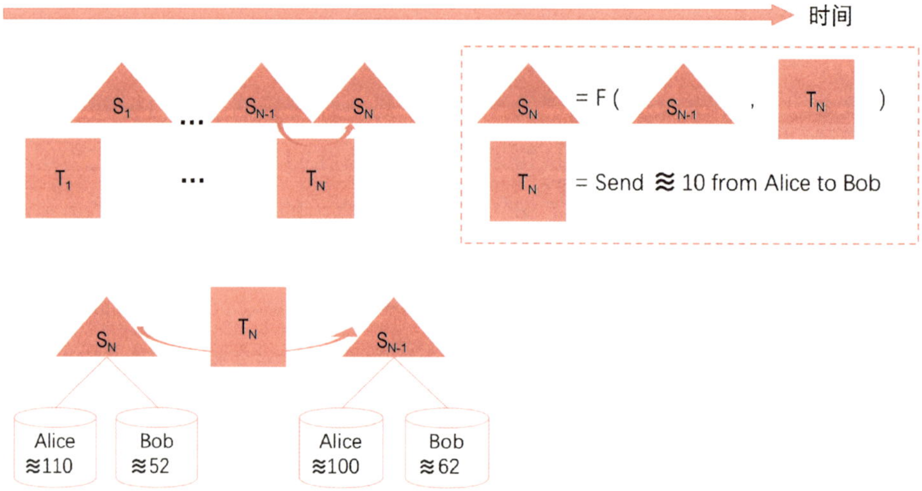

图 2－9　Libra 中更新交易状态示意图

另外，Libra 网络还维护了一个 Ledger State，这里面存储了账户地址和账户数据之间的映射。

Libra 的交易由下列内容组成：Sender Address，交易发起者的地址（不是物理意义的地址，是发起者的账号）；Sender's Publick Key，交易发起者的公钥；Program，交易指令；Gas Price Gas 的价格；Maximum Gas Amount，客户愿意支付的 Gas 上限；Sequence Number，序列号；Expiration Time，失效时间（如果一个交易在失效时间内没有被执行，则交易作废）；Signature，数字签名。

Libra 的交易和很多传统区块链系统（以太坊）的 Transaction 模型类似，比较独特的地方是 Program 和 Sequence Number。Program 部分包含三个部分：Move 语言字节码组成的交易脚本；交易脚本的输入内容（可选项），在转账交易中，脚本的输入是转账的金额和接收方地址；Move 语言字节码模块（可选项），可以理解成一个智能合约的合约内容。Sequence Number 是当前账户所发起的交易序列号，每个账户的交易序列号从 0 开始，每完成一笔交易则序列号自增 1。

2.7.3 账户模型与数据库

Libra 中的账户模型和以太坊类似，从逻辑上看，账户是一个拥有两类资源的一个集合：Move Modules（程序代码）和 Move Resources（数据）。Modules 存储的是 Move 语言字节码，即智能合约的代码，这些代码可以去访问或更新 Resources 中的数据。Resources 存储是数据部分，账户拥有的 Libra Coin 也是存储在 Resource 中。

账户的地址 Address 是一个 256bit 的值。前面提到，Libra 网络通过一个 k-v Map 的形式在 Ledger State 中维护了 Address 到 Account（Modules 和 Resources）的映射。

要创建一个 Libra 账户，首先要构造一对公私钥（vk，sk），该账户的地址等于公钥 vk 的 Hash 值，Address = Hash（vk）。注意，这个时候账户并没有在 Ledger State 中出现，只有当一个已经存在的账户向该地址发起一笔交易的时候，Libra 网络才会在 Ledger State 中创建有关该账户的映射结构。一个用户可以有无数个账户，一个账户下面可以有无数的 Modules 和 Resource。

虽然 Libra 把自己称之为 Libra Blockchain，然而 Libra 似乎并没有引入区块的链式（Block Chain）结构，仅在共识协议的实现上引入了 Blockchain 的概念作为共识算法的优化手段。Libra 定义了一个基于 Version 的三元组存储在这个数据库中：对于每一个 Version i，数据库中存储了这样的一个三元组 < Ti，Oi，Si >，分别指交易 Ti、交易 Ti 执行时产生的输出 Oi、交易 Ti 执行之后的账本状态 Si［交易 Ti 是在状态 S_(i－1) 的基础上执行的］。简单讲，Libra 这个数据库在逻辑上是一个线性的结构，交易记录在数据库中只能单向增长，像一部定格电影，在每个时间点上都有一个对应的世界状态的快照。

2.7.4 Libra 面临的挑战

Facebook 宣布将推出 Libra 数字货币，目标是使付款更容易、更便宜。

2019 年 10 月，世界上最大的经济体警告 Libra 等加密货币对全球金融体系构成风险。法国表示，Libra 威胁到政府的“货币主权”，也有很多意见警告说，Libra 可能被用于洗钱和其他邪恶目的。Libra 联盟的合作伙伴包括 Lyft、Spotify、Shopify 等，但其他一些备受瞩目的成员（例如 Visa）在 Libra 遭到美国当局批评后宣布离开了 Libra 联盟。

根据 BBC 新闻报道，Facebook 在监管机构的抵制之后，重新考虑了自己的数字货币计划。据彭博社和科技网站 The Information 的消息所称，Facebook 目前正在考虑一种系统，该系统具有已建立货币的数字版本，包括美元和欧元在内。报告说，Libra 联盟将继续创建数字货币的工作，数字钱包预计将于 20220 年秋天启动，比最初计划的时间晚了几个月。

Libra 还带有账户模型的色彩，但强调了 Transaction 本身（即 Move）——从一个地方转移到另一个地方，其思路和以太坊已经不太一样了。基于账户的记账方式天然有一个缺陷，就是由于账户的限制，实施分片或者跨链就比较麻烦。所以 Libra 在设计 Move 的时候是把这两个问题是充分考虑到的，再加上考虑到需要服务上亿的用户，Libra 新命名了共识机制 HotStuff，我们可以把它看作 Libra 版本的 BFT（即拜占庭容错的共识机制）。Libra 给的几个案例里，比如说把币从一个账户转到另一个账户，有 Move 这个 Module 就可以直接实现。

目前 Libra 是联盟链设计，节点数目是可以控制的，初步定的是 100 个节点。Libra 希望四、五年之后变成 Permissionless，实际就是公有链，面对庞大的节点和交易数量，仅凭现在披露的设计方案来看，还是有很大的挑战的，到达这种用户量时的 TPS 目前还很不明朗，很可能需要结构性的改动。

Libra 联盟政策与传播负责人 Dante Disparte 表示：“Libra 联盟并未改变其建立符合法规的全球支付网络的目标，支持该目标的基本设计原则也没有改变，这个网络可以促进未来的创新。”

我们也相信 Libra 还是会继续推动下去，毕竟对于数字货币，世界确实需要价值锚定，有了价值锚定就可以使得其他 Token 定价变得更加方便，而且 Facebook 的用户也足够多，很有可能把更多的用户带进区块链的世界。

3.

区块链商业：从眼球经济到意向经济

意向经济的时代已经到来，自我肯定需求和认知坎陷推动商业模式的代际跃升。区块链商业模式九宫格重新定义了区块链时代下的商业本质：让价值上链并交易。试看其从工业时代、互联网时代到区块链时代，是如何进行演进和发展的？

互联网经济的本质是眼球经济（Attention Economy）带来的流量红利，通过各种手段吸引用户的注意力，成了过去 20 年互联网商业模式成功的基础。在吸引力和流量增加的基础上，用户习惯被驯化，平台垄断地位确立，然后带来巨量用户活动和用户活动相关的经济产出。苹果从音乐播放器开始，不断打磨 iOS 操作系统，通过苹果手机、iPad，Apple Watch，Apple Glasses 等智能设备不断创新来实现用户注意力的增长。AWS 从书本出发，通过免费的网购电商平台，虹吸全球注意力。互联网经济模式的核心是把握全球眼球的关注。在中国，无论是阿里的钉钉、还是腾讯的微信都仅仅在中国用户的应用端发力，没有触达到全球用户的关注，没构成全球竞争力。目前国内 ICT 厂商唯一具备世界市场竞争力的只有华为，不仅在终端设备领域全球增长，更重要的是通过开发鸿蒙系统和 HMS，正在重新定义全球用户在移动终端设备上的注意力。

纵观中国互联网经济的演化和发展，从电商模式、O2O、P2P、共享经济到网红经济，获得关注和留住关注的成本越来越高，任何新创业者在没有被资本加持的情况下根本负担不起。互联网厂商们在打破旧的垄断的同时，也构建了新的垄断。互联网巨头张开贪婪的大嘴吞噬一切，目前已经起到拖拽甚至是阻碍社会进步和文明发展的程度！

“坎”来自于古老的八卦里面的“坎”卦，五行通“水”。“坎”卦在形象上就是有缺口，也有区隔。“坎陷”一词，来源于《易传・说卦》：“坎，陷也。”中国现代学者、哲学家、哲学史家、新儒家牟宗三先生（1909 - 1995）作为现代儒学承前启后的关键性人物，一生著述等身，他的学术努力表现于他著名的“良知自我坎陷说”中。简单地说就是我们知道的也包括我们所不知道的，每个人都是有知和无知的组合，也是坚持和放弃的组合。另外，我们在总人群中被识别为更小的群体。在这个更小的群体里面我们会达成一定的共识并趋同和追求类似的经济行为。我们称之为“坎陷经济”。意向经济是当代社会发生的新现象，是坎陷经济发展的新阶段，也导致未来社会将不再被肤浅的“眼球经济”所垄断，而是形成千万个以“共识”为基础的“生态”，而这种生态的发展正在构建人类文明的新世界。

区块链技术的特点在于存证并起到通证的作用。人类社会发展到今天，文明需要通证，区块链扮演的数字通证对人类的未来发展具有极为重要的意义。新的世界已经开始成长，力量正在积聚，区块链时代或者成为互联网的下半场已经到来。区块链技术为当代社会提供一种全新的达成共识的方法和机会。数字通证是能够在小范围内快速达成局部共识的有效媒介。数字通证的含义绝不仅仅是“代币”，不同的数字通证有各自独特的意义、周期和波动特性。比如，各个国家的货币和汇率是各个国家经济体之间价值认定的共识载体；股票价格代表股民对公司价值形成的共识；资产证券价格代表交易者对资产未来收益形成的共识。共识是社会交换乃至产生商业行为的基础。随着人类社会总算力的增长和 AI 技术的快速发展，人类社会迅速达成共识的可能也在增长，数字空间的活动必然会采纳区块链技术来加强这种共识的形成和交换，并推动人类从眼球经济到意向经济（Intention Economy）的代际跃升。

3.1 认知坎陷与坎陷经济

3.1.1 自我肯定需求

2012 年，武汉大学教授蔡恒进提出自我肯定需求理论。只要有可能，人对自己的评价一般高于他认知范围内的平均水平，在分配环节他更希望得到高于自己评估的份额。同时人在与外部世界交互时，在以一个明显要高于自己水平的参照系评价自身或自身所处环境时，为防止过大的落差击垮自身的心理防线，人们总是更倾向于肯定自我，用较高的自我评价从主观上进行自我保护。当然反向的行为也会“对称”地发生，那就是贬低他人的作用或者能力。这种人的认知的综合体即为此个体的认知膜。认知膜，像细胞膜保护细胞核一样，起到了保护人的自我认知的作用。认知膜一方面过滤外界的信息，将有益的部分融入主体的认知体系，为自我认知提供必要的养分并促使其不断生长、升华；另一方面使主体在面对外来竞争者时，在主观上缩小其与优秀者的差距，坚守内心信念，保持一种乐观心态去积极迎战。自我肯定需求和认知膜为我们客观认知这个世界提供了一个新的思路，人类可以不断地修正我们对世界的认知来推动世界的进步。

3.1.2 认知坎陷

前面说到“坎陷”概念的由来，个体人类的所有思维存在都可以被理解为认知坎陷：它们都是对真实物理世界的扰乱，但也是人类自由意志的体现。认知坎陷（Cognitive Attractor），是指对于认知主体具有一致性，在认知主体之间可用来交流的一个结构体。例如可感受的酸甜苦辣和劳累辛苦、可审美的肤白貌美腿长等感受都是初级坎陷。坎陷在沟通后，就会有越来越多的人产生认同感。自我意识、宗教、信仰、国家意识等结构体都可以抽象为坎陷，财富认知、游戏规则、价值取向、个人好恶都是不同的认知坎陷。

认知坎陷第一定律：坎陷需要吸收别的坎陷来成长。这一点对应的就是自我肯定性定律，说明坎陷是需要成长的，而它成长所需要的营养就是别的坎陷。坎陷成长才能吸引住更多的认知个体，这个坎陷会增加自己的能量，也就是覆盖更多的个体，更有生命力。

认知坎陷第二定律：坎陷之中可以“开”出新的坎陷。一个坎陷可以开出与之相对立的坎陷；也可以开出一对新的坎陷；两个坎陷可以开出一个新的坎陷，这个新的坎陷既不是两个原有坎陷的交集，也不是它们的并集。比如喜欢喝热水，变成喜欢喝热茶，讨厌冰水，还有人喜欢冰水。社会的个体们在大的数量上表现出分化、合并、趋同和异化等各种现象，都是坎陷的变化。

认知坎陷第三定律：所有坎陷的集合构成坎陷世界，它是不停成长、不断完善的。第三定律也就说明我们人类对世界的认知实际上在不停进步。坎陷开出来以后，不容易消散，除了成长以外，它还可能被吸收、取代以及迭代出新生的坎陷。

3.1.3 坎陷经济

从互联网到人工智能、再到区块链对应的从“眼球经济”到“意向经济”再到“坎陷经济”的飞跃。互联网技术带来了“眼球经济”（Attention Economy），也就是“注意力经济”，互联网巨头的崛起就是依靠这种注意力，从而垄断用户的眼球。现在的中国互联网巨头 TABLE① 等依靠这种注意力来垄断流量的入口，也就是“关注的眼球”，即为有效商业管道。现在 AI 技术被逐步广泛应用，意向经济（Intention Economy）变得越来越重要，人们不再限于被动接收信息，而是更注重主观认知与思考，有更多的意向与偏好，也更愿意为自己感兴趣的商品、数据或服务等买单。随着区块链技术的涌现与发展，未来的交易是要对认知坎陷或者通证来定价，可以把传统交易包含的细节逐一拆开，不同的交易者针对各自相关的细节进行定价，形成共识。我们把这种由眼球经济与意向经济融合发展而来的、基于通证技术的经济模式定义为“坎陷经济”或者“通证经济”（Token Economy）。

“主观意向”一开始只是在小范围内得到承认，通过交易逐渐形成共识，具体如图 3－1 所示。如果共识无法达成，通证就会变得一文不值！大家看到的炒盲盒和炒鞋的价格涨落都是服从于共识的变化的。

意向经济已经到来，区块链技术将会加速这种经济活动的普及和发展，体量会是传统互联网经济的百倍甚至千倍。这个同石油工业取代钢铁工业、互联网工业取代石油工业是一样的道理，从“眼球经济”到“意向经济”的跳跃会更大。“眼球”只是抓住人的“Attention”，“意向”开始强调人的主观“Intention”要让人产生印象、引起共鸣，而“坎陷”还要再进一步，让人不仅被吸引、产生主观偏好，还要陷入其中参与其中，以通证为媒介，在区块链系统中协作相关节点达成共识。一开始切入点很细微难以察觉，经过不断的演进，很快扩大形成新的社会现象。比特币一开始只是一些人（大部分是

---

① 中国互联网流传一个说法：第一阵营是一张桌子（TABLE），即 T 为腾讯（Tencent），A 为阿里巴巴（Alibaba），B 为百度（Baidu），L 是雷军系（金山小米系），E 是周鸿祎系（360 系）。

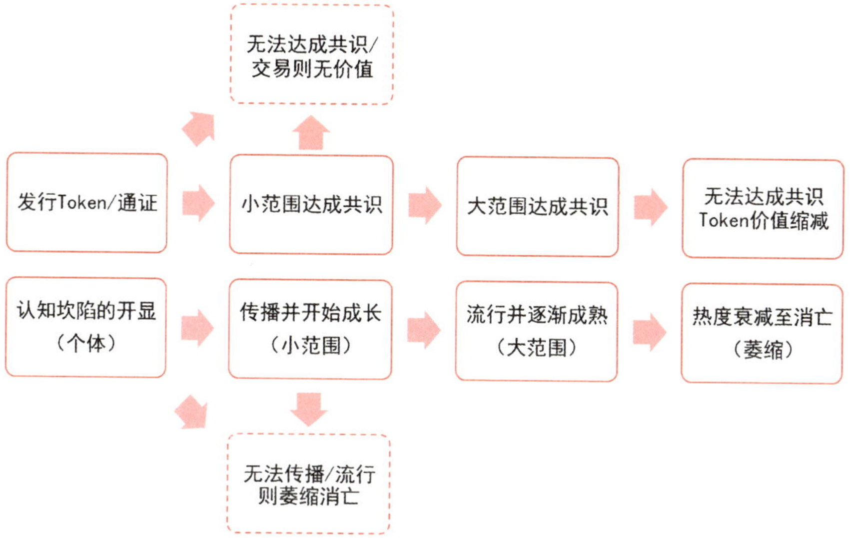

图 3－1　共识演进图

Geek）在玩，慢慢到现在演变为成千上万的人都知道比特币，甚至都想拥有它，交易价格出现成百上千倍的巨幅增长。

实际存在的每一条链都反映某种“意向”或“认知坎陷”，被更多人接受后便形成了一个小范围的共识，就有可能发展成为一种有生命力的坎陷。它的“宪法”、治理是非常简单的，不能写得比美国宪法还长，那肯定不会成功。这些链之间会产生有机的结合，互相支持、索引、印证、施展其独特功能。区块链支持的意向经济应当是高度专业化、简单的、各司其职的各种链机制和品种相互配合，形成伟大的组织，实现更深刻的价值，这便是区块链商业经济的未来！

在区块链上运行通证提供了坚实的信任基础和可追溯性，这是任何传统中心化基础设施都做不到的。因此，如果通证是通证经济的前端经济单元，那么区块链就是坎陷经济的后端技术，二者是整体联系、共同依存的。在坎陷经济时代，将有更多的意识状态、更多的主观意识参与到定价过程之中，我们更强调的是主观意识。而这个“主观意识”一开始只是在小范围内得到承认，逐渐形成共识，通过小范围内达成的共识，然后再通过上交易所等方式向外扩张，逐渐变成比较大众的共识。

从实际商业角度来看，区块链的商业价值先从联盟链出发，因为联盟之间的共识更加容易达成，但随着联盟数量的不断增长，也就是共识范围不断扩大，逐步会过渡到公有链，这就是 Libra 的逻辑，也是区块链发展趋势的一种表现。当然，不排除直接从公有链出发，历经风雨，不断地推动共识达成，从而形成更广阔的商业价值。

3.1.4 共识过程

认知坎陷的开显与成长就是达成共识的过程。比如梵高的画作在他有生之年并不获得认可，但随着时间的推移，后世越来越多的人认可梵高的作品揭示的个体坎陷，受众逐渐广泛，价格持续飙升。齐白石的作品在他有生之年就已经价值不菲，这样从某一个认知主体提出或开显的认知坎陷，逐渐从小范围内开始传播，再扩散到更大范围获得认可，认知坎陷的产生以及旺盛，也代表传播者之间达成共识。比特币的发展最开始是从极客（Geek）圈流行，如今已经风靡全球成为第一大加密数字货币。比特币的故事还没有结束，我们认为它需要反复经历上行、下行周期后，才能逐渐进入一个较为稳定的价格区间。大众对其价值的认知还不透彻，这也就引发比特币是否可以作为货币进行交易的讨论。

3.1.5 数字通证

现代金融体系里，数字通证（数字化技术制作的通证，例如各种虚拟数字货币或者唯一性编码）就是在小范围内、快速达成共识的工具。一个国家的货币，是整个国家的经济活动共识之所在，拿这个货币能买到这个国家里的任何商品，这个地位通过法律予以明确，理论上讲这是一个强制共识。股票是对公司价值的一个市场交易者共识的载体。现实世界里面并不是说发行一个货币，并且通过法律予以明确，它就能成为有效共识。比如津巴布韦，虽然发行极大面额的纸币。但政府公信力差，经济活动衰弱加上发行机制无节制，无法形成正向的有效共识，因此实际上很快贬值，甚至被国民所抛弃。发行股票也不一定形成正向共识。比如新三板上很多公司发行股票，但因其缺乏流动性，实际上共识很弱，大众的共识反而是新三板的投资价值不大；当然现在区块链里的数字货币很多都是破发，即虽然发行了数字货币，但是始终无法形成一个强的正向共识，反而被大众认为是“割韭菜”的工具。

在认知能力较弱的初期，物品的价格范围波动可能非常大，理论上可以是从0到无穷大。比如对婴儿来说，水和食物的价值超越金钱，差异非常大。初到美洲新大陆的西欧人用玻璃珠就换到印第安土著的大批黄金，是因为印第安人第一次见到玻璃珠，对其认知能力很弱、无法给出准确的价值评估。随着主体所具有的认知能力的提升，对物品市场的认识逐渐充分，最终价格会趋近于该商品的劳动价值和真实生产消耗。

3.2 区块链商业模式：价值与通证

商业模式是持续的赚钱途径或方式。十几年前，北京大学汇丰商学院管理学教授魏炜曾将商业模式定义为“利益相关者的交易结构”。即一个企业是由不同的内部、外部利益主体投入资源能力，提供产品服务，通过互相交易来创造和获取价值的交易网络。这个交易网络要想有效率，要想价值创造的空间够大，很重要的就是需要设立一个非常好的商业模式。

区块链能够重构虚拟世界的交易成本，颠覆原有的信用模式、共识机制以及履约方式，使得信用成本、达成共识的成本、履约成本足够低，进而提升价值创造的效率，也就可能对商业模式做创新。反过来说，商业模式的每一次创新背后就是组织机会、成本与效率之间的再平衡过程。区块链时代，机会、成本与效率的再平衡过程中生态价值的重要性正日益突显。特别是通过数字通证作为达成共识或者交易的媒介将极大地降低交易成本、提高交易效率。

魏炜教授认为，区块链技术为重构现有商业模式提供新的技术基础，它能打造的不再是一个单纯的企业，而是一个个的生态系统。站在区块链的思维上进行企业设计时，不再是传统地站在企业边界来考虑自己的价值创造，而是站在生态系统的边界来看生态联盟的价值创造。区块链上整体的链的价值提升后，单一通证（Token）的价格才会升高。

现在金融市场对企业生态圈价值的认同也日益提升。区块链推动生态系统建设可以引导全新的商业模式发展，一种全新的分布式商业的组织结构也正式起航。区块链技术带来商业模式的改变与现行的互联网经济有着巨大的差异。互联网时代，满足用户需求就可以获得流量，实现产品的销售，所以个性化定制、大规模定制成为互联网经济对制造业产业的重塑。在区块链时代，仅仅满足用户需求仍然不够，它需要用户的参与并达成共识，成为“拥户”。建立共识机制成为考验商业模式能否成功的基础。

工业时代下商业模式意在如何让“客户”买得更多、价格更贵来获得超额利润，可口可乐公司通过卖饮料来赚钱，顺丰快递通过送快递来赚钱，中国电信公司通过收通信费赚钱，华润超市通过平台和仓储来赚钱等等。

互联网时代下商业模式意在如何让“用户”在平台持续消费而赚取类税的对商家收费的收益。滴滴出行通过让打车变得更容易，增大司机利用率，收取司机佣金来赚钱；京东通过让用户购买行为简化，收取优选可靠商户交易费来赚钱。

区块链时代下，商业模式的本质发生了巨大的变化，从我赚钱到大家一起赚钱，无论是联盟链还是公链，让每个节点成为“拥户”，如何让“拥户”持续贡献价值而赚取生态收益？如何使用数字通证来驱动生态收益实现？

3.2.1 区块链商业模式九宫格

基于区块链技术来设计商业模式需要从顶层设计开始，以“拥户”为核心，围绕以上价值和通证两条主线来相互融合和支撑，区块链商业模式九宫格具体如图3－2所示。

1、价值定位	2、“拥户”画像	3、价值增益点
4、生态联盟	5、价值满足	6、共识机制
7、激励机制	8、共识治理	9、价值支撑

图 3－2　区块链商业模式九宫格

（1）价值主张：价值主张回答的是我们要做什么？要成为什么？比特币的价值主张就是要实现一种完全通过点对点技术实现的电子现金支付系统，它使得在线支付能够直接由一方发起并支付给另外一方，中间不需要通过任何的金融机构。以太坊价值主张下一代智能合约和去中心化应用平台；Libra 则致力于为数十亿人提供一套简单的全球化货币和金融基建服务。对于任何一个商业的起点，我们都需要询问，这个商业模式与世界的关系是什么样的？商业如何去改变世界？哪怕一个小小的领域在未来都可以实现一个伟大的商业。如易养链希望实现让养老更容易，成为中国未来 5 亿老人值得信赖和尊重的养老生态。

（2）“拥户”画像：谁是生态所提供的服务或产品的消费者和使用者？在每一个区块链商业生态里都至少有一种类型的“拥户”，随着生态的演进，“拥户”的数量类型在不断增长，比特币的拥户最开始只有一种，就是极客（Geek）——希望通过技术来改变现有货币体系的一帮人，但随着比特币的不断发展，越来越多认同该理念的人加入进来，商户加入进来，成为比特币生态的重要组成部分。对于“拥户”的理解是要实现价值主张需要什么类型的人或者组织成为生态的一部分，从而能够去实现价值主张。星链从一开始就清楚地知道消费者，商户和供应链企业是星链生态的最重要组成部分，围绕构建“全球最大的流通产业供应链云基础设施生态”而共同努力。如易养链，老人、联盟商家和服务人员是生态的构建者和拥有者。

（3）价值增益点（Gain Points）：“拥户”的价值增益点是“拥户”对象一种长期性和稳定的需要，以及如何成倍地放大“拥户”所获得价值。

GainPoints =（交易收益 + 通证收益 + 治理收益）/（交易成本 + 通证成本 + 治理成本）

价值增益点是对“拥户”来讲，对价值主张本身最底层的提炼。陈氏宗亲最核心的增益点是对宗亲文化的传承需要，对祖宗的追思。见吾就是好品质、无差价的家庭消费。在区块链商业模式里天生也带着另外两个核心的价值需要，一是生态发展带来拥有者的收益，这是一个增量的收益，随着生态的拥有者的数量越来越多，生态带来的收益就会越来越大；另外一个是生态治理满足拥有者的作为主人的收益，生态的发展需要更多的生态的拥护者参与，同时带来已参与人不断增长的效应如同买保险的人越多，某个品种的保险就越便宜。

（4）生态联盟：谁是生态联盟伙伴？生态联盟如何协同提升生态的价值？比特币生态中不断涌出的矿场、数字交易所等他们为比特币价值实现提供更多的功能。Libra 生态中的支付等金融机构都为 Libra 的发展贡献自己的力量。生态联盟有的是从一开始就加入生态的建设，有的是后来加入的，随着生态联盟的发展也可能演变成生态的拥有者，参与生态价值的构建，而不仅仅是个协同关系。

（5）价值满足：“拥户”如何获得服务，满足价值增益？随着生态的数字化发展，“拥户”获得服务的方式越来越多样化，更多的是通过线上的方式来得到实现，特别是“拥户”的通证价值和治理价值通过区块链技术来得到保障。对于交易收益来讲，线上线下联动是整个价值满足的基本趋势，但越来越多的服务通过线上实现，特别是货币类型、资产类型和平台类型的通证模式，但对于应用类型的通证商业模式还需要线上线下互动来实现。比特币就是一种纯线上的价值满足模式，而易养链则通过线上线下互动消费来实现。

（6）共识机制：如何建立信任的机制和方法？从 Pow、Pos、DPOS、BFT－DPOS 等，越来越多的共识机制被创造出来满足建立信任的需要，对于不同类型的通证商业模型来讲，比特币用的 Pow 模式，而以太坊是 PoW 和 PoS 的混合体，对于众多的应用型通证商业模型来讲，共识机制则更多地采用生态所采用的公链或者联盟链底层的共识机制来建立，但共识机制的建立对于交易的效率、成本都产生巨大的影响，基于 PoW 的共识机制目前是最安全的一种，但是每 10 分钟才出块一次，严重影响交易的效率，对于越来越多的应用类型的通证商业模型来讲，交易效率可能是需要重点改进的地方，必须要满足万级、百万级的 TPS 才能实现有效商业增长。

（7）**激励机制：**如何激励所有参与方来参与？也就是通证如何产出？如何运用通证来推动商业的建立？这是区块链商业模式的重要维度。比特币通过 PoW 模式给予记账的人比特币的奖励和交易费的奖励，而更多的区块链商业模式通过量化所有参与的贡献，无论是资本投入、运营贡献，还是消费贡献。激励机制在整个区块链商业模式中占有至关重要的作用，一般来说，激励越分散总体价值会越大。

（8）**共识治理：**组织如何治理来确保共识持续优化并不断扩大？共识治理对于整个生态的可持续发展有着至关重要的地位，一个好的区块链商业模式从长期来看就是治理机制。现实中的区块链商业模式都是从中心化到去中心化再到中心化的一个螺旋式的发展方向，从起始开始，生态的构建者往往就是生态治理最核心的部分，随着生态的不断发展，更多的拥有者如何通过通证参与整个生态的建设则成为生态发展的关键机制。

（9）**价值支撑：**通证的价值支撑通过什么来实现？是否有底层资产背书？是否与生态价值挂钩？如何盈利？生态的发展离不开生态的价值支撑，不同的区块链商业模式的价值支撑完全不一样，货币类型的生态的价值支撑就是信用，无论是技术信用，还是国家信用等，资产类型的通证更多的是通证所锚定的资产类型，也包括数字资产，而应用类的通证更多地以生态盈利增长来做支撑。Libra 锚定的是一揽子世界货币也就是政府法币，星链就是生态的盈利状态。同样我们离不开生态的盈利模式，特别是对于通证类型的区块链商业，通过锚定盈利能力来决定通证价值的，如何盈利便是整个生态设计的关键所在。

区块链商业模式的逻辑从价值主张出发，洞察“拥户”的画像和“拥户”的价值增益点，联合生态联盟共同满足“拥户”需求，运用共识机制来解决联盟之间的信任，通过激励机制来推动生态建设，运用共识治理来让整个生态建设可持续，最后获得生态与通证收益。区别于传统的商业模式，区块链商业模式是让生态联盟共同治理、共同运营来推动生态发展，从而让生态联盟每一个成员因为生态发展而获益。

3.2.2 区块链商业模式差异

对比工业化商业模式、互联网商业模式和区块链商业模式，可以总结出三种模式之间的差别，具体如表3－1所示：

表3－1　区块链商业模式差异图

类型	工业化商业模式	互联网商业模式	区块链商业模式
模式定位	产品	平台	生态
对象	客户	用户	拥户
竞争	价格	体验	价值
利益点	卖点	痛点	价值增益点
推广	媒介	场景	共识
传播	品牌	口碑	激励
黏性	服务	升级	参与
关系	广告	公关	投票
成长	研发	运营	DAO

（1）模式定位：工业化商业模式在于产品，做一款满足可需要的产品就不愁销路；互联网商业模式聚焦在平台，为消费者和商家搭建一个信息对称和交易的平台；而区块链商业模式核心是在建立一个生态，生态所有的参与者共同构建一个价值对称和交易的系统；

（2）对象：工业化商业模式的对象是客户，强调交易本身和重复购买；而互联网商业模式的对象是用户，强调的是体验和黏性；区块链商业模式的对象是拥户，用者拥有，让每一个生态的参与者都成为生态的拥有者；

（3）竞争：工业化商业模式的竞争在于价格本身，价格是竞争的最核心的手段；互联网商业模式的竞争在于用户体验，如何让用户体验好，用户的数量和粘性是竞争的核心；区块链商业模式的竞争在于价值，在于如何创造更多的数字资产持续地增加拥户的价值增益。

（4）利益点：工业化商业模式强调的是卖点，可以向客户推销什么？特别是和竞争对手的差异在哪？独特点在哪？卖点越多在竞争中赢得客户购买的概率就越大，特别是独特的销售卖点；互联网商业模式强调的是用户痛点，围绕用户的诉求平台来持续改进迭代，所以互联网商业模式非常强调快速迭代，因为用户的诉求不断升级，如果不能跟上用户的节奏，用户就会喜新厌旧；区块链商业模式强调的是价值增益点，付出的成本和收益的比例值，区块链商业模式的价值增益是个持续增长的过程。

（5）推广：工业化商业模式推广在于媒介，特别是有信用背书的资源，告诉客户我的卖点在哪；互联网商业模式推广在于场景，构建场景，在场景中与用户沟通交流；区块链商业模式推广在于共识，通过对共识的理解不断地演化和成长；

（6）传播：工业化商业模式强调品牌，即在客户心中的形象，这是一个长期性的认识，需要制造商持续不断地投入，无论是推广还是品质构建；互联网商业模式强调口碑，通过用户的口口相传来不断地赢得用户的信赖（前者是拉的过程，把客户拉过来，并且持续不断地传播一种形象，形成潜意识反射；后者是推的过程，把用户推出去，让用户去传播）；区块链商业模式强调激励，我在生态中获得的增益点值要不断增长，要大于 1，这才是关键，口碑好，但是增益点值小于 1 也不行；

（7）黏性：工业化商业模式用服务来解决与客户产品，快速有效地解决产品因为质量问题而导致的各种问题，服务来自于产品的质量问题；互联网商业模式强调快速升级迭代，不是等用户投诉后去服务，而是不断地升级迭代，给用户创造新的需求；区块链商业模式强调的是参与，这个参与不仅仅是产品服务端，而且在生态治理层面上，让每一个拥户都有主人翁精神；

（8）关系：工业化商业模式是通过广告持续的轰炸形成客户认知，形成潜意识；互联网商业模式用的是公关，公关是双向的沟通，不再是单向，通过创造各种沟通场景等模式持续聆听用户的反馈，快速迭代，解决用户痛点；区块链商业模式强调的是投票，多方共同沟通，通过投票的方式达成共识，持续推进生态不断升级。

(9) 成长： 工业化商业模式通过产品研发持续投入来构建竞争优势，能够创造出什么不一样的卖点是发展的起点；互联网商业模式通过运营，从用户的诉求出发，持续地迭代升级，这是发展的起点；区块链商业模式则是通过分布式组织，大家各自按照共同的共识，采取不同的策略来服务于拥户的增益点。

3.2.3 区块链商业模式的营销

区块链商业模式的营销即拥户营销，其与传统的客户营销和用户营销的对比具体如图3-3所示。

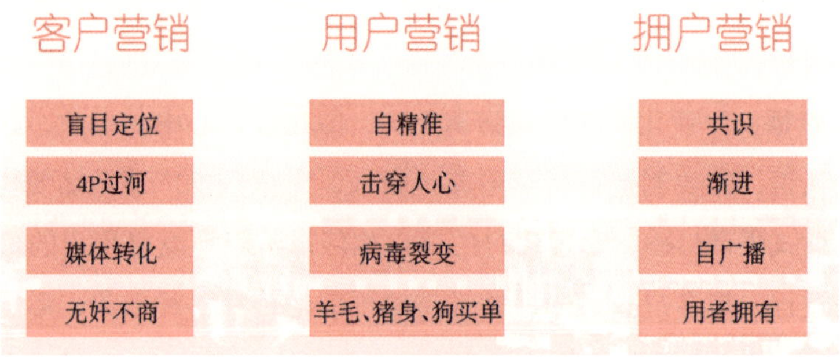

图3-3 区块链商业模式营销对比图

(1) 工业化时代下的客户营销：

工业化时代的客户营销强调的是产品卖点本身，而忽略对于客户的洞察与理解，盲目定位，每一个卖点不一样配以不同的型号，所以工业化时代的客户营销导致的直接结果就是产品型号特别多；

工业化时代强调4P，Product（产品）、Price（价格）、Place（渠道）和Promotion（促销），通过设计不同型号的产品，定不同的价格，通过渠道送达客户，并通过促销来实现客户购买。工业时代营销工作强调媒体转化，通过广告的手段将产品信息送达客户，实现客户对于品牌和产品的认知，从而实现销售的转化。工业化时代的客户营销多利用信息不对称，卖家总比买家精，本质是卖家掌握的信息比买家要多，利用信息的优势来定价，获取超额利润。随着产品市场竞争的加剧，最终厂家利润会下降到微薄水平。

（2）互联网时代下的用户营销：

互联网时代下的用户营销围绕用户的诉求展开，产品定位不再是产品本身，而且围绕一群同类的人的诉求来设计产品，所以在互联网时代下产品型号越来越少，本质在于对用户思维的改变，不再强调4P，而是构建用户稳定的认知，比如小米永远只赚5%的利润，通过构建社群、用户裂变来实现口碑式病毒式销售。

互联网时代下的营销逻辑发生转变，平台不再通过用户来赚钱，而通过创造良好体验，让产品和服务供应商来买单，甚至让第三方来买单，这就是通常所说的“羊毛出在猪身上，让狗买单”。

（3）区块链时代下的“拥户”营销：

区块链时代下的“拥户”营销围绕“拥户”的价值增益点展开。区块链延续了互联网时代的用户本质，但区别于互联网模式，互联网强调的是眼球，要迅速地获取海量的用户，从而拉动供给侧汇聚平台实现变现。区块链营销更加强调的是共识，这是一个渐进的过程，通过共识的达成并逐步地实现“拥户”数量的增长，更像是荷花模式，在很长一段时间里都是一个缓慢生长的过程，但覆盖整个池塘就是最后一个晚上的事。

“拥户”营销强调共识，这是一个艰难的过程，因此做区块链商业项目要有耐心，不强调“拥户”快速的增长，而是强调“拥户”共识体验的持续提升。

3.2.4 通证目的、角色与特征

区块链商业模式通过数字通证来实现激励和协同各联盟节点共同构建价值生态，生态通过使用通证来驱动其业务中的功能。William Mougayar 指出通证具有三个重要属性：目的、特征和角色，这三个属性被锁定在一个三角形中，具体如图3－4所示：

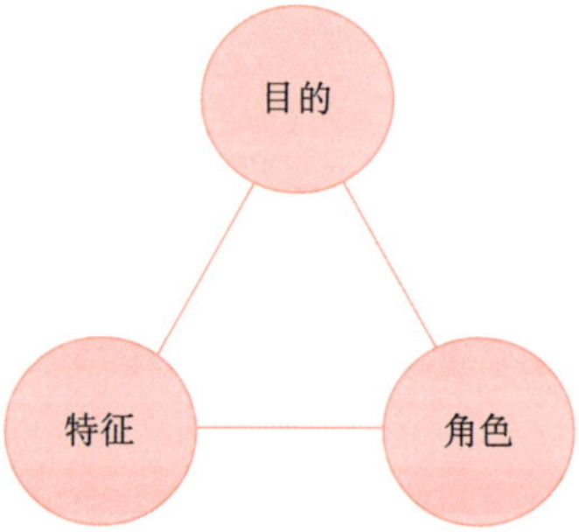

图3-4 通证属性

每个数字通证角色都有自己的一组目的、特征和角色来帮助实现业务的发展。一个成功的项目需要具备目的明确、特征明确和角色明确的特点，越简单越好。

（1）数字通证目的：

数字通证（Token）是可流通的加密数字凭证。每一个通证存在都是有其目的，围绕区块链商业中的价值主张而产生，来帮助价值的实现，归纳起来，可以包含以下四种目的：

①证件类通证，比如身份证、出生证、毕业证、出入证等这些不可交易的凭证，该类通证是信任的媒介；

②应用类通证，比如说包含你虚拟商品的，积分的折扣券、代金券、门票，这些东西的特点是，你拿着它可以在某一个场景下消费、使用，该类通证是功能性的媒介；

③权益类的通证，代表证券、期权、股票、黄金、石油、收益等底层资产作为支撑而发行的通证，该类通证是权益类的媒介；

④货币类的通证，代表法定数字货币或者比特币等用于日常支付用的媒介。当然比特币是作为货币类还是权益类目前还有争议，但从中本聪的初衷和笔者的认知来看，比特币会逐步回归到日常支付。

（2）通证特征：

通证特征是指通证在区块链商业中表现出来的特点，区别传统意义的积分，通证表现出以下四个特征：

①唯一性。在数字世界中，最基本单元是比特，比特的根本特性是可复制。但是价值不能被复制，价值必须是唯一的。比特币系统带来的区块链技术可以说第一次把“唯一性”普遍地带入了数字世界，而以太坊的通证将数字世界中的价值表示功能普及开来。腾讯的CEO马化腾说：“区块链确实是一项具有创新性的技术，用数字化表达唯一性，区块链可以模拟现实中的实物唯一性。”百度CEO李彦宏说：“区块链到来之后，可以真正使虚拟物品变得唯一，这样的互联网跟以前的互联网会是非常不一样的。”

②加密。通证的真实性、不可篡改、保护隐私等特性，是由密码学技术予以保障的。每一个通证就是一个由密码学保护的权利，这种保护比任何法律、势力和枪炮提供的保护更坚固、更可靠。因为这是利用技术进行隐私保护，不以个人意志为转移，可以有效防范个人隐私泄露。现下，互联网给人们的生活带来诸多便利，但同时也使得人们的个人信息被泄露，各种骚扰电话使大家不胜其扰。而基于区块链的通证，可以有效保护个人信息，能对部分敏感信息进行加密，同时还能做到数据的公开、透明、防篡改、可追踪。

③可流通。通证必须能够在一个网络中流通，只有流动起来通证才有意义。流动的通证随时随地可以被验证，有一部分的通证是可以交易或兑换的。数字货币作为区块链上的原生货币，是通证的其中一类，其可进行流通毋庸置疑。而其他的通证为什么必须是可流通的呢？比如，我们把某个房产通证化，即这个通证的价值对标现实中的这个房产。人类历史上最早开始交换时，是以物易物的形式，后来为了便于交易货币出现了，货币作为一般等价物充当交换的媒介，大大提高了交易的效率。而区块链的数字时代，人们在区块链技术里可直接用通证表示价值。

④可编程。在区块链上智能合约可以自动地处理通证，执行合约相关内容。如数字资产交易的各方可自定义形成一套规则或逻辑，编写进区块链智能合约里，无需进行人为操作，交易方之间可进行完全自治的交易。这一特性是传统货币、证券、房产等不具备的特征。这些特性能大幅降低资产流通交易成本、大大提高交易效率，同时配合智能合约进行智能化的交易。

（3）通证角色：

通证角色指的是在商业模式中通证所承担的职责和功能，根据 William Mougayar 分类，通证一般包括但不限于以下基本角色：

①治理权利：通过占有特定通证，持有人在生态系统中将获得一定数量的治理权利。例如：通过拥有 DAO 币，可以在 DAO 内部拥有投票权，以决定哪些项目获得资金，哪些项目没有。

②价值激励：通证的产生机制是，拥户在完成特定任务时获得通证奖励，以激励个人或联盟成员参与生态建设。

③收费网关：通证还可以作为收费网关，在我们使用特定系统的特定功能付出。例如：在 Evritoken 中，需要使用 EVT（Evritoken 通证）才能获得系统的使用。

④功能：通证还可以使持有者在特定环境的范围内丰富用户体验。例如：在 Brave（网络浏览器）中，BAT（Brave 中使用的通证）的持有者将获得通过使用其通证在 Brave 平台上添加广告或其他服务来丰富客户体验的权利。

⑤货币：可以用作价值载体和交易媒介，用于在给定生态系统内进行交易。

⑥收益：通证作为公平分配利润或其他相关的经济利益，在区块链商业中承担价值支撑作用。

不同的区块链项目，根据不同的目的、特征、通证承担的角色不一样，角色越单一，强度会更大，但效度会弱。比如比特币就只有一个货币的角色，但以太币在以太坊中承担了权利、收费和货币等多角色。一般情况下来讲，要使此生态有效地完成工作，通证必须尽可能多地承担角色。通证标记的属性越多，它将为生态系统带来的效用和价值就越大。

3.2.5 区块链基础系统结构

区块链商业模式与区块链系统架构紧密相连，区块链基础系统架构和通信 OSI 七层协议有些类似，按照通用的分类，区块链分为六层，包括数据层、网络层、共识层、激励层、合约层、应用层。每层分别完成一项核心功能，各层之间互相配合，实现一个去中心化的信任机制，具体如图 3 - 5 所示。

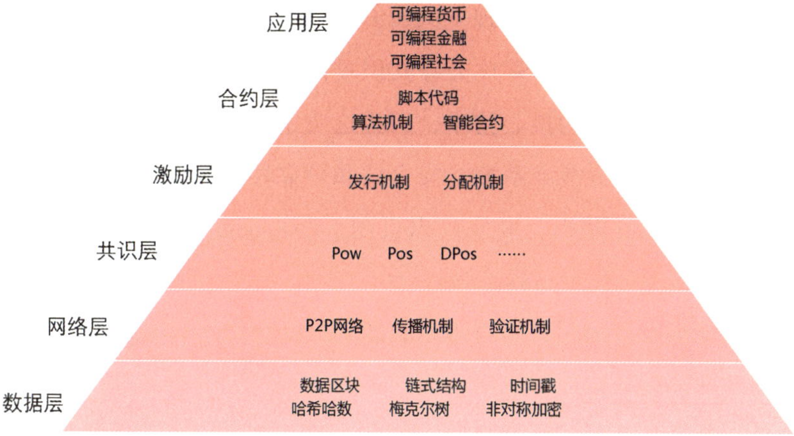

图3-5　区块链系统结构图

（1）数据层：数据层是最底层的技术，主要实现了两个功能，一个是相关数据的存储，另一个是账户和交易的实现与安全。数据存储主要通过区块的方式和链式结构实现。账号和交易的实现基于数字签名、哈希函数和非对称加密技术等多种密码学算法和技术，保证了交易在去中心化的情况下能够安全地进行。主要封装了底层数据区块的链式结构，以及相关的非对称公私钥数据加密技术和时间戳等技术，这是整个区块链技术中最底层的数据机构。其建立的一个起始节点是“创世区块”，之后在同样规则下创建的规格相同的区块通过一个链式的结构依次相连组成一条主链条。随着运行时间越来越长，新的区块通过验证后不断被添加到主链上，主链也会不断地延长。

（2）网络层：网络主要实现网络节点的连接和通讯，又称点对点技术，是没有中心服务器、依靠用户群交换信息的互联网体系。与有中心服务器的中央网络系统不同，对等网络的每个用户端既是一个节点，也有服务器的功能，其具有去中心化与健壮性等特点。每一个节点既接收信息，也产生信息。节点之间通过维护一个共同的区块链来保持通信。区块链的网络中，每一个节点都可以创造新的区块，在新区块被创造后会以广播的形式通知其他节点，其他节点会对这个区块进行验证，当全区块链网络中超过51%的用户验证通过后，这个新区块就可以被添加到主链上了。新的技术也在研究，面对点等技术也在推进，主要是为了提高执行效率。

（3）共识层： 共识主要实现全网所有节点对交易和数据达成一致，防范拜占庭攻击、女巫攻击、51%攻击等共识攻击，其算法称为共识机制。共识机制算法是区块链技术的核心技术，因为这决定了到底由谁来进行记账，记账者选择方式将会影响整个系统的安全性和可靠性。区块链中比较常用的共识机制主要有：投注共识、瑞波共识机制、Pool 验证池、实用拜占庭容错、授权拜占庭容错、帕克索斯算法等。

（4）激励层： 激励层将经济因素集成到区块链技术体系中来，主要包括经济激励的发行机制和分配机制，该层主要出现在公有链或联盟链中，因为在公有链或者联盟链中必须激励遵守规则参与记账的节点，并且惩罚不遵守规则的节点，才能让整个系统朝着良性循环的方向发展。所以激励机制往往也是一种博弈机制，让更多遵守规则的节点愿意进行记账。而在私有链中，则不一定需要进行激励，因为参与记账者的节点往往是在链外完成了博弈，也就是可能有强制力或者有其他需求来要求参与者记账。

激励层主要实现区块链代币的发行和分配机制，比如以太坊，定位以太币为平台运行的燃料，可以通过挖矿获得，每挖到一个区块固定奖励 5 个以太币，同时运行智能合约和发送交易都需要向矿工支付一定的以太币。

（5）合约层： 主要封装各类脚本、算法和智能合约，赋予账本可编程的特性。区块链 2.0 通过虚拟机的方式运行代码实现智能合约的功能，比如以太坊的以太坊虚拟机（EVM）。同时，这一层通过在智能合约上添加能够与用户交互的前台界面，形成去中心化的应用（DAPP）。以太坊在比特币结构基础上，内置了编程语言协议，从而在理论上可以实现任何应用功能。如果把比特币看成是全球账本的话，那么就可以把以太坊看作是一台“全球计算机”。区块链 3.0 技术的发展，包括智能合约、安全合约、分片技术等发展，让合约更加安全、智能、简单。

（6）应用层： 应用层主要封装了区块链的各种应用场景和案例，比如搭建在以太坊上或其他公链、联盟链的各类区块链应用就是部署在应用层，所谓可编程货币和可编程金融也将会搭建在应用层。

数据层、网络层和共识层是构建区块链应用的必要因素，否则将不能称之为真正意义上的区块链，这三层主要解决区块链数据上链确保信任产生，而激励层、合约层和应用层则解决通证问题，这在区块链商业中是每个区块链应用的必要因素，也是区别于其他商业模式最关键的因素。

3.2.6 数字货币模式

比特币开启了区块链商业模式的鼻祖，重新构建了一个新的生态：数字货币模式。这也是目前为止最成功的区块链应用场景。数字货币模式产生的币不具有可编程性，商业的成功就在于币被大众所接受的程度。关于对比特币商业模式的解析，具体如表3－2所示。

表3－2 比特币商业模式解析表

序号	维度	解释	比特币
1	价值主张	价值主张回答的是我们要成为什么？	一种完全通过点对点技术实现的电子现金系统，它使得在线支付能够直接由一方发起并支付给另外一方，中间不需要通过任何的金融机构
2	拥户画像	谁是目标的拥户？为谁提供服务或产品？拥户的标签是什么？	金融中介的存在会增加交易的成本，并且限制了实际可行的最小交易规模，也限制了日常的小额支付交易。并且潜在的损失还在于，很多商品和服务本身是无法退货的，如果缺乏不可逆的支付手段，互联网的贸易就大大受限。因为有潜在的退款的可能，就需要交易双方对彼此信任，商家也必须提防自己的客户，因此会向客户索取完全不必要的个人信息。而实际的商业行为中，一定比例的欺诈性客户也被认为是不可避免的，相关损失视作销售费用处理
3	价值增益	拥户的价值增益是什么？（增益是使用者一种长期而稳定的需要，反映价值的放大能力）	我们非常需要这样一种电子支付系统，它基于密码学原理而不基于信用，使得任何达成一致的双方，能够直接进行支付，不需要第三方中介的参与

续表

序号	维度	解释	比特币
4	生态联盟	谁是生态联盟伙伴？生态联盟如何协同满足拥户价值增益？	无生态联盟，通过激励来鼓励更多的节点参与记账
5	价值满足	拥户如何获得服务以满足增益需求？	全在线模式，通过点对点系统，包括数字钱包来服务所有比特币的拥有者
6	共识机制	如何建立信任的机制和方法？	PoW，工作量证明机制解决了在集体投票表决时谁是大多数的问题。如果决定大多数的方式是基于 IP 地址的，一 IP 地址一票，那么如果有人拥有分配大量 IP 地址的权力，则该机制就被破坏了。而工作量证明机制的本质则是一 CPU 一票。“大多数”的决定表达为最长的链，因为最长的链包含了最大的工作量
7	激励机制	如何激励所有参与方来参与？也就是通证如何产出、如何交易？	每个区块的第一笔交易进行特殊化处理，该交易产生一枚由该区块创造者拥有的新的电子货币。这样就增加了节点支持该网络的激励，并在没有中央集权机构发行货币的情况下，提供了将电子货币分配到流通领域的一种方法。这种将一定数量新货币持续增添到货币系统中的方法，非常类似于耗费资源去挖掘金矿并将黄金注入到流通领域。此时，CPU 的时间和电力消耗就是消耗的资源。另外一个激励的来源则是交易费（Transaction Fees）。如果某笔交易的输出值小于输入值，那么差额就是交易费，该交易费将被增加到该区块的激励中。只要既定数量的电子货币已经进入流通，那么激励机制就可以逐渐转换为完全依靠交易费，那么本货币系统就能够免于通货膨胀。激励系统也有助于鼓励节点保持诚实

续表

序号	维度	解释	比特币
8	共识治理	组织如何治理来确保共识持续优化并不断扩大?	无治理，只要大多数的 CPU 计算能力没有打算合作起来对全网进行攻击，那么诚实的节点将会生成最长的、超过攻击者的链条。这个系统本身需要的基础设施非常少。信息尽最大努力在全网传播即可，节点（Nodes）可以随时离开和重新加入网络，并将最长的工作量证明链条作为在该节点离线期间发生的交易的证明
9	价值支撑	通证的价值支撑通过什么来实现?	挖矿成本及对比特币价值的认知

比特币的目的、特征和功能表具体如表 3－3 所示。

表 3－3　　比特币的目的、特征和功能表

目的		货币型通证
特征	唯一性	是
	加密性	是
	可流通	是
	可编程	不可编程
角色	权利	否
	价值交换	否
	收费	是
	功能	否
	货币	是
	收益	否

3.2.7　开发平台模式

以太坊作为区块链 2.0 的代表，其问世开启了开发平台模式，随后各种公链的发展或者联盟链开发平台不断涌现，比如 EOS、Evritoken 等，我们可以预见到这种模式会在未来取得巨大的发展。

关于以太坊商业模式的解析，具体如表 3－4 所示。

表 3－4　　以太坊商业模式解析表

序号	维度	解释	以太坊
1	价值主张	价值主张回答的是我们要成为什么？	下一代智能合约和去中心化应用平台。以太坊的目标就是提供一个带有内置的成熟的图灵完备语言的区块链，用这种语言可以创建合约来编码任意状态转换功能，用户只要简单地用几行代码来实现逻辑，就能够创建以上提及的所有系统以及许多我们还想象不到的其他系统
2	拥户画像	谁是目标的拥户？为谁提供服务或产品？拥户的标签是什么？	第一类是金融应用，为用户提供更强大的用他们的钱管理和参与合约的方法，包括子货币、金融衍生品、对冲合约、储蓄钱包、遗嘱甚至一些种类的全面的雇佣合约；第二类是半金融应用，这里有钱的存在但也有很重要的非金钱的方面，一个完美的例子是为解决计算问题而设的自我强制悬赏；最后，还有在线投票和去中心化治理这样的完全的非金融应用
3	价值增益	拥户的价值增益是什么？	任何人都能够创建合约和去中心化应用并在其中设立他们自由定义的所有权规则、交易方式和状态转换函数
4	生态联盟	谁是生态联盟伙伴？生态联盟如何协同满足拥户的价值增益？	挖矿组织及 DAPP、APP，更多地应用在以太坊的运用，将极大地推动以太坊生态的建设，越来越多的人拥有以太坊的通证将推动生态的良性发展

续表

序号	维度	解释	以太坊
5	价值满足	拥户如何获得服务以满足增益需求？	以太坊的目的是基于脚本、竞争币和链上元协议（On-Chain Meta-Protocol）概念进行整合和提高，使得开发者能够创建任意的基于共识的、可扩展的、标准化的、特性完备的、易于开发的和协同的应用。以太坊通过建立终极的抽象的基础层——内置有图灵完备编程语言的区块链——使得任何人都能够创建合约和去中心化应用并在其中设立他们自由定义的所有权规则、交易方式和状态转换函数。域名币的主体框架只需要两行代码就可以实现，诸如货币和信誉系统等其他协议只需要不到 20 行代码就可以实现。智能合约——包含价值而且只有满足某些条件才能打开的加密箱子——也能在我们的平台上创建，并且因为图灵完备性、价值知晓（Value-Awareness）、区块链知晓（Blockchain-Awareness）和多状态所增加的力量而比比特币脚本所能提供的智能合约强大得多
6	共识机制	如何建立信任的机制和方法？	在以太坊最初的设定中，以太坊希望能够通过阶段性的升级，在前期依旧采用 PoW 来构建一个相对稳定的系统，之后逐渐采用 PoW + PoS，最后完全过渡到 PoS
7	激励机制	如何激励所有参与方来参与？也就是通证如何产出、如何交易？	以太坊网络包含自身的内置货币以太币，以太币扮演双重角色，为各种数字资产交易提供主要的流动性，更重要的是提供了支付交易费用的一种机制

续表

序号	维度	解释	以太坊
8	共识治理	组织如何治理来确保共识持续优化并不断扩大?	一个被描述为"去中心化自治社区(Decentralized Autonomous Community)"的实体将使所有成员都在决策上拥有同等的权利并且在增减成员时要求超过67%的原成员的同意。每个人都只能拥有一个成员资格，这一规则需要被群体强制实施
9	价值支撑	通证的价值支撑通过什么来实现?	以太坊上应用购买以太币用于 GAS 的成本，越多应用，以太币的价值就越大

以太坊的目的、特征和功能表具体如表 3-4 所示。

表 3-4　　以太坊的目的、特征和功能表

目的		平台类通证
特征	唯一性	是
	加密性	是
	可流通	是
	可编程	不可编程
角色	权利	是
	价值交换	否
	收费	是
	功能	否
	货币	是
	收益	否

3.2.8　资产通证模式

资产通证是相对较新的商业模式。许多公司已经开始采用证券或"证券通证发售"的商业模式。比如，2019 年 Facebook 推出的 Libra 是典型的资产通证模式，Libra 的储备资产是一个低波动性资产的集合，包括来自稳定且声誉良好的国家央行发行的法币和政府证券。由于 Libra 的价值实际上与一篮子法定货币挂钩，从任何特定货币的角度来看，Libra 的价值都会有波动。储备金的组成旨在减轻这些波动的可能性和严重性，特别是在负面方向（例如在经济危机中）。为此，该货币篮子的结构考虑到了资本保值和流动性。

关于 Libra 商业模式的解析，具体如表 3－5 所示。

表 3－5　　Libra 商业模式解析表

序号	维度	解释	案例（Libra 案例展示）
1	价值主张	价值主张回答的是我们要成为什么？	Libra 致力于为数十亿人提供一套简单的全球化货币和金融基建服务，这是所有商业模式的开始，以终为始来设计路径来实现宏伟的目标
2	拥户画像	谁是目标的拥户？为谁提供服务或产品？拥户的标签是什么？	Libra 为全世界数十亿人，特别是 17 亿成人，包括 10 亿手机网络用户和 5 亿互联网用户因没有使用传统银行而被金融系统拒之门外的拥户来服务。这类拥户的特点是没有银行账号，没有信用记录，拥有的可能就是一部手机
3	价值增益	拥户的价值增益是什么？	Libra 认为分享以下的理念以使社区和生态能保持一致从而围绕这一倡议开展工作十分重要： （1）我们坚信更多的人有权享有金融服务和获得廉价资金 （2）我们坚信人们有权管理自己的合法劳动成果 （3）我们坚信全球化、开放式、快捷和低成本的资金流转能够为全世界创造巨大的经济机遇和更多的商业机会 （4）我们坚信人们会越来越信任去中心化的治理方式 （5）我们坚信全球化货币和金融基建将作为一种公共产品被设计和管理 （6）我们坚信所有人有责任帮助推进金融的包容性，坚守道德准则并不断地支持生态系统的完善

续表

序号	维度	解释	案例（Libra 案例展示）
4	生态联盟	谁是生态联盟伙伴？生态联盟如何协同满足拥户的价值增益？	Libra 生态联盟成员将包括分布在各地的多元化的企业、非营利性机构、多边组织和学术机构。最开始的组织成员将一起完成协会章程并且成为“创始成员”，这些企业是： （1）支付：Mastercard、Paypal、PayU（Naspers' Fintech Arm）、Stripe、Visa （2）科技和商业：Booking Holdings、eBay、Facebook/Calibra、Farfetch、Lyft、Mercado Pago、Spotify AB、Uber Technologies、Inc （3）电信：Iliad、Vodafone Group （4）区块链：Anchorage、Bison Trails、CoiinBase、Inc.，Xapo Holdings Limited （5）风险投资：Andreessen Horowltz、Breakthrough Initiatives、Ribbit Capital、Thrive Capital、Union Square Ventrues （6）非营利性机构、多边组织和学术机构：Creative Destruction Lab、Kiva、Mercy Corps、Women's Wold Banking
5	价值满足	拥户如何获得服务以满足增益需求？	Libra 区块链的目标是为金融服务打下坚实的基础，包括发行一种新的全球货币，以满足数十亿人的日常金融需求。通过对已有方案的评估，我们决定基于以下三个要求创建一种新的区块链： （1）可以支持数十亿账户，这需要具有很大的交易吞吐量，且低延迟、有效且高容量存储的系统 （2）更高的安全性，确保资金和金融数据的安全 （3）灵活，所以它能推动 Libra 生态的治理以及未来在金融服务方面的创新
6	共识机制	如何建立信任的机制和方法？	Libra 采用了基于 LibraBFT 共识协议的 BFT 机制。这种机制能在网络中建立信任，因为 BFT 共识协议被设计为就算有多达三分之一的网络被攻击或者失败也能正确运行。这类共识协议比起其他区块链使用的“工作量证明”协议，还是一种支持高事务吞吐量、低延迟和更加高效的共识方法

续表

序号	维度	解释	案例（Libra 案例展示）
7	激励机制	如何激励所有参与方来参与？也就是通证如何产出、如何交易？	Libra 通过协会可以创建（铸造）和销毁（毁掉）Libra 货币。只有从 Libra 协会授权认可的经销商处使用法币资产购买完全相等的新货币时，Libra 货币才被铸造出来。当被授权的经销商向 Libra 协会出售 Libra 货币换取相对应的资产时，Libra 货币才被销毁。因此被授权的经销商总能将 Libra 货币以相等的价值出售给 Libra 储备，Libra 储备则扮演着“最终的买家”的角色
8	共识治理	组织如何治理来确保共识持续优化并不断扩大？	Libra 通过 Libra 协会理事会管理，理事会成员由每个验证节点的一个代表组成。他们一起抉择网络管理和储备。最初组员来自创始成员：来自全世界的企业、非营利性机构、多边组织和学术机构。所有的决策提交给理事会，大多数策略或者技术决策需要三分之二以上的票数同意，这和在网络中所需要的 BFT 共识协议有相同的多数同意制度
9	价值支撑	通证的价值支撑通过什么来实现？	Libra 目标是成为一个稳定的数字加密货币，将由 Libra 储备即真实的资产储备完全支持着，并且支持通过竞争性交易网络进行买卖 Libra。这意味着任何拥有 Libra 的人可以高度保证他们能按照汇率将他们的数字货币兑换为本地法币，就像旅游的时候将一种货币换成另一种货币一样

Libra 的目的、特征和功能表具体如表 3－6 所示。

表 3－6　　Libra 的目的、特征和功能表

目的		资产类通证
特征	唯一性	是
	加密性	是
	可流通	是
	可编程	不可编程

续表

目的		资产类通证
角色	权利	否
	价值交换	是
	收费	否
	功能	否
	货币	否
	收益	是

3.2.9 应用通证模式

区块链生态系统仍然处于起步阶段，只有越来越多的资金进入这个领域，它才能增长。随着初创公司试图解决问题，许多开发人员和商业人员都进入了这个领域。绝大多数初创公司都在开发平台之上创建 DAPPs（分布式应用程序）或者 APPs。围绕对传统商业模式的技术改造来实现效率提升、成本降低、活力增强来设计，这也是区块链商业本质的体现。因为大规模的应用还在前行的路上，所以本书的部分案例还没有完全落地。

关于简书商业模式的解析，具体如表 3－7 所示。

表 3－7　　简书商业模式解析表

序号	维度	解释	案例（简书案例展示）
1	价值主张	价值主张回答的是我们要成为什么？	Fountain 是一个基于贡献证明（Proof of Contribution）的区块链化内容生态系统。通过一套公开透明的贡献证明规则，运用区块链技术记录所有参与者的贡献，精准计算后，对所有参与者给予通证奖励。这将有效地激励人们深度参与某个内容社区应用和整个生态，贡献自己的力量。随着生态的不断成熟和发展，Fountain 上将有丰富的内容社区应用，并且作者、读者、策展者、IP 投资者、出块节点、应用开发者等诸多角色都将从通证中获得理应属于他们的收益。最终实现我们的愿景：一个多方共赢的、可持续发展的内容生态系统

续表

序号	维度	解释	案例（简书案例展示）
2	拥户画像	谁是目标的拥户？为谁提供服务或产品？拥户的标签是什么？	Fountain 的核心理念，源于传统互联网内容社区应用所存在的问题：内容社区应用的用户为社区作出了巨大贡献，但却无法获得有效的贡献证明和奖励。例如 Twitter/微博、Quora/知乎这样的内容社区应用，大量用户为应用作出了以下贡献： （1）用户贡献了原创内容 （2）用户贡献了自己的阅读时间和点赞投票，帮助优质内容的策展 （3）用户贡献了自己的评论，促进了社区活跃 …… 应用在用户贡献的过程中获得了发展，收获了十亿元甚至百亿元美金的市值，但是和大部分用户却没有任何关系，这显然是不合理的
3	价值增益点	拥户的价值增益是什么？	我们创造的数据，不该成为收割我们的工具；新的生产关系，让我们的价值贡献得以确认；标志着通证经济的新纪元；我们推崇多元价值；丰富通证时代的内容创作
4	生态联盟	谁是生态联盟伙伴？生态联盟如何协同满足拥户的价值增益？	简书、付费阅读平台、IP 投资平台、社群组织、社会化协作媒体等内容产业链的各方合作
5	价值满足	拥户如何获得服务以满足增益需求？	简书已上线网页端、iOS、Android 等主流平台。总注册用户逾 1200 万，平均每 3 秒产生一篇新内容，月均流量破 2 亿次。研发团队始终注重良好的产品设计与体验，势必能打破区块链项目“不接地气”“用户难上手”“启动缓慢”的现状
6	共识机制	如何建立信任的机制和方法？	用于社区用户贡献证明的 PoC（Proof of Contribution）机制的设计是极为重要的。只有有效地奖励所有社区用户日常的劳动贡献，整个生态才能得到激励，生态也就会不断朝着更好的方向发展。所有持币者也将随着生态的发展，而得到好的收益回报。我们必须明确社区用户有效的贡献方式，并基于这些贡献方式设计 FTN 的奖励

续表

序号	维度	解释	案例（简书案例展示）
7	激励机制	如何激励所有参与方来参与？也就是通证如何产出、如何交易？	FTN（记录 Fountain 价值的基本单位）初始总量为 30 亿个，其中 15 亿个将作为基金会预留金，用于初期社群共识建设、合作方测试、核心团队的长期激励、日常经营和投资等用途。同时预留金也将用于抑制有可能被大投资人所操纵的短期炒币投机行为。其中 5 亿个将赠与简书，以感谢简书对 Fountain 的支持。剩余 10 亿个将用于社区支持计划，所得资金将用于 Fountain 的开发、运营和市场 增发分配机制：基于内容社区的基本特点——用户不断创造新的有价值的内容分享给全体用户，因此整个社区中的价值是在不断增长的，所以我们认为完全通缩或者总量恒定的 Token 经济体系并不适用于这么一个快速增长、鼓励内容生产和消费的社区，因此将每日增发 100 万个 FTN 用以生态激励，首年增发率约为 12%，随后逐年降低，趋近于 0。每年增发的 FTN 中的 85% 将基于 PoC（Proof of Contribution）的共识机制用于社区奖励，10% 将基于 DPoS 的共识机制用于奖励区块生产，剩余 5% 转为基金会预留金以保障基金会的可持续发展。为减少投机行为，所有 FTN 的奖励，将可能全部以 FP（Fountain Power，即 Fountain 的权利凭证）的形式给予用户
8	共识治理	组织如何治理来确保共识持续优化并不断扩大？	每一名社区用户都可通过质押 FP 获取提案权，对包括违禁内容进行“举报”是提案的一种常见形式。质押 FP 的目的在于防止随意提案造成公共资源的浪费。质押的 FP 在提案通过，且“申诉”期逾期或“申诉”提案完成后将被系统归还。若提案未通过，则质押的 FP 将会记入到次日的社区贡献者配额池，在下一次增发时分配，以 FP 的形式继续激励社区治理
9	价值支撑	通证的价值支撑通过什么来实现？	没有在公开的材料发现

简书的目的、特征和功能表具体如表 3－8 所示。

表3－8　　简书的目的、特征和功能表

目的		应用类通证
特征	唯一性	是
	加密性	是
	可流通	是
	可编程	可编程
角色	权利	是
	价值交换	是
	收费	是
	功能	是
	货币	否
	收益	是

专栏1－1

案例：Castbox——首个“区块链＋”音频内容应用

Castbox是国际版的喜马拉雅，平台支持超过70种语言，拥有超过5000万份音频内容和来自135个不同国家的超1720万用户。

2018年6月1日，Castbox推出了一款新的加密货币钱包——BoxWallet，BoxWallet将被嵌入到Castbox中，用户可以直接在Castbox中进行以太坊和BOX代币的兑换。

在应用中嵌入Token的意义不仅仅是打赏，而是建立一个生态，而支付必然是整个生态中最核心、最重要的特性。当你在播客平台中，无需进行人民币、美元充值，只需使用ETH或者BOX即可进行支付，购买喜欢的内容，大家使用同一种代币结算方式，无需进行汇率转换，所有支付信息上链，可追溯却不可篡改，公开透明却又安全可靠。

对于读者而言，在Castbox平台上，不仅可以体验优质的音频资源，同时还可以通过一系列官方活动或者激励机制来获取代币，让读者作为平台运营者的一部分，一起维护平台和社区的发展壮大。对于作者或者内容分享者而言，在基于Token的内容平台中，比如以音频为主的Castbox或者以文字为主的币乎等平台，通常可以获得更高、更透明的收益，从而促使内容分享者进一步分享高质量的内容，直接增加平台本身的价值。从广告商的角度来看，对于垂直领域较强、受众人数多、用户黏性大的平台而言，它们更愿意花钱投放广告，这里投放的方式可以是到二级市场买Token，也可以直接付费给平台运营商，然后平台运营商靠这些资金更好地运营平台本身。

3.3 区块链商业本质：让价值上链并交易

3.3.1 区块链技术改革的定义

区块链技术改革（或称“区块链＋”）指的是任何有价值的形态或组织，包括企业、资产、应用、数据等通过区块链技术改造以及存证不可篡改的特性形成信任，通证改革生产关系，在交易中实现流动，从而实现价值创造，满足社会和人民生活的需要。这种交易可以在公开的交易所，也可以在生态内进行交易，其核心内涵在于通过交易形成更大范围的共识形成。区块链可以支持应用所需的功能，包括适合应用的共识机制、状态记录、数据存储等。

币改是将应用进行通证改造，将通证引入应用中，但是币改缺乏合适的区块链平台满足应用所需的功能，使得构架于智能合约的应用很难落地，很容易变成空气币项目。换言之，币改所进行的通证经济改造是通过企业发行通证获得产品的使用和收益，形成社群自治的通证经济生态，从而改善区块链组织的激励和协作关系。由于缺乏价值支撑，相应的法律契约以及数字生态尚不完善，使得整个币改缺乏实践落地的理论指导和外部环境，导致整个币改迄今为止并没有任何落地的成果推出，也导致企业对币改丧失信心。

区块链技术改革也可以分为两类：一种是无通证区块链技术改革，这是以 IBM 区块链技术改革——Hyperledger 为代表的解决方案。由于没有通证以及丧失相应的激励机制，这样的区块链只能是少量准入节点形成的私链和联盟链，与中心化的解决方案相比，并没有太大的优势。另一种是有通证区块链技术改革，充分发挥区块链的革命性，通证的使用和流通，是实现通证动力学的重要一环。无通证区块链技术改革的区块链和其他技术一样，都在推动生产力的发展，但真正体现区块链技术本质的区别在于区块链技术带来的通证及其带来的生产关系的改变，从而更大地激发社会生产力的发展。

因此，有通证区块链技术改革将是区块链应用的最佳形式之一。但是有通证的区块链技术改革需要解决不合法的 ICO 流程和上交易所带来的诸多风险，需要监管机构穿透式的监管，不能掉入通证炒作的陷阱。

3.3.2 区块链＋实现：基于链上的 APP 应用

区块链技术的价值，不应该仅仅是一个金钱上或者商业中保证互信的一个工具，也不应该是取代什么“中心化”的替代品。区块链的真正意义，应该是代表了解决人类因为信息鸿沟导致的信任难题，从而重塑整个人类社会共识机制的发展方向。目前的区块链系统，为了保证更多的用户活跃度，往往拥有很大的野心，试图在一个链里面解决尽可能多的问题。我们认为这是不可取的。单一的链解决单一的问题，而链彼此之间的认证，则由独立的总链（公链、联盟链、私链）进行管理，实现链与链之间的细致分工，应当是更有效率也更安全的做法。在这种情况下，所谓 51% 多数攻击也就变得毫无意义，因为整个社会的评价并不由单一的链进行掌握，而是由一个总体却分散的体系进行综合认证。这应该是一个更为简单但却安全的做法。更进一步来说，这样的综合但却分散的区块链系统，其实已经不单单是为了单一目标而建立的一条链，更类似于一个重塑人类社会评价体系的机制。

未来应该是“小而美”的组织更多，在这样的组织中，个人发挥的作用更大，并且会有很多机器与人相互协作，同时不同的人之间又是相互独立的、分散的、去中心化分布的一个商业世界。

3.3.3 区块链+实现：价值上链的场景

上海市科学研究所组织翻译了《Gartner 2019：区块链技术成熟度曲线》，该曲线发布于2019年7月底，指出实用的区块链案例正在全球范围内出现，并逐渐进入生产阶段，但要技术完全成熟并支撑大规模场景应用，可能至少要到2028年才会实现。但技术的发展速度总是超过人类的预期，笔者预计在2023年区块链的大规模应用将落地。

如图3－6所示，区块链技术正在日益成熟。企业必须为“区块链”做好准备，一旦核心技术成熟并支持场景演进，会为企业带来显著的效益。Gartner（高德纳）的研究表明，实用的区块链用例正在全球范围内出现，并且逐渐进入生产阶段。区块链所带来的突破性创新是消除了所谓信任权威。商业生态系统中诚信的建立和透明度的渐进改进，将推动新的社会和商业模式，虽然目前大多数企业区块链项目都停留在实验阶段。预计到2023年，区块链将在技术上具有一定的场景应用价值，并将强有力地支持对隐私的保护。经

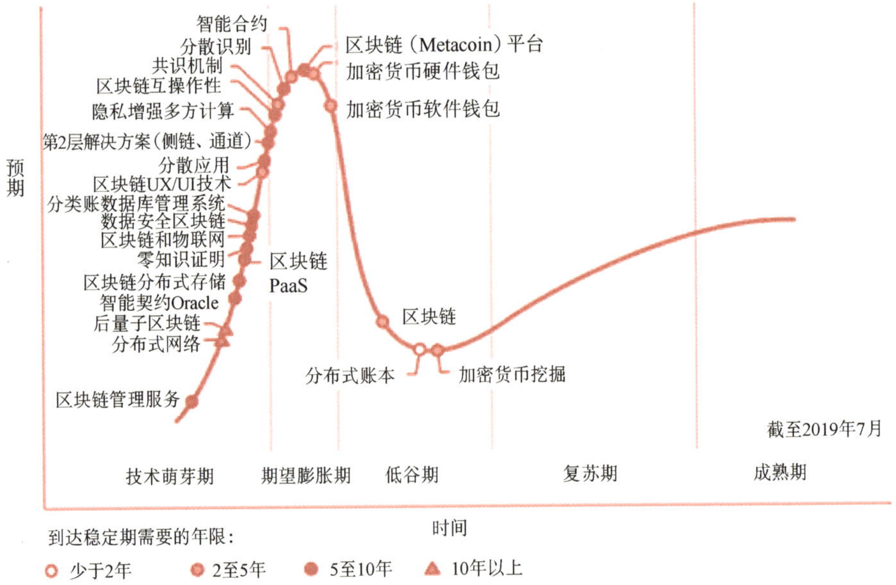

图3－6 2019年区块链技术成熟度曲线

过许可的区块链将与公共区块链集成，支持提升被许可区块链的成员资格，满足公共治理和运营模型的要求。

一、处于曲线上升阶段的技术

（1）区块链管理服务：

区块链管理服务是专业服务和自动化服务的结合，是最终用户管理整个区块链的基础结构和应用程序。当前最终用户更多地关注区块链云托管服务，设置控件来监视服务提供者的操作。

（2）分布式网络：

分散式 Web（或 Web 3.0）是一种正在开发的新技术，Web 3.0 将实现支持最具革命性的协议区块链技术，特有的点对点分散性设计消除了中央权威，对用户控制自己的身份和数据的能力提出更高要求。服务提供商将不得不调整他们的商业模式，以适应新的模式。Web 3.0 技术的新模式将在下一个十年延续 Web 2.0 的成功范例。

（3）后量子区块链：

后量子区块链提供的是能够抵御未来量子计算机攻击的密码算法。据估计，实际的量子计算机应用程序将会在 5 ~ 10 年内出现。然而，真正用来实际破解目前的加密技术还需要 20 ~ 30 年的时间。区块链系统很可能会与金融界并行融合，成为量子防御系统。一般来说，量子计算会随着时间的推移产生巨大的影响，特别是一些计算密集的领域，如代码破解、DNA 分析、分子建模、大数据库访问、结构应力分析等。前量子密码保护金融系统的安全性中如果没有加密货币，就会有崩溃的风险，就会对安全失去信心。

（4）智能契约 Oracle：

智能契约 Oracle 是允许智能契约及运行契约的区块链和外部系统交互的软件机制。对 Oracles 的需求取决于业务应用程序智能契约技术的增长，这些应用程序需要与区块链网络之外的系统集成。由于分布式分类账和智能契约没有提供从外部系统获取数据的功能，因此，智能契约 Oracle 机制变得至关重要。目前的智能契约 Oracle 使用主体是区块链初创型企业。他们列出非区块链系统的所有集成和数据需求，了解有哪些 Oracle 机制可用，以及能够通过 Oracles 提供此类服务的可行性，以便基于服务品质协议要求有效地执行智能契约。

（5）区块链分布式存储：

区块链分布式存储是一种将数据加密并分解成碎片，并将碎片的详细信息和碎片的散列存储在网络的多台计算机上，并使用区块链进行管理的机制。这种新一代分布式存储的关键是使用区块链技术作为存储有关数据和访问代码的元数据的基础。在分布式计算机之间存储数据可以通过利用有存储空间的计算机来优化资源使用。然而，切分会对可用性和性能产生不利影响。Etalum 目前正在考虑将碎片作为提高可伸缩性的一种选择。

（6）零知识证明：

零知识证明（zkp）是一种保护隐私的消息传递协议，使实体能够证明对双方都可用的信息是正确的，而不需要传输或共享底层信息。区块链平台已经发展到包括这种以隐私保护为导向的交互机制。利用 zkps 限制了对所有数据元素进行大规模解密和加密的要求，这对提高网络效率以及采用区块链/分布式分类账技术都有好处。最终，通过利用 zkps，服务提供商和其他人可以减少他们对用户数据蜜罐的依赖，以帮助减少大规模数据泄露的可能。

（7）区块链与物联网：

区块链和物联网是指与物联网设备、技术结合使用区块链，诸如物联网支付、物联网相关资产或服务的令牌化、身份确认、物源跟踪、利用记录或计费等目的，可以以多种方式组合，提供不可变审计跟踪，这些数据和相关业务在多个参与者之间共享，并且可以由每一方独立验证，以及支持智能契约和分布式应用程序。物联网与企业区块链的结合还很不成熟，区块链要成熟并支持这类应用将需要 5～10 年的时间。未来的应用场景包括：智能包装；高价值跟踪、敏感或受管制产品的供应链来源，如食品、药品、人体组织/生物材料、医疗运输等；可靠跟踪设备使用情况的业务模式（例如卡车租赁或保险）；将物联网和令牌化相结合的业务模式（例如为回收提供信用值的智能垃圾桶）。

（8）数据安全区块链：

启用区块链的数据安全应用程序，利用区块链的分散功能，提供建立数据保护的替代方法，同时尽量减少对集中仲裁者的依赖。区块链的核心是确保没有其他信任关系，区块链参与者能够访问相同的分类账。此属性为分类账数据提供两个关键的数据安全属性：完整性和可用性，许多区块链安全解决方案也主要关注数据完整性和可用性。

区块链具有强可追溯性、可靠性、透明性和提高陌生群体信任度等功能，可用于各种依赖于集中化的通用数据安全管理，如 PKI、密钥管理和令牌化。应用于数据安全应用程序的区块链通过确保完整性和可用性，使企业能够进一步信任其数据。

（9）分类账数据库管理系统：

分类账数据库管理系统是一个附加的、不可变的数据库管理系统，具有内置的密码可验证的审计跟踪。分类账数据库管理系统代表了一个更易于管理和更易于实现的选择，将使企业能够使用分类账技术，在诸如审计跟踪、数据沿袭、数字资产和共享数据等用例中保持不变性，同时也具有更好的性能，因为不需要大量公众参与加密过程。

（10）区块链 BPaaS：

区块链平台即服务（BPaaS）是一组由供应商提供给云中订阅者的区块链软件平台服务。服务可以包括部分或全部分布式分类账、节点或协商一致机制以及其他辅助服务，以管理供应商云基础设施上的分布式分类账网络。BPaaS 是独立于区块链管理的服务，包括 BPaaS 之上的解决方案和应用程序的管理。

每个 BPaaS 供应商都试图在支持多个区块链平台、安全性、互操作性、分析性和性能方面添加独特的元素，以区别它们的产品，以换取公共执行和分类账存储的单一来源和集中化。

（11）区块链 UX/UI 技术：

许多技术可以用作用户界面（UX/UI），提供用户和区块链技术之间的交互。应用程序和平台的区块链商业化还处于初级阶段。UX 设计不仅是区块链达到主流应用所必需的，而且也是建立 UX 设计原则的必要条件，最终导致了区块链的全球标准界面。预计在不久的将来，区块链 UX/UI 技术将展开一场类似谷歌浏览器（Google Chrome）、火狐（Mozilla Firefox）、IE 浏览器（Internet Explorer）等发起的互联网浏览器大战，区块链 UX/UI 技术将需要 4 ~5 年的时间才能达到实用的程度。企业架构和技术创新领导者应该意识到，诸如区块链这样的新兴技术有可能彻底改变 UX 的世界，因为遵守数据保密法将成为共识，如欧盟的 GDPR。

（12）分散应用：

分散应用程序（DAPP）是在 P2P 和区块链上运行的互联网应用，与传统的基于集中式服务器的 Internet 应用相比，最大区别是没有特定的实体作为系统的基点。目前的 DAPP 能力还不够强大，主要的商业应用将受到限制：一是 DAPP 和区块链技术成熟度不够；二是现有的法律、法规和合规标准存在客观障碍。

DAPP 一旦启动，就不能关闭，它不属于任何个人或机构，也不会有停机时间。DAPP 可以帮助企业采用区块链，也可以成为一种力量，创造分散的竞争对手，威胁他们的商业模式。

（13）第二层解决方案（侧链、通道）：

第二层解决方案支持区块链技术的扩展。新出现的解决方案包括“离链”协议，该协议通常将事务从主链转移到第二层消息传递系统，不受主链协商一致协议和数据结构的限制，侧链是处理主链外资产的区块链，能够在将来的某个日期将其返回主区块链。

第二层解决方案是对区块链协议的扩展，通过将开发、测试和实现周期从主链卸载出去，从而支持各种价值交换场景，包括些微事务。

（14）隐私增强的多方计算：

隐私增强的多方计算（MPC）是一种加密方法，其使得实体（应用程序、个人或设备）能够与数据一起工作，同时将数据保持在受保护的、机密的和私有的状态。具体地，MPC 允许多方（即贡献者）共享数据，同时保持机密性而不暴露加密密钥。MPC 算法的安全性和信任对于其作为一种隐私保护技术的可靠性至关重要。MPC 虽然在学术界已几十年，但近期才开始在商业上可行。MPC 可以缓解隐私问题，即在大数据分析、机器学习（ML）和人工智能（AI）领域，MPC 有可能让领导者受益于从 ML 和 AI 导出的数据洞察力，同时保持数据的安全和私有性。随着 ML 和 AI 的成熟，MPC 将需要考虑特定算法（如递归算法）的性能问题。到目前为止，许多供应商如 Sepior、Anonos 和 Unbinedtech，利用 MPC 为客户提供数据和云安全。在大数据分析方面，像 Netnetica 这样的供应商利用 MPC 提供类似的技术。总的来说，MPC 允许安全地启用业务，使组织能够利用他们的数据，同时减轻安全和隐私方面的担忧。

二、处于曲线峰顶的技术

（1）区块链互操作：

区块链互操作性是指区块链平台使用不同的分布式分类账，无缝地将资产和其他信息从一个区块链网络传递到另一个区块链网络和其他记录系统的能力。区块链分类账大多是离散的协议，但被认为是资产和交易的主要数据存储，其过程是在区块链网络上管理的，这就产生了对区块链互操作性的需求，也称为“互链”。这些功能将允许不同的链对其他链进行状态更改。互操作性还可以实现一种结对形式，在一条链上的资产可以复制到另一条链上，以提高流动性，这需要同步签名验证和复杂的证明。区块链价值交换互操作不同于典型的信息交换互操作，除了消息格式和协议转换之外，前者还必须实施措施，防止在事务从一个块链平台发布到另一个块链平台时出现双重开销问题。

TimeLinks 已经确定了三种核心类型的互操作性。包括 Aion、BlockChain 互操作性联盟、Quant 网络、超级分类账组、BlockNet 协议、Wanchain、Lightning 网络、COSMOS 网络、Kodo、Ark、Fusion Foundation 和 Polkadot 等初创公司的阵列尝试支持系统、信息、身份和资产互操作性。智能契约和分散应用程序（DAPP）可能需要跨不同区块链网络的互操作性，并且必须与非区块链系统相互依赖。

（2）共识机制：

共识机制是分布式网络中所有节点就拟议交易达成一致的过程，它确保了记录在分类账中的信息的完整性、不可变性和一致性。共识机制是分布式网络治理规则和协议，允许在特定条件下记录、完成和执行事务。

（3）分散识别：

分散身份服务利用诸如区块链或其他分散分类账技术（DLT）等，通过在大量节点或参与者之间分发身份的技术。随着身份的分散，用户能够更多地控制自己的身份和相关属性（如地址、年龄和证书等个人信息），服务提供者将能够以更快和更自信的速度与用户进行互动。在 GDPR 和注重隐私的消费者时代，服务提供商需要重新评估自己存储的身份数据信息。利用分散的身份有可能使服务提供者提高最终用户的安全和访问便利，同时减少数据泄露和潜在的隐私侵犯。

（4）智能合约：

智能合约是通常在基于区块链的技术平台上运行的计算机程序或协议，其便于验证或执行相关事件、链上和非链交易或与其他智能合约的交互所触发的业务流程。智能合约也可以是传统合约过程的数字和自主表示，包括合约的形成、可执行的和不可改变的权利和义务的创建以及履行等。

智能合约是区块链技术中最不成熟的子系统，智能合约脚本语言、工具、框架和方法目前都处于开发的早期阶段，这在业界仍然是一个尚未解决的问题。自动化复杂协议在不信任的环境中提供确定性编程语言的能力，是 5 ~ 10 年后的关键技术挑战。

（5）区块链平台（Metacoin）：

区块链平台是用于实现可编程经济的广义分布式价值交换的新兴平台。区块链平台使用概念，如全球分布的分类账、对等分散网络、加密定义的身份以及在不受信任的环境中实现信任的理念、智能合同和可编程交易等。

区块链平台可以成为可编程经济的重要推动者，能够支持和促进自主的微交易、多样化的价值交换场景、按需市场、智能资产、智能合同和分布式自治组织（DAOS）的运作。它可以引入一种全新的经济和社会模式，其基础是能够代表个人或企业行事并作出决策或选择的平台。

（6）加密货币硬件钱包：

加密货币硬件钱包使用加密货币（如比特币）访问和进行交易。硬件钱包是一个实体客户端系统，而不是软件服务器端数字钱包，在这个系统中，由用户信任的第三方系统来保存用户的身份和价值记录。硬件钱包将信息保存在被保护以防止篡改或未经授权的访问的电子芯片中。硬件钱包可以连接到个人计算机，但是与可能存在于用户计算机上的病毒和恶意软件隔离。通常硬件钱包不是独立的，而是与提供数据恢复能力的服务器或基于云的服务结合使用。尽管 2018 年加密货币的价值下降，但随着新的供应商进入市场，硬件钱包的能力将继续发展。

（7）加密货币软件钱包：

加密货币软件钱包即软件服务器端的数字钱包、钱包应用程序和从与互联网连接的设备上访问的在线钱包。到目前为止，密码货币软件钱包的使用大多与投机用例有关，通常用于比特币和阿尔特钱币。但是它们提供的存储和保护数字私钥的方法较为复杂，大多数密码货币软件钱包的能力有限，无法满足大众和机构市场的需求。为了获得采用，加密货币软件钱包需要改进其界面，以创建、存储、交换和管理相关资产、ID、信息以及与智能契约的交互。

三、曲线上滑入低谷的技术

（1）区块链：

这里的区块链所指的是 P2P 网络中所有参与者共享的加密签名、不可撤销的记录块的扩展列表。每个记录块都有时间戳，引用链接到以前的数据块。任何拥有访问权限的人都可以回溯跟踪数据或事件中属于任何参与者的状态变化。

（2）分布式账本：

分布式分类账是所有网络参与者共享的加密签名、不可撤销的交易记录的扩展列表。每个记录都有时间戳，并与以前的交易相关联。任何拥有访问权限的人都可以跟踪属于任何参与者的事务性事件的历史记录。分布式分类账可以建立在关系数据库、区块链或两者之上。分布式分类账承诺通过自动化和规模经济来转变行业运营模式，以提高效率。联合体继续推动能够解决问题的协作互动。但是，多个业务使用案例尚未得到验证，且尚未精准预测价值结果。技术和过程的互操作性是一项重要要求，同时行业内发展需要克服机密性问题。

（3）加密货币挖掘：

采矿是一个成熟的过程，始于2009年的比特币。它起源于一种分散的活动，任何个人计算机都可以参与生成加密验证以确认交易并得到奖励。2018年的加密货币崩盘，已经改变了市场格局，采矿仍将是一个重要的概念，比特币仍占整个密码货币市场活动的44%左右。然而，加密货币的概念已经演变成多种形式的本地和非本地资产和令牌。

我们看到区块链正在经历“从虚到实”的产业发展阶段，如果说数字货币是区块链第一阶段最重要的应用场景，这个阶段主要是集中在金融领域的相关应用，那么区块链第二阶段就是通过区块链与实体经济结合来实现整个数字经济产业的变革。

“区块链+”的实现是通过价值上链的模式来实现的，广义来说，“区块链+”是通过利用区块链中的技术原理和机制来改造业务系统中的技术部分，以创造更加高效可信的业务系统，同时通过区块链上的通证激励机制来重新分配项目的投资人、员工、用户以及产业链上下游的利益关系，从而实现在技术、业务以及企业组织的利益分配等多个领域的变革。

不同于币改专注于简单商业模式的通证化改造，“区块链+”专注于价值上链之后对整个企业组织的赋能，整体逻辑的本质就是通过区块链做企业“供给侧改革”和“需求侧改革”并行设计，从而更大程度上促进实体经济效率提升、成本下降；降低风险，传递信用；激发活力，共建生态。价值上链的核心主要包括三个方面：

“区块链+”通过高效赋能和改良企业组织的生产关系来实现供给侧改革，正是应用区块链技术中的去中心化、不可篡改以及分布式账本等技术特性对业务的改造实现了区块链从概念到实体的升级。需要注意的是，“区块链+”的对象并不再是初创企业，而是不同行业的“腰部企业组织”，正是这些在行业中规模适中、行业地位并不占优势的企业组织，最具备相关条件和动力进行“区块链+”，能够有动力去实施“区块链+”，从而实现弯道超车的效果。

“区块链+”通过价值上链的方式，将区块链技术与适合改造的企业组织生态结合，实现真正的业务落地。通过升级改造传统企业组织的商业生态的基本逻辑，解决行业本身的痛点，进而形成更加底层的、根本性的商业模式的落地。正是通过对企业组织的不同要素的重新配置以及生产关系的变革，才能推动传统行业在新的技术生态中能够结合自身优势快速发展，改变其无法形成核心竞争力的落后态势。

“区块链+”通过区块链技术的部分原理对传统行业进行改造，这是一种更加精准和有针对性的改造。“区块链+”并不追求将所有的区块链技术特性应用于业务，而是根据企业的需求和行业特性进行“区块链+”改造，不仅能够实现以往币改的区块链商业模型的落地，而且能够更加契合特定企业组织的需求，能够真正实现不同企业组织的供给侧改革。

因为“区块链+”具备以上阐述的各种特性，区块链技术的应用场景得到极大的拓展，能够应用在金融、医疗、版权、教育、物联网等多个领域。如果说“互联网+”对传统实体行业的改造和变革还是基于信息和技术层面的，那么以“区块链+”为核心的改造是真正能够推动传统实体行业大变革的浪潮。作为数字经济领域的创新者和创业者们，也应该具备对这样的科技浪潮的创新机会的敏锐嗅觉，通过“区块链+”来真正实现区块链领域的创新。

回顾一下本章的内容，首先我们承认碎片化人类认知的存在，坎陷作为社会文化发展的特征使得共识的创建、流行和满足成为经济活动的基础。某种程度上这种需求拉动了以区块链技术为基础的商业模式的诞生。某一种链经济可以是小范围且具有独特价值增益点的小圈，但是链生态联盟可以把很多这样的小圈组成更大的大圈。拥户作为个体的价值增益在链联盟作用范围分化、覆盖、发展的过程中被最大化和持久化。现有的区块链技术已经在很大程度上使得商业模式创新不受技术发展制约，唯一限制区块链商业发展的是商业模式的设计与认知坎陷结合的合理程度。所有区块链商业模式都需要正面这个挑战，并用全生命周期价值增益的视角来审视自身的商业计划和模式。商业想象力和灵活的商业模式再制订成为制胜的关键点。

4. 区块链融资：模式、差异与全球监管

从ICO、IEO、STO到IPO，区块链融资在持续地创造新的模式。它们颠覆了什么？它们之间的差别又在哪里？全球监管部门对于区块链的态度和监管策略是什么？又将如何影响区块链未来的发展？

4.1 区块链融资模式（一）：ICO

4.1.1 ICO 的定义

ICO 是 Initial Coin Offering 的缩写，即首次代币发行。ICO 源自股票市场的首次公开发行（IPO，Initial Public Offerings）的概念，是区块链项目首次发行代币，募集比特币、以太币等通用数字货币的行为，也是一种为加密数字货币/区块链项目筹措资金的常用方式。作为回报，早期参与者可以从中获得初始产生的加密数字货币。

代币具有市场价值，可以兑换成法币，从而支持项目的开发成本。ICO 所发行的代币，可以基于不同的区块链。常见的是基于以太坊（ETH）和比特股（BTS）区块链发行，由区块链提供记账服务和价值共识，实现全球发行和流通。

ICO 参与者对于一个项目的成功非常重要，他们会在社区里为该区块链项目进行宣传，使它产生的代币在开始交易前就获得流动性。但 ICO 的参与者最看重的依然是由项目发展或代币发行后价格升值带来的潜在收益。

4.1.2 ICO 的历史发展

2013 年 7 月：Mastercoin（现更名万事达币 OMNI）是最早进行 ICO 的区块链项目之一，在 Bitcointalk 论坛上区块链曾融资成功，筹资共 5000BTC。Mastercoin 是建立在比特币协议之上的二代币，旨在帮助用户创建和交易加密货币以及其他类型的智能合同。

2013 年 12 月：NXT（未来币）是第一个完全 POS 区块链，曾筹资 21BTC（相当于当时的 6000 美元），它的市值一度高达 1 亿美元，对投资者来说无疑是最成功的 ICO 项目之一。

2013~2014年间：许多疯狂的区块链项目成功地启动了ICO，它们的代币价格都出现过疯涨，不幸的是这些ICO项目最后都死在炒作过程中或者直接沦为骗局。然而，在这段时间，也有十分成功的ICO项目，例如Ethereum。

2014年7月：Ethereum（以太坊ETH）国内外人气高涨，是迄今为止最大的ICO之一，筹措资金超过1800万美元，同时也是除比特币以外市值最高的加密数字货币。

2015年3月：Factom（公正通）通过Koinify平台ICO，利用比特币的区块链技术来革新商业社会和政府部门的数据管理和数据记录方式。

2016年3月：Lisk是一种加密货币，其去中心化应用（DAPPs）使用Javascript语言进行编程，这是目前全球最简单也最流行的编程语言。Lisk此次总共筹集到14080BTC和超过8000万XCR，区块链融资所得金额在区块链项目ICO中排名第二位，仅次于以太坊。

2016年5月：The DAO是ICO史上最大的区块链融资项目，融资额高达1.6亿美元。DAO的全称是Decentralized Autonomous Organization，即“去中心化的自治组织”，可理解为完全由计算机代码控制运作的类似公司的实体，这在人类历史上还是首次。但是作为万众瞩目的ICO项目，最终因受到黑客攻击，再到争论中软硬分叉，最后以解散退回以太币而告终。

2016年9月：FirstBlood（第一滴血）将电子竞赛服务跟区块链结合，使用了智能合约来解决奖励结构问题，区块链融资一开始即筹资600万美元，全球总共筹到465312.999ETH。

2017年9月4日下午3点，中国人民银行领衔网信办、工信部、工商总局、银监会、证监会和保监会七部委发布《关于防范代币发行融资风险的公告》（以下简称《公告》），《公告》指出代币发行融资本质上是一种未经批准非法公开融资的行为，要求自公告发布之日起，各类代币发行融资活动立即停止，同时，已完成代币发行融资的组织和个人做出清退等安排。

4.1.3 ICO的运作方式

（1）商业结构：每个ICO可能有不同的构成，图4－1是一个盈利实体做

ICO的常见商业结构。

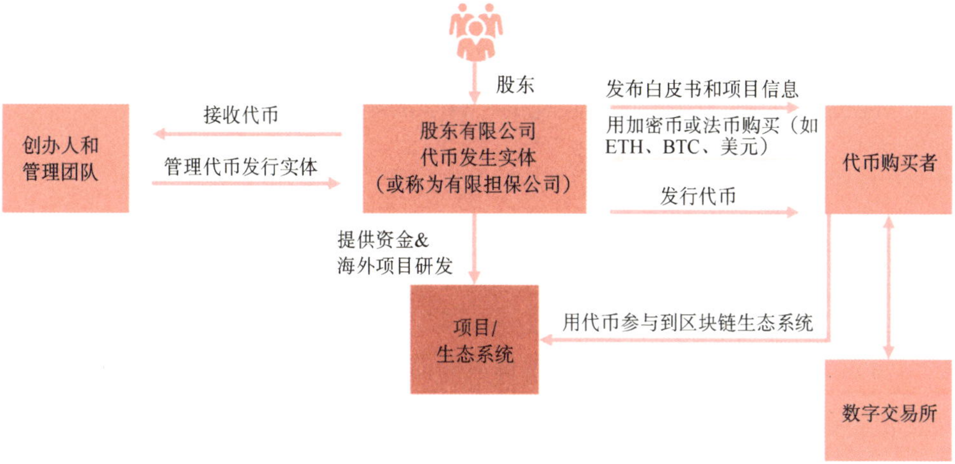

图4-1　ICO的商业结构图

（2）启动ICO项目步骤如下：

启动一个ICO通常包括以下几个步骤：商业模式设计、商业沟通设计、详细计划、销售策略、商务实施，这个周期预计要花费8~16周时间。

①商业模式设计：理解市场情形和行业痛点、设计和定义商业和操作模型、组建关键团队，从而形成项目策略、商业模型和白皮书；

②商业沟通设计：理解潜在服务提供者的需要，设计常用问题解答，化解商业模式的疑问；

③详细计划：挑选服务的提供者，挑选商务顾问、法律、法规、税务和会计事务，银行账户操作流程启动；

④销售实施：挑选市场和公关公司，定义销售策略，定义ICO节点和相关市场计划，启动网站；

⑤商务实施：法律文件的审核、财务计划和预算、发布销售文件，KYC和反洗钱确认。

（3）ICO成功的因素：

有各种各样的让ICO成功的理由，以下四点比较常见：

①有资格的、全面的、有能力的团队是成功的基础；

②有明确的价值主张，能够解决问题，有一个清晰的目的和实际场景的应用；

③具有可持续的和可扩展的商业模型；

④创建了一个长期性、制度化的、科学治理的治理思维。

4.1.4 ICO 典型案例特点

（1）团队：团队成员从经营到技术的全面技术组合，团队成员品德正直、值得信赖；

（2）白皮书：完整且具有商业价值的商业模型、通证及其相关生态的技术细节完整、清晰的目标和路线图、创新的技术特点和清晰的管理思维；

（3）项目计划：定义清晰的计划和重大节点、清晰的执行路线图、角色、责任、义务明确；

（4）法律：确保相关的风险和税收术语体现在文档之中，符合监管国的国家法律；确保文件反应销售的本质；有关 ICO 的各种法律文件——从白皮书到通证销售协议，都需要进行审查，以确保符合监管的需要，包括但不限于：成立和起草公司章程、通证销售文档、监管咨询、白皮书审查、社交媒体和营销言论、服务协议、知识产权等；

（5）法规：确保符合相关法规要求，有合适的 KYC 和 AML 框架流程；每个 ICO 都应考虑建立严谨的 KYC 和 AML，以确保司法管辖禁止区域的人员不能参与，非法所得的钱不会被投入到 ICO 中。所以需要进行名单筛选、制裁名单监控和风险架构的设计等；

（6）税务与会计处理：ICO 税务记录、财务框架和转移定价、创办人和投资人的税收记录等；ICO 发起者也提出各种税收方面的考虑，包括税收对创始团队和管理层的影响、税收追溯、会计处理、转让定价等，不仅是对 ICO 募集者的有效管辖，也是为了适合法律要求；

（7）市场推广：在社群的项目奖励、在可公开渠道和加密渠道的推广、清晰持续的信息传递、社交媒体和社区的管理；

（8）管理和控制：清楚的流程、透明度和责任。需要认真思考从代币持有人的权利的定义到董事的任免，再到收益的使用和决策过程的基本管理和控制，包括但不限于：管理结构、行为准则、揭露程度、信息安全、资金使用计划、网络安全、风险管理、媒体政策、管理责任和利益冲突处理等。

4.1.5 ICO 的下一步是什么

最优秀的 ICO 产品的创始团队从一开始就有长期的业务建设心态，并希望从适当的 KYC/AML 到管理等方面实施最有效的最佳做法，它不仅能够阻止某些国家的代币购买者，而且也能确保代币购买者的透明度。同时关注最近的黑客攻击，网络安全将持续在优先级列表中保持高位。

由于在中国或严厉监管的国家，代币销售是被禁止的，因此，筹款的过程要严格遵守国家的监管政策，所有 ICO 团队都应该清晰地认识到任何非法筹款的行为都会受到严厉惩罚。但随着进一步清晰的监管，媒体对比特币的炒作，以及更多传统玩家进入加密空间领域，应该会吸引更多的机构投资者进入 ICO。

对 ICO 进行合理的监管并不会扼杀创新，而是为代币购买者提供适当的保护，随着监管的日趋完善，最佳的方案和做法也很可能会自然涌现。许多 ICO 已经开始从初创的心态转变为治理思维，并与顶尖合作伙伴、顾问和服务提供者进行合作，寻求更加合规和合法并且长期发展的模式。

4.2 区块链融资模式（二）：IEO

IEO 是 Initial Exchange Offerings 的缩写，可以理解为以交易所为核心的 Token 发行，IEO 没有融资认购的过程，直接上线交易所让用户买卖，该交易所也会成为该代币在二级市场上的主力交易市场。首先普通投资者们有了保障，项目必上交易所，也就相当于自己的钱终归不会打了水漂。其次项目方也兴致勃勃，因为在交易所直接 IEO，相当于受众面扩大到整个交易所的用户，省去了自己费力找投资人的功夫。对于真正优质的项目和早期创业者来说，IEO不但是一个好的融资途径，而且还是可以省去大量费用和精力上线交易平台，专注于项目研发和社区运营。

对于交易所，IEO最直观的好处，就是扩大交易量和日活。项目的粉丝会作为新用户，其资金会随着项目大量涌入，他们中的一些人最终可能会成为交易所的老用户。这样的活动，比传统的邀请返佣、交易大赛等运营手段更加诱人。

另一个好处是交易所背负着信誉风险去决定上哪个代币项目，如果这个项目不靠谱或者达不到项目方的承诺，这个交易所的信誉也将受到牵连，所以交易所会在他们的IEO项目上不断地投入和努力运营。

与此同时，IEO对代币的发行方来说，可以使其直接触达交易所的现存用户和现有市场，一般的交易所都有完整的KYC/AML用户认证过程，省去了IEO对用户的筛选。

但是风险也同时存在，IEO也可能成为劣质交易所的敛财工具。因为IEO这样的新型融资方式是由交易所直接提供平台帮助项目销售其通证，并上线其通证供所有投资者进行交易，不可能完全避免交易所为不良项目和自己控制的项目背书，利用IEO的方式来为劣质区块链项目发行代币，借此抬升自己平台的代币。这些劣质交易所会突破KYC的限制，让不合规的投资者也进入市场，公然违反各国相关法律。总的来说，IEO的风险并没有随着交易所的背书而降低，反而可能因为模式滥用导致劣质项目横生。

4.3 区块链融资模式（三）：STO

STO是Security Token Offering的缩写，指的是证券型通证发行，其目标是在一个合法合规的监管框架下，进行通证的公开发行。ST（证券型通证）对应着现实中的某种金融资产或权益，比如房地产、投资基金、黄金、钻石、原油、美术作品、音乐版权、房地产投资信托、区块链系统的分红权等，简单来说，STO 可以将所有的资产，包括不动产通证化，分解成任何人都能买得起的数量不等的证券通证，在合规前提下进行世界范围的交易流通，对应资产的广泛性是 STO 应用领域最显著的标志和特征。

4.3.1 STO 常见类型

STO 的常见类型包括：

（1）通证化风险投资基金（Tokenized VC Funds）：一个通证化的风险投资基金为通证持有人提供对基金份额的索偿权；

（2）类股票通证（Share-Like Tokens）：可以具有诸如对某一实体享有所有权份额、LP 份额、投票权、股息、利润份额或对未来成功的某一实体享有利益等特征；

（3）资产支持通证（Asset-Backed Tokens）：可以用于可替换或不可替代的资产；

（4）加密债券（Cypro-Bonds）：消除中间商和注册机构、减少结算时间并降低运营风险。通证化债券可以为发行人提供优惠的税务待遇，且不受公开发行投资人在 2000 人以下的人数限制。

4.3.2 STO 的优势

（1）交易流通：对于传统金融市场来说，跨境与跨平台流通是一个很难解决的问题。国内投资者很难直接去投资美股、港股等国际资产。而境外投资者进入中国资本市场投资也有着十分严格的限制。以中概股为例，在美股上市就不能在 A 股、港股等股票交易所上市。若要回归 A 股，需要经历私有化退市、拆除 VIE 结构、A 股 IPO 排队或借壳才可以完成重新上市。在这方面，因为不受传统的国家间金融市场的限制，STO 有助于更好地提高全球优质资产的流动性。

（2）发行成本：对于 STO 来说，区块链技术就是托管，通证交易就是清算，只要以同一种底层协议来运行，就可以轻松完成跨平台、跨法币之间的交易，从而提高了交易的效率并降低了发行成本。

（3）净化市场：STO 以实际资产为依托，又以 Token 为载体，在监管、效率、成本等方面都做到了很好的平衡，进行 STO 的项目都需要经过合规审查、项目代码、团队背调，项目产品都经过严格筛选，这样会剔除一些空气和传销项目，对整个市场起到一定的净化作用。

（4）透明度：在透明度方面，STO 可以让交易更透明，每笔交易都可溯源，一定程度上杜绝了传统金融市场“坐庄”的行为。其次是提高效率，传统证券交易所跨境交易结算需要通过托管公司、清算公司等流程，会造成不必要的等待时间，而对于 STO 来说，交易即清算，权益可以迅速转移归属到买家手中，高效快捷地实现 T+0 交易。

（5）降低门槛：由于资产所有权可以被拆分到很微小，实现部分所有权。证券类通证将会显著降低投资者投资某些资产（不动产、艺术品、高风险资产）的门槛，STO 拓展了证券代币化的领域，降低了用户准入的门槛，任何人、任何资产都能参与其中，普通人也有机会成为苹果、亚马逊、滴滴的股东，或者持有毕加索、莫奈等著名艺术品的部分所有权，享受资产升值带来的益处。

4.4 区块链融资模式（四）：IPO

IPO，IPO 是 Initial Public Offerings 的简称，中文意思是首次公开募股：是指一家企业或公司（股份有限公司）第一次将它的股份向公众出售（首次公开发行，指股份公司首次向社会公众公开招股的发行方式）。

通常，上市公司的股份是根据相应证券出具的招股书或登记声明中约定的条款通过经纪商或做市商进行销售。一般来说，一旦首次公开上市完成后，这家公司就可以申请到证券交易所或报价系统挂牌交易。有限责任公司在申请 IPO 之前，应先变更为股份有限公司。

国内企业海外 IPO 的途径可归为两大类：直接上市与间接上市。境外直接上市即直接以国内公司的名义向境外证券主管部门申请发行的登记注册，并发行股票或其他衍生金融工具，向当地证券交易所申请挂牌上市交易。即我们通常说的 H 股、N 股、S 股等。境外间接上市即国内企业境外注册公司，境外公司以收购、股权置换等方式取得国内资产的控制权，然后境外公司到境外交易所上市。

IPO 的好处主要在于，可以募集资金，吸引投资者；增强流通性；提高知名度和员工认同感；回报个人和风险投资；完善企业制度，便于管理。但其不利之处在于，审计成本增加，公司必须符合 SEC 规定，募股上市后，上市公司路演和定价时易于被券商炒作；风投等容易获利退场，失去对公司的控制。另外，IPO 发行时机的选择也会极大影响到公司股价和声誉。

4.5　四大融资模式的差异

ICO、IEO 和 STO 大多数情况都在为新技术理念的商业化筹集资金，为了启动 ICO、IEO 和 STO，创业公司需要准备一份白皮书，白皮书内容需包含项目目标、实现技术、所需资金、项目创始团队持有的代币数量及使用方式和区块链融资活动的持续时间。

STO 比 ICO 和 IEO 更像 IPO。证券代币发行（STO）类似于在区块链上进行 IPO。STO 受到严格制度的监管，避免了非法融资。在此情况下，企业一般为自己设定的目标是尽可能多地筹集资金，且资金大部分来源于真正对这个市场和技术理解并有信心的市场群体，从而从有形和无形资产角度最大化融资方的整体利益。另外，这些规则为机构投资者创造了真正的投资机会，可能带来大量资金涌入区块链行业。

IPO 公司需要在获得许可之前达成许多要求和完成特定操作：拥有良好无损的声誉；邀请专业的审计公司审核财务，并争取财务机构的支持；公司可以安全地将其股票出售给二级市场的人。

通常来说，ICO 不需要遵守任何标准。因为除了白皮书中描述的项目关键特征外，ICO 项目没有支持其商业构想的现实项目可考察。目前项目所能提供的也只是未来的可能收入，所以对 ICO 公司进行全面审计的想法是多余的。对有投资意向的投资者来说，唯一能做的就是仔细研究白皮书中描述的结构和良好的商业理念。这就是投资 ICO 风险太大的主要原因。虽然有观点认为，仔细研究开发人员的经历能够预测项目成功与否，可将一个企业的成功放在某个人过去的成就上，本来就是错误的。

对于 IEO 而言，其筹款活动在交易所平台上进行，交易所会承担所有风险。投资者可以在其网站上查看那些想要发起 IEO 的项目，从而帮助投资者消除一些欺诈和可疑的项目。

对于 STO 而言，公司需要遵守与 IPO 一样的特定程序：提供的代币应通过 Howey 测试（仅适用于美国）；需要注册代币并遵守各国不同的规定（需要法律顾问）。

IPO 和 STO 立法规定发行免费出售股份的公司必须在监管机构中注册；如果一家公司有了某种豁免，无论是进行 IPO 还是 STO，该公司都不需要注册。但是他们必须准备一份招股说明书，公司在招股说明书中，需要说明出售股票所得资金将如何使用，且要有一定的透明度，公开公司信息、业务描述、净资产价值、公司结构和配售计划等信息。招股说明书分为两个阶段：初步招股说明书和最终招股说明书。

没有法律规定 ICO 必须提供法律文件来发行代币，而且白皮书包含了所有与项目相关的信息，这些信息本身也没有规范性。白皮书指出了该项目的技术优势以及可能给投资者带来的物质利益。如果一个潜在的投资者认为项目提出的商业理念很有吸引力，他们就会把钱投进去。

IEO 代币发行者无需担心区块链融资的安全和监管问题，因为交易所管理着智能合约，包括 KYC/AML 流程也由交易所处理，正如大多数服务提供商在创建客户账户后为客户进行 KYC/AML 一样。

与 IPO 相比，STO 上市后管理成本要低很多。与传统投行相比，STO 有着更为直接透明的投资者访问基础，也降低了经纪费用。

有很多有价值的公司对 ICO 持怀疑态度而不使用此种融资方式，因为复杂性和成本，也不进行 IPO，STO 则拥有为这类公司提供便利的基础。

与 ICO 相比，在交易所进行 IEO 收益更可观。公司只需支付上市费用和一定的代币销售比例。这不仅节省了 ICO 所需的营销预算费用，而且代币发行者还可以借力交易所稳定的客户群引流给自己的项目。

IPO 通常只能在公司经营所在地的司法管辖区进行，如果进行 IPO 的公司在邻国有一定的业务，而且经纪银行也允许的话，也可在某些邻国进行。

STO 则没有这样的问题，你只需要在 STO 平台上有一个账号即可参与。发行者可以设置发行限制，即发行仅限于注册并遵守证券通证的司法管辖区（如欧盟）。STO 不要求本地申请，这对于增加投资者人数是一个相当大的优势。

ICO 和 IEO 也是如此。IEO 对于谁可以在交易所上创建账户，可能会有一些限制，尽管交易所启动 IEO 时，没有任何禁止和限制。

在融资方式上，STO 无疑是较好的选择，其汇集了 ICO 和 IPO 的优点，旨在保护初创企业和投资者。STO 的魅力在于其核心是一种有实物（黄金、房地产、股票甚至稀有艺术品）支撑的证券通证，且收益比 ICO、IEO 和 IPO 加起来还要高。

4.6 区块链的监管

技术中性论认为区块链技术本身是被各个国家认可的，监管真正关注的是利用区块链技术发展的具体落地场景和衍生的数字资产交易对国家发展带来的影响。因此大部分的监管措施也是围绕着这两个方面，各国针对目前区块链落地场景和数字资产存在的各种风险，依据现有的监管框架和国情对区块链领域采取了对应的监管措施。

4.6.1 监管态度

在全球，对于区块链技术监管态度，共分为三个阵营：积极、谨慎、保守。中国态度比较保守，监管方面采用禁止区块链资产发行或交易的措施，基本上对于数字资产的流通是“一刀切”的态度；美国、韩国等国家态度中立，比较谨慎，对区块链领域制定的监管法规大多基于项目的具体情况，尽量接入现有的监管体系；日本、新加坡、加拿大等国家态度更为积极，制定了相对宽松的政策以便更好地扶持区块链的发展。部分国家和地区对区块链监管的态度具体如图 4－2 所示。

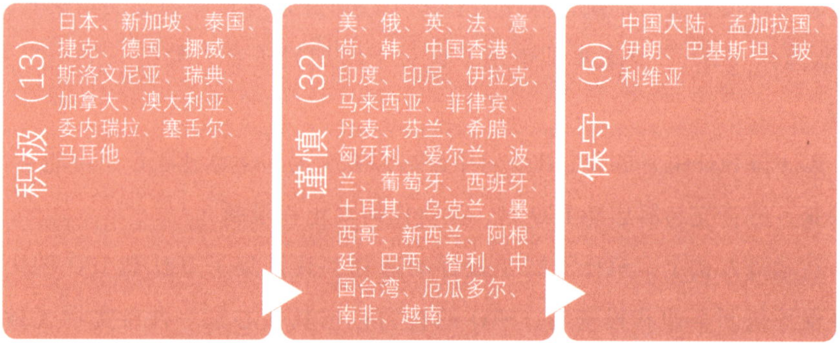

图 4－2　部分国家和地区对区块链监管的态度

从税务制度来看，截至目前为止，仍没有国家公布详细的数字资产税务指导意见，不过从大部分国家目前的税收标准来看，如何对数字资产交易收税取决于该国家对数字资产的定义。如美国的“证券类数字资产”按照证券法交税，而“非证券类数字资产”主要依据个人所得税计税；日本初期将比特币定义为消费品，对其征收 8% 的消费税，后随着比特币被日本定义为货币的一种，取消了消费税，开始收缴为“资本利得性质”的税款；对数字资产监管采用“沙盒机制”的英国、德国等则采用税收优惠甚至免税的政策。总体来看，国家立场、对区块链领域的态度、现有税收机制、国情决定了各国的税收政策不会完全相同，但可能会出现类似的情况。

从区块链技术来看，目前大部分国家对于区块链的监管是由区块链技术的发展推动的，因为难以预测区块链技术未来的真正形态，所以监管措施多是在新落地应用出现后进行相应的法规调整。几乎所有针对区块链的监管政策都是从2013年开始出台，距离比特币的诞生已有将近5年时间；而世界范围内至今未能出台一部法律层级适当、监管内容全面的法律规范。

从数字资产的属性来看，对于数字资产的属性定义一直是各国在研究的课题，其中不仅有对其功能性的讨论，还有许多涉及认知层面的问题。以美国为例，2013年初实行的《虚拟货币个人管理条例》似乎把数字资产作为一种货币进行监管，同年八月在美国证券交易委员会诉Trendon Shavers一案中，法官也认定数字资产为货币；2014年3月，美国国内收入局规定基于税收目的时，视数字资产为资产；而2015年，美国商品期货交易委员会又把它作为一种大宗商品进行监管，在2018年，SEC明确了证券类数字资产的监管方式，却在如何分类数字资产的问题上没有提出根本解决方案。

这种政策的混乱既不利于数字资产的健康发展，也容易滋生监管套利行为，甚至在监管主体不够明确的情况下产生监管漏洞。例如交易平台是信用中介还是信息中介的问题，平台通过履行支付功能实际作为信用中介，但是支付业务的相关规定又禁止其成为信用中介，由此导致监管混乱。

对于区块链技术中数字货币交易、首次代币发行、监管体制、税收制度、技术监管、数字资产属性的各个具体范畴，也有积极、谨慎、保守三种不同的态度，具体如表4－1所示。

表4－1　对区块链各具体技术范畴的态度

	积极探索	谨慎态度	保守观望
数字货币交易	• 许可 • 强制注册 • 发放牌照，获得牌照的公司自由度较大	• 许可 • 以试点为主，例如“沙盒机制” • 强制注册 • 发放牌照，公司获得牌照后仍会收到严格的监管	• 不允许

续表

	积极探索	谨慎态度	保守观望
首次代币发行	• 许可 • 监管制度较为宽松	• 许可 • 监管制度严格，可能会对项目进行性质分类，区别对待，例如 Howey Test	• 不允许
监管体制	• 基于区块链领域的特性颁布相关法案，或在原有法案的基础之上修改 • 也可能会借鉴项目分类方式，但是分类标准比较宽松	• 在不确定区块链影响的前提下，尽量将对区块链的监管融入现有金融监管体系之下 • 对于符合监管要求的项目严格要求，对于不用监管的项目态度比较宽松	• 以指导意见为主，对于运用区块链技术的方式比较谨慎 • 数字货币交易、融资或者任何将数字货币作为有形/无形资产的行为都被禁止
税收制度	• 视国情而定，与国家区块链方面的立场关系不大。税收制度是涉及金融体系稳定运行的决定性因素，已经成为各国监管的重点方向（美国 IRS2019 年多次对数字资产交易者发布提醒） • 目前数字资产几乎没有消费税，某些国家也取消了交易税（葡萄牙），税收缴纳的重点在“资本利得”相关的部分		• 数字资产交易非法，无交易税 • 区块链公司的税收和盈利（包括数字资产方面的盈利）大多按照传统税收的标准缴纳
技术监管	• 技术中性论被普遍接受 • 大部分国家认为目前区块链技术的发展处于技术成熟度曲线（The Hype Circle）中的期望膨胀期		
数字资产属性	• 缺乏统一属性定义标准，曾被定义为“货币”“资产”“大宗商品”“货物”等 • 目前主流看法是通过豪威测试定义证券型资产，功能性较强的数字资产可能会被定义为“货币”		—

4.6.2 美国的监管分析

美国承认区块链技术的合法性。对于首次公开发行、交易和税收方面通过 Howey Test（豪威测试）将其分为证券类及非证券类。证券类资产直接适用美国证券法，便于监管，解决了大部分的监管难题。非证券类资产也有多个监管机构协同合作对可能存在风险的领域进行规范，这是横向扩展的监管。在纵向方面，由联邦到各个州也有相应的区块链立法，根据各州的具体情况对细分领域进一步加深限制，确保社会稳定和金融安全。总体来说，美国对于区块链的监管和合规机制已经比较健全，具体如表 4－2 所示。

表 4－2　　　　美国的监管情况

国家	美国
监管机构	• 美国证券交易委员会（Securities and Exchange Commission，SEC） • 商品期货交易委员会（Commodity Futures Trading Commission，CFTC） • 美国国内税务局（Internal Revenue Service，IRS） • 金融犯罪执法网络司（Financial Crimes Enforcement Network，FinCEN）
监管法案	• 分为联邦立法与州立法，各州监管立法不同，根据机构所在地需要分别满足两类立法 • 联邦立法：《1934 年证券交易法》《美国 1933 年证券法》（Regulation A +/D/S），2014－21 号文件税收指南，《银行保密法》 • 州立法：怀俄明州、俄亥俄州、得州、加州、科罗拉多州已有明确立法，并对区块链较为友好
Howey Test（豪威测试）	• 判断加密货币是否应该被归为证券时，通过测试可以不归于证券，有三个维度： 1. 加密货币的发行方式 2. 加密货币发行的时间点，项目网络是否处于可运行状态，以及加密货币持有人从项目网络中获利的条件 3. 包含加密货币功能、持有人的投票权、持有人通过加密货币在区块链外能否获利，以及加密货币的销售方式

续表

国家	美国
首次代币发行	• Howey Test 认定为证券的项目需要纳入监管体系，首次代币发行被 SEC 监管，需要向 SEC 递交申请报告，披露与此次发行相关的信息，这种代币发行方式被称为 STO • Howey Test 中不被认定为证券的项目（即得分较低的项目）不被联邦证券法监管，具有更低的政策风险 • 可以通过 Reg D、Reg S、Reg CF、Reg A + 等注册豁免方式非公开发行，不需要向 SEC 注册，但仍应遵守证券法
数字货币交易	• 被认定为 STO 的数字资产适用美国证券法，按照传统证券方式进行监管 • 监管相对宽松，但在税收、反洗钱、非法交易方面受到《银行保密法》和《2014 – 21 号税收指南》的监管，主要被 FinCEN、IRS 和 CFTC 监管 • 交易平台需要注册，并公开一部分信息，各机构协同工作并对通过监管的交易平台发放牌照（即使获得了联邦牌照，在部分州开设交易平台也必须获得该州的牌照）
税务制度	• 证券类资产的税收标准需要根据美国证券法制定 • 专门针对于数字货币的《2014 – 21 税收指南》将数字货币定义为“财产”，适用于正常财产的税收条款 • IRS 在 2019 年 8 月对数字货币交易者多次发送邮件，提醒交易者们正确申报收入金额，金额标准以交易时的价格计算
区块链技术安全	•《2018 年国防授权法案》用来对于区块链技术在军事上的安全评估 • 大部分州认可区块链技术的合法性，但美国学术界对区块链的“不可更改”特性表示担忧

4.6.3 韩国的监管分析

韩国目前是以监管传统银行的方式监管数字资产交易平台，对于数字资产流通的监管自 2018 年后已经逐渐放宽。同时，由于韩国独特的经济体制（大企业掌握经济命脉），大多数合规区块链项目的背后都有大企业的支持，具体如表 4 – 3 所示。

表 4－3　韩国的监管情况

国家	韩国
监管机构	• 金融服务委员会（FSC） • 韩国金融监管服务部门（FSS） • FSCMA • 21 家金融投资公司和 5 家区块链技术公司成立的韩国区块链协会（自律机构，无监管权力）
监管法案	• 2017 年 9 月，首次公开发行全面禁令 • 目前还没有专门监管加密货币的监管制度或法规 • 韩国监管机构可能会对加密货币适用和/或执行现有的韩国法律和法规
首次代币发行	• 自 2017 年 9 月起，所有形式的首次代币发行都被禁止 • 实际上，代币发行禁令并没有完全起到作用，首次代币发行活动一直在韩国进行 • 2018 年 6 月，韩国正式解除首次代币发行禁令，首次代币发行合法化
数字货币交易	• 类似美国，如果 Token 被认定为证券，则必须接受 FSCMA 的监管。比特币在韩国没有被认定为证券，韩国在非证券型代币方面并没有具体限制 • 需要进行实名认证后才可以在交易平台交易 • 法币牌照由银行发放，目前 UPbit、Bithumb、Korbit、Coinone、Gopax、Coredax、Cointong 支持法币交易
税务制度	• 2018 年 1 月，韩国政府宣布对当地加密交易所征税，22% 的企业所得税和 2.2% 的地方所得税征收；加密货币挖矿设备也被定为新的征税对象依据 • 2018 年 7 月，韩国政府称包括区块链技术在内的第四次产业技术投资公司，最多可得到 40% 的税务减免，以扩大对区块链、量子电脑等技术和创业公司的支持
区块链技术安全	• 韩国对于区块链技术持开放态度，2019 年，韩国政府为区块链技术、人工智能和共享经济领域提出了超过 1 万亿韩元（约合 8.8 亿美元）的预算，并将区块链技术列为第四次工业革命的核心科技力量

4.6.4　中国香港的监管分析

中国香港在监管政策上更偏重区块链在数字资产发行及交易投资方面的

监管。在首次公开发行上，香港证监会对于可以充当股权，债券证和集体投资计划的“证券型代币”会遵照《证券及期货条例》进行严格的监管，但对于“非证券型代币”则不进行监管，但是目前香港对于区块链项目的态度还是比较谨慎的，因此没有通过任何的合规区块链项目。在授牌方面，证监会的十大类牌照也是可以直接用在数字资产投资机构的；在交易平台方面，香港使用与欧洲国家类似的“沙盒机制”来降低初期监管的门槛，随后 12 个月的审核期也方便监管部门进行全面的了解以制定合理的监管方案（目前仍然没有进入沙盒的交易所的具体信息）。

由于香港法律制度属于“英美法系”，行政与法律分离，立法会制度与多党派参政导致区块链法令（Ordinance）难以顺利推行。同时，由于区块链涉及许多领域，需要香港金融管理局（HKMA）、香港证监会（SFC）、香港交易所（HKEX）、香港海关（HKCED）、香港保险业监理处（HKIA）等机构协同合作进行监管，庞大复杂的协作流程也放慢了香港区块链监管的脚步。

总体来说，香港与大多数“谨慎态度”国家和地区类似，使用传统金融市场的监管法案对区块链领域进行适应监管，但目前仍没有合规项目或交易平台通过审批，具体如表 4 - 4 所示。

表 4 - 4　　中国香港的监管情况

地区	中国香港
监管机构	• 香港证监会（Securities and Futures Commission，SFC） • 香港税务局（National Tax Agency，NTA）
监管法案	•《有关针对虚拟资产投资组合的管理公司、基金分销商及交易平台营运者的监管框架的声明》 •《证券及期货（发牌及注册）（数据）规则》 •《证券及期货事务监察委员会持牌人或注册人操守准则》 •《适用于管理虚拟资产投资组合的持牌法团的监管标准》 •《税务条例》

续表

地区	中国香港
首次代币发行	• 非证券型代币不受监管 • 证券型代币：代表股权（有权收取股息和有权在公司清盘时参与剩余资产的分配）、债权证（发行人可于指定日期或赎回时向代币持有人偿还投资本金和向他们支付利息）、集体投资计划（发售代币所得的收益是由 ICO 计划营办者作集体管理并投资于不同项目，借此让代币持有人可参与分享有关项目所提供的回报） • 证券型代币进行首次代币发行，就该类数码代币提供交易服务或提供意见，或者管理/推广投资数码代币的基金，均可能构成“受监管活动”。从事“受监管活动”的人士或机构，不论是否位处香港，只要其业务活动是以香港公众为对象，便须获证监会发牌或向证监会注册
数字货币交易	• 许多虚拟资产并不构成“证券”或“期货合约”。此外，管理只投资于不构成“证券”或“期货合约”的虚拟资产的基金不算是《证券及期货条例》所指明的“受规管活动”。同样地，仅就不属于“证券”的定义范围的虚拟资产提供交易服务的平台营运者，亦不受证监会监管 • 证券型数字资产交易需要在 SFC 的监管之下进行 • 交易平台牌照发放：沙盒机制，根据平台在沙盒中的表现考虑是否适合证监会监管，并向符合资格的平台发放牌照并进入下一沙盒阶段，经过至少 12 个月后，虚拟资产交易平台营运者可向证监会申请移除或修改部分发牌条件及退出沙盒。在这阶段施加的发牌条件（与条款及条件）将会如常公开
虚拟资产投资组织者公司	• 投资非证券型：须领有第 1 类受监管活动（证券交易）的牌照，证监会亦对管理这些基金的活动施加发牌条件，借此进行监管 • 投资证券型：须申领第 9 类受监管活动（提供资产管理）的牌照的公司 • 只有拟将所管理的投资组合的 10% 或以上的总资产价值投资于虚拟资产的虚拟资产投资组织者公司，才受证监会监察
税务制度	• 任何人士在香港经营行业、专业或业务，而从中获得于香港产生或得自香港的应税利润，除由出售资本资产所得的利润，均须缴纳利得税。至于某项利润或收益是否须缴纳利得税，税务局须考虑个案的个别事实和情况。《税务条例》有关利得税的条文和法院所订立的相关案例，同样适用于涉及虚拟资产的交易活动

4.6.5 日本的监管分析

随着近几年日本合规区块链项目的蓬勃发展以及交易平台牌照机制的完善，日本在区块链监管领域走在世界的前列，总体上来说是比较支持区块链各种落地应用发展的。但同时日本也规定了商业化用途的区块链场景必须强制登记，受国家监管机构管辖，具体如表4－5所示。

表4－5　日本的监管情况

国家	日本
监管机构	日本金融厅（FSA：Financial Services Agency）
监管法案	•《防止犯罪收益转移法》 • 2017年4月：《支付服务法》，虚拟货币交易机构需注册 • 2017年7月1日：《消费法实行令》，取消比特币消费税 • 2019年5月31日颁布修改后的《支付服务法》和《金融工具交易法》，取消虚拟货币的说法，统一改为加密资产，所有持有加密资产的公司会被认定为加密资产交易所
首次代币发行	• 不禁止、也不违法，2018年3月FSA建立专门研究小组 • 无发行者的虚拟货币和有发行者的虚拟货币受结算法案管辖 • 有发行者并且确定分红的虚拟货币受投资法案管辖
数字货币交易	• 不禁止、不违法，以《支付服务法》监管为主 • 法规强制要求虚拟货币交易机构登记注册
税务制度	• 最初几年，使用比特币消费需要缴纳8%的消费税，后取消 • Nation Tax Agency（NTA）依据Income Tax Act规定：加密资产交易收入被当作杂项收入，在计算个人应纳税所得额时，将杂项收入加到其他收入总额中，不包括规定的资本收入
区块链技术安全	• 暂时没有形成监管体制，日本金融厅监管机构可能会在拖延原则与技术负债原则之间陷入潜在困境

4.6.6 新加坡的监管分析

新加坡对于区块链的监管是比较宽松的，因为新加坡政府倾向于将数字资产视为“货物”而不是“货币”，对首次公开发行、数字资产交易所偏向于柔性监管，提供了豁免资格、服务牌照及沙盒模式等一系列有利于区块链技术发展的措施，但底线是数字资产的性质必须为 Utility 通证并且要对 AML/CTF 有明确的防范措施。可以将新加坡的监管政策简单总结为“坚持底线，拥抱改变”，具体如表 4－6 所示。

表 4－6　　新加坡的监管情况

国家	新加坡
监管机构	• 新加坡金融管理局（Monetary Authority of Singapore，MAS）
监管法案	•《证券和期货条法》（Securities and Futures Act，SFA），对定义为“资本是产品”的虚拟货币进行监管 •《财务顾问法》（Financial Advisers Act，FAA） •《金融科技监管沙盒指南》（FinTech Regulatory Sandbox Guidelines） • 以上都不是专门为区块链领域专门制定的法律，是参考法案
首次代币发行	• 2017 年 11 月，MAS 发布了《数字货币发行指南》，（A Guide To Digital Token Offerings）详细讲述新加坡首次代币发行的具体规范 • 目前新加坡将代币分成三类：应用类、支付类、证券类。应用类不受监管；证券类（STO）适用 SFA；支付类适用《支付服务法案》（PSB，Payment Services Bill）。从事提供任何数字支付代币交易服务或者任何促进数字支付代币交换服务的人必须获得牌照并遵守相关的 AML/CFT 要求
数字货币交易	• MAS 将交易平台分为获批交易所（AE）和 RMO 市场运营商，AE 是指传统交易平台，可以发放数字资产牌照，RMO 则是数字货币交易平台，暂时没有合规牌照 • 支付性代币交易平台（BTC）不受 MAS 监管，但受 PSB 监管 • 沙盒监管模式，MAS 对参与沙盒的项目适度放宽监管 • 数字货币对法币的交易活动不受 MAS 监管
税务制度	• 目前税务政策并没有明确 • 基金会模式有免税政策，只要年底现金没有盈余就不需要纳税 • 如果机构或个人从比特币交易中直接获益，那么就应该缴纳 7% 的增值税；但是如果比特币被当作公司的投资资产用于长期投资，那么获益则不用征税；如果虚拟货币在虚拟的游戏中使用，也不征税

续表

国家	新加坡
区块链技术安全	• 新加坡是大部分区块链项目方选择的落户地，因为其明确的监管态度和宽松的项目注册流程。新加坡政府积极鼓励区块链技术的研究；新加坡国立大学开设区块链课程；新加坡知识产权局（IPOS）加快区块链专利的授予进程

4.6.7 中国大陆的监管分析

中国在数字资产相关的机构服务、金融行为及信息传播方面有着十分严苛的监管政策，因此理论上在中国开展任何与 Virtual Currency（虚拟币）相关的金融业务都是不合规的。但是，浙江大学教授、中国工程院院士陈纯在习总书记讲话后讲解到："我们简单地将区块链商业模式分为商品销售与金融资产发行两种。第一大类，商品销售。不管用户是否购买了区块链链上资产（以下简称"代币"），这种模式中的用户付出法币的目的在于消费（如购买链上存储空间或链下系统开发 BaaS 服务）而非代币升值。第二大类，金融资产发行。这种模式中的用户购买代币只是希望日后能以更高价格卖出，即是出于投资需求，某些情况下此类资产具有证券属性。"这次讲解将数字资产在金融领域（消费、投资）的应用正式放到了监管框架的讨论范围内。在未来，中国监管机构有可能会出台相关监管法案，改变目前"一刀切"的局面。

但是在技术层面，中国比较看重未来区块链技术与人工智能、大数据、5G 相结合带来的潜在效益，因此工业信息部将"区块链技术研究"列入"十三五"计划；互联网信息办公室发布《规定》明确区块链公司开展业务的基准守则，继而在 2019 年公布两批共计 506 个区块链信息服务备案；央行也没有停止在区块链技术上的探索：最近公布的 DC/EP 是央行从 2014 年就开始研究的央行数字货币，在未来真正落地时有可能使用区块链技术；习总书记也在集体学习会议上提出了一些区块链具体应用的场景：

（1）可信体系： 要抓住区块链技术融合、功能拓展、产业细分的契机，发挥区块链在促进数据共享、优化业务流程、降低运营成本、提升协同效率、建设可信体系等方面的作用。

（2）**金融支撑**：要推动区块链和实体经济深度融合，解决中小企业贷款融资难、银行风控难、部门监管难等问题。要利用区块链技术探索数字经济模式创新，为打造便捷高效、公平竞争、稳定透明的营商环境提供动力，为推进供给侧结构性改革、实现各行业供需有效对接提供服务，为加快新旧动能接续转换、推动经济高质量发展提供支撑。

（3）**民生领域**：要探索“区块链+”在民生领域的运用，积极推动区块链技术在教育、就业、养老、精准脱贫、医疗健康、商品防伪、食品安全、公益、社会救助等领域的应用，为人民群众提供更加智能、更加便捷、更加优质的公共服务。

（4）**智慧城市**：要推动区块链底层技术服务和新型智慧城市建设相结合，探索在信息基础设施、智慧交通、能源电力等领域的推广应用，提升城市管理的智能化、精准化水平。

（5）**政务服务**：要利用区块链技术促进城市间在信息、资金、人才、征信等方面更大规模的互联互通，保障生产要素在区域内有序高效流动。要探索利用区块链数据共享模式，实现政务数据跨部门、跨区域共同维护和利用，促进业务协同办理，深化“最多跑一次”改革，为人民群众带来更好的政务服务体验。

专栏 4－1　　央行法定数字货币 DCEP

一、什么是 DCEP

DCEP 是中国人民银行推出的央行法定数字货币（也就是常说的 CB-DC），DCEP 就是中国的 CBDC，全称是 Digital Currency Electronic Payment，是数字货币和电子支付工具。从名字上看，重点在“货币”与“支付”这两个层面。

中国是最早研究央行数字货币的国家之一，2014 年，时任央行行长的周小川便提出构建数字货币的想法，央行也成立了全球最早从事法定数字货币研发的官方机构——央行数字货币研究所，开始研究法定数字货币。

2017年年末，经国务院批准，人民银行组织部分实力雄厚的商业银行和有关机构共同开展数字人民币体系（DC/EP）的研发。

2019年11月28日，央行副行长范一飞出席“第八届中国支付清算论坛”时表示，央行法定数字货币DCEP基本完成顶层设计、标准制定、功能研发、联调测试等工作，下一步将合理选择试点验证地区、场景和服务范围，稳妥推进数字化形态法定货币出台应用。

2020年4月16日，数位银行业内人士表示，数字货币由央行牵头进行，各家银行内部正在就落地场景等进行测试，有的已经在内部用于员工缴纳党费等支付场景。

二、DCEP的主要特点

1. DCEP是M0替代（纸钞的替代）

DCEP并不是发行一种新的货币，而是现有纸钞的替代。它的功能和属性跟纸钞完全一样，只不过它的形态是数字化的。我们对它的定义就是“具有价值特征的数字支付工具”，也就是“不需要账户就能够实现价值转移”。

2. DCEP具有无限法偿性

央行的数字货币属于法币，跟现金一样，是中央银行的负债，由中央银行进行信用担保，具有无限法偿性，就是说你不能拒绝接受DCEP。

我们看到现在私营的支付机构或平台，会设置各种支付壁垒，用微信的地方不能用支付宝，用支付宝的地方不能用微信，但对央行数字货币来说，只要是能使用电子支付的地方，就必须接受央行的数字货币。

3. 央行数字货币的投放模式为“双层运营体系”

所谓的双层运营体系，上层是央行对商业银行，下层是商业银行对公众。央行按照100%准备金制将央行数字货币兑换给商业银行，再由商业银行或商业机构将数字货币兑换给公众。

目前商业银行和其他一些商业机构，在IT基础设施应用和服务体系上，都已经比较成熟了，在金融科技方面也积累了很多经验，人才储备也比较充分。DCEP将充分利用现有的资源，而不是去另起炉灶、重复建设。

4. DCEP可以实现“双离线支付”

既然DCEP是纸钞的替代，它也支持传统的纸币支付模式，即不需要网络就能支付，我们叫做“双离线支付”，是指收支双方都离线，也能进行支付。只要你手机有电，哪怕整个网络都断了也可以实现支付。

5. DCEP不预设技术路线

在技术的选择上，央行不预设技术路线，所以也就不会强制采用区块链技术。按照目前的设计，由于央行数字货币将主要应用于小额零售高频场景，所以最为关键的就是满足高并发需求。根据央行官员透露的消息，定位于M0替代的央行数字货币交易系统的性能至少在30万笔/秒以上的水平。这种性能要求，当前的区块链系统很少能够达到。当然，这也不意味着区块链技术就无法运用于央行数字货币系统。

因为目前央行层面属于技术中性，这就意味着央行不会干预商业银行和商业机构的技术选择。无论下层选用区块链分布式账本技术，还是传统账户体系，央行都能接受并适应。指定运营机构可以采取不同的技术路线做相关研发，谁的路线好，谁就会最终被老百姓接受、被市场接受，谁就会最终跑赢比赛，这是一个“市场竞争选优的过程”。

三、DCEP与同类产品对比

1. 与纸币的对比

纸币的持有与交易匿名，不好追踪；DCEP安全相对匿名，不容易被追踪，通过对交易特征的分析来识别洗钱等非法交易。

纸币数量大，不好清点与携带；DECP方便清点、方便携带。

纸币持有不需要开户；DCEP会进行分级KYC并设置限额，小额交易可能不需要开立实名钱包。

2. 与区块链加密资产（如BTC）对比

BTC是去中心化体系，无信用背书；DCEP由央行发行，由国家信用背书。

BTC在很多国家被承认为商品，买卖需要交税；DCEP是法定货币。

BTC是基于区块链技术实现；而DCEP采用的是一种混合技术架构，不排斥也不仅仅使用区块链技术。

3. 与微信、支付宝对比

DCEP属于M0，微信、支付宝属于M1或M2领域。

微信、支付宝使用商业银行存款货币进行结算，DCEP使用央行货币进行结算。商业银行不如央行稳定，如果破产后存在银行的钱就成了“债券”，需要在破产清算后，按“债券”比例进行赔付成真正的法币。而DCEP本身就是法币，不具有此风险。

微信、支付宝采用互联网支付；DCEP不仅支持互联网支付，同时还支持双离线支付。

5.

区块链众创：从大众创业到小众创业

后互联网时代，创业已经从大众创业迈向小众创业。面临中国政府强监管的区块链项目如何取得种子融资？区块链众创九步法：从项目定位到项目退出如何操作？区块链融资真的让创业变得更容易了吗？

20 世纪 80 年代，美国著名未来学家托夫勒曾在《第三次浪潮》中预言：我们正处在一个新文明的浪潮之中，第一次浪潮为农业阶段，历时数千年；第二次浪潮为工业阶段，历时数百年；而第三次浪潮为信息化阶段，是过去的 60 年的时间。

第一次浪潮是农业革命，人类从原始渔猎时代进入以农业为基础的文明社会，并历经千年，直到工业革命的到来。

第二次浪潮是工业阶段，渗透社会生活的方方面面：技术领域突飞猛进发展，变革新的组织，农业社会的大家庭职能转移，家庭不再是共同劳动的经济单元，农业社会的大家庭结构变成了人口简单、流动性强的现代化小家庭。而学校在为儿童成长起来之后进入工厂、公司提供准备，所以在提供知识储备的同时也在训练他们守时、服从和重复。“小家庭、工厂式的学校和大公司，三者构成了第二次浪潮中鲜明的核心社会结构”。

第三次浪潮是信息化阶段，在这场足以与文明轴心时代和文艺复兴相提并论的重大文明转折时期的伟大变革中，信息革命改变了人与人之间交往的方式、人与物之间运作的方式，深刻改变原来的经济社会甚至政治的运作方式。第三次浪潮涌现出一批伟大的公司，比如滴滴出行，短短 7 年便成为市值超 700 亿美元的巨无霸公司，对所到之处的出租车行业产生了极大的冲击。滴滴自己并不持有车辆，而是通过更好地链接出行用户与司机，从而大大提高了出行的效率，而且解决了城市出行高峰和低谷期间按照通常方式无法解决的要么闲置、要么不足的矛盾。

目前，第四次浪潮扑面而来，作为互联网的后时代，区块链技术正在重塑我们的社会，它不仅仅是技术，更是生产关系的重构，是对每一个人价值的解放，在这次浪潮中即将涌现一大批具有史诗级的公司。

从社会发展的角度来看，人类社会试图通过国家的法律，结合宗亲的道德或者宗教的信仰来解决整个社会的信任问题，但信息互联网的到来，特别是人工智能的发展，导致作假越来越容易，人类面临前所未有的信任危机。应时代的需要，随着区块链的诞生，陌生人之间通过机器重新建立新的信任，陌生是因为之前没有交集，信任是因为没有作假。

我们正在通过信息革命，回归到一个更广泛意义上的熟人社会。这些熟人不是因为乡缘和血缘而熟悉的，而是通过在网上的重新链接而熟悉的，是通过兴趣、事件等聚集在一起的。由于信息网络传播的便捷性，找到同类或者合适的合作伙伴的可能性大大增加。信息时代不能解决的问题在区块链时代完全解决，我可能不信任你，但我信任代码，“Code is Law”，区块链解决了信任问题，这正是区块链的魅力所在！

区块链所释放出来的是整个金融体系创新的力量。

金融体系对于经济发展的重要性自不待言，它给经济发展中投资和融资的需求提供了信用，实现不同期间、不同对象之间的匹配。在传统意义上，无论是间接融资还是直接融资都有追求规模效益的冲动，因为对于它们来说，这样的回报最高。

而相比较起来，中小投资人面对专业大机构没有什么话语权，不专业，没有专门的时间参与，没有足够的信息渠道等等，这些都是劣势。

所以中小投资者没有更好的选择，只能把钱交给专业机构，再由专业机构去选择更合适的投资对象。这里面不但他们管理成本高企，而且配置的效果也难以惠及更大的范围。就像长尾效应一样，这些资本哪怕都来自于中小投资人，也注定要去追求市场前端 20% 的项目，那些中小投资的项目得不到关注。

但是当区块链众创的因素加入进来的时候，格局就完全不同了。在中国，它不像 ICO、IEO、STO 没有法律规定或被禁止，它是在合法的前提下通过技术让融资变得更容易，更重要的是通过区块链技术，运用通证将投资人、运营者和消费者打通，实现“用者拥有”的伟大使命。

中小投资人可以通过区块链众创项目去发现自己能够投资的项目，中小企业可以通过这种方式去找到自己想要的投资。也就是说，在一个区块链社会里，通过通证的方式，能够打通运营者、消费者和投资人，每个人都是资本家，每个人都是消费者，每个人都有可能是运营者。这将是一个技术建立信任的社会。

而任何一个行业的新创企业，不管对手们多么强大，市场占有率多么高，只要真正找到了一个哪怕很小的小众人群，拥有共同的使命和共识，就解决了他们最核心的需要，让每一个人成为拥有者，就可以活得很好，而一旦能够活下来，就具备了做大做强的可能性。

不是再通过一个服务者去满足所有用户的需求，而是制造了一个共识，在服务者的自组织下，让拥户相互满足需求，这种三位一体的模式创新爆发出来的能量是惊人的，当今的创业环境进入了新的时代。

区块链众创是在区块链的大背景下，结合新的模式创新和对于人性的深刻把握，总结出来的新方法，无论对于新创企业，还是传统企业的变革，都有极为深远的意义。

改革开放以来，中国已经经历了4次创业浪潮。创业1.0：20世纪80年代，改革开放松绑了制度，释放出积压已久的巨大创业能量，掀起了一股“农民创业”的浪潮；创业2.0：1992年，邓小平视察南方发表重要讲话之后，开启了以体制内精英人群“下海”为特征的“官员创业”浪潮；创业3.0：20世纪90年代末，全球范围内互联网的快速发展，又在国内催生了一轮以互联网行业为主的“精英创业”浪潮；创业4.0：当时间推进到2014年，在中国经济社会发展转型的大背景下，在政府部门的大力倡导之下，神州大地新一轮的“大众创业”浪潮已经接近尾声。从农民创业、官员创业、精英创业到大众创业，中国人民通过自己的智慧、创新和勇敢一次又一次地改变我们的社会，推动中国的经济腾飞。2020年，新的甲子元年，新一轮的创业即将开启，区别于前面四个时代的创业，创业从大众走向小众，我们称之为“小众创业”：集农民创业的勇气、官员创业的资源、精英创业的智慧和大众创业的政策四维一身，这一次，聚集了每个时代的优势，用技术迸发出无穷的力量。

今天的中国，正处于经济社会发展转型的大变革时期，原有的经济模式面临着根本意义上的转变升级。著名经济学家吴敬琏指出：改革尚在半途！这既是一个最好的时代，也是一个最坏的时代，这个时代，我们拥有未有的技术、政策和财富，而另外一方面，垄断者把持核心资源，富者愈富，创业环境变得更加困难。

创业并不容易，政府的支持改变了外在的环境，而在内部因素上，仍旧存在三大瓶颈：没钱！没人！没资源！创业公司除了融资难、融资贵，还存在多方面的发展瓶颈：缺人才、缺技术、缺经验、缺客户、缺品牌、缺营销……这些瓶颈导致大部分创业企业不可避免地走向失败。一般来说，创业企业失败率在70%以上，平均寿命不足3年，大学生创业成功率低于5%。这一现象并非中国独有，欧美国家的创业失败率也很高。

创业太难！创业太累！创业太辛苦！创业曾让多少满怀激情的人一败涂地、铩羽而归，又曾让多少怀揣梦想的人心存顾忌、止步不前……时代呼唤和历史机遇下，如何破解创业失败率高的魔咒，已经成为摆在所有人面前的历史难题。

区块链众创，在当前给出了一个可供选择的答案。

起源于美国的基于互联网平台的众筹模式，在国外兴起仅有十多年时间。引入中国后，形成了一股学习和尝试的热潮，在中国这片商业热土上不断演变生长。中国传统金融体系的改良式变化也在一定程度上纾解了中小企业融资难、融资贵的问题。中国的区块链行业发展始于2012年，区块链行业主要是从算力基础设施、数字货币发展衍生到区块链的一些具体应用，如智能合约、融资、票据方面的应用等。2014年11月19日，李克强总理主持召开了国务院常务会议，在会上指出“建立资本市场小额再融资快速机制，开展股权众筹融资试点”，从而正式肯定了股权区块链众创的重要意义。2016年，区块链在中国迎来了前所未有的推崇。2016年10月，工信部发布了官方指导性文件——《中国区块链技术和应用发展白皮书》，深圳、杭州、苏州、贵阳等地相继成立区块链实验基地，区块链成为国家重点布局的项目。在2016～2019年间，国家不断出台支持区块链行业发展的各项政策，鼓励区块链技术在各行业进行应用。区块链已经作为一项被写入了“十三五”规划的技术，相信在将来的3～5年之内还会有持续的政策扶持，国家政策频发为区块链行业的发展提供了充足的动能，使区块链众创在中国的发展迎来了新的历史机遇。

西方的众筹模式因为难以突破融资额太小、营销目的强、陌生人风险大、股权区块链众创存在法律瓶颈等问题或偏差，在引入中国后，由于中国独特的文化基因和法治环境，发生了一些分化和变异。例如，最早将众筹概念引入中国的“点名时间”，后来转型为智能产品的首发平台，采用“预售+团购”模式，不再标榜众筹。

然而，同样是中国特殊的文化土壤和制度环境，却孕育和产生了以北大1898咖啡馆为发端的具有本土原创性和颠覆性的新众筹模式。这种以筹人为核心的商业模式，超越了融资手段，回归了众筹本质，深刻体现了费孝通先生提出的解释中国人组织行为逻辑的“差序格局”概念，体现了中国“熟人社会”中，重视人脉圈子、追求自我管理的文化特征和思维方式，北京大学杨勇称之为中国式众筹。

区块链众创通过技术的力量解决了融资的底层基础——信任和法治，也继承了中国式众筹的实战操作性、逻辑自洽性和完整的方法论体系，实操效果独树一帜，真正体现了区块链时代的核心——平等、共享、开放、多中心、网络化、自组织，具有极强的标杆意义和广阔的想象空间。

区块链众创糅合了中国式众筹和西方式众筹两种模式的核心特征，具体如表5-1所示。通过区块链技术，众筹回归到本质，“有钱出钱，没钱出力”，有钱的成为股东，没钱的成为通证的拥有者，让知识、资源、渠道、金钱都演化成平台的能量。每一分付出都得到回报，改变了中国式众筹往往门槛过高、贡献过少的问题，核心是通过通证将高成本的外部交易变为低成本甚至零成本的内部合作，既解决钱，又解决力。

表5-1　　西方式众筹、中国式众筹和区块链众创的区别

	西方式众筹	中国式众筹	区块链众创
人群	陌生人	熟人	熟人+陌生人
人数	不限	200人以内	股权50人以内
对象	非特定对象	特定对象	特定对象
股权	登记股权	登记股权或代持	登记股权
通证	无	无	有
记账	无在线记账	无在线记账	区块链记账

续表

	西方式众筹	中国式众筹	区块链众创
治理	弱	弱	强治理
方式	线上	线下互动	线上+线下
目标	筹资	筹资+筹智	筹资+筹智+筹力
固定回报	不承诺	不承诺	不承诺
冷静期	无	有	有
运营	无	有，但不及时汇报	有，且实时汇报
收入	不公开	不公开	公开

在当代中国商业社会的发展进程中，作为中国式众筹的开山之作和演化原型，2013 年 10 月 18 日 1898 咖啡馆的诞生注定是一个具有重大颠覆性创新意义的商业事件，这种“中国合伙人”模式成为现实。区块链众创的内在逻辑结合了中国和西方的创业创新模式，能够大大提高创业成功率，从而开启了一个创业新时代！

在区块链时代，通过区块链众创的创业方式，投资者、生产者、消费者合而为一，打破传统创业瓶颈，快速拼接优质资源，实现企业的跨越式发展。这一阶段我们称为创业 5.0 时代。

专栏 5-1　区块链创业需要避开这几个“坑”

虽然区块链行业引领着未来，但目前仍是混乱和复杂的，每一天都会有新的东西冒出来，而且由于去中心化的属性，每个人都可以自由地推出自己的产品，把自己的想法落地。

但真正好的想法非常少，一般需要长时间的思考以及沉淀。一个好的创始人会预见哪些事情会迅速爆发，什么会导致失败，而大部分的人都是在没有深度研究和思考的情况下，奔向社交网络、VR、P2P 等迷宫的入口，对行业的过去、现状及未来演变没有特别深刻的理解。

当你在思考的时候，一个建议是从预想两年后行业会发生的变化开始思考。几年后，推动新产品的需求会是什么样的？未来市场会怎么变？你当下的想法，是否符合未来的走向。这里我可能提供不了完全正确的想法，但下面这几种做法是我不太看好的：

1. 稳定币

新的法币型稳定币：除非你是 Facebook、摩根大通，否则目前的稳定币已经太多了，就算 Tether 破产了，也马上有各种合规的稳定币跟上。研发去中心化稳定币（数字资产抵押、算法等）目前为时已晚，而且目前去中心化稳定币并没有展现出足够多的用户需求，主力的投资用户很明显只需要一种稳定币，他们也鲜有稳定币切换的需求。

2. 公链

跟比特币竞争，这已经不是技术范畴的事情了，比特币就是“爸爸”，所以谁说想做技术更优秀的比特币，抱歉，你恐怕无能为力。同时，跟以太坊竞争的窗口正在逐渐关闭，目前已经出现了十余个以太坊的有力竞争对手，除非你有更好的技术和更多的钱（这基本也是不可能的），不然这个赛道有点拥挤，竞争压力非常大。

3. 区块链领域的 X

X 可以是广告、石油等等。这跟当年很多人想做 XX 领域的 Uber，给 XX 领域做社交网络一样不太靠谱，这些想法都没办法解决实际行业面临的问题，尤其是那些想用通证经济解决所有问题的想法。

很多人还对区块链技术抱有不切实际的幻想，在这里我必须说明一点，区块链最初是为了解决去中心化货币的问题而发明的，在其发展过程中，包括我在内的很多人，都曾幻想这个技术可以解决很多资源协调分配的问题。

但到目前为止，这些想法看上去是不切实际的，因为只有在极少数领域，资源分配这事可以完全依靠技术去解决。试图让一个零散的、信息流通效率低下的系统，通过区块链技术马上提高效率、改变行业，这样的想法太过天真，这样想的人通常都没有充分理解这个领域的参与者为何不进行协调和合作。很多希望用区块链改变某个领域的玩家，都在希望行业里的人按照同一个数据标准来进行活动，而这一点与区块链的独特属性其实并没有任何关系，且由于很多原因根本无法做到。

原本你认为行业有14个标准，这很低效甚至有点荒唐，于是想要做一个标准去统一，但结局通常是，行业的标准变成了15个。全球性、不需要任何人许可、可编程的货币系统就是最大的创新，它是我们创建区块链做的第一件事，直到现在它仍旧是我们使用这项技术可以做的唯一从根本上创新的事情。

我鼓励想要创业的人朝这个方向探索，因为它是行业创新的基础。

4. 为不存在的客户做产品

也有很多人抱着这种想法，但这很难，这就好比你没有办法在发明iPhone之前构建ios应用。举个例子是，很多人希望给财富500强的公司提供区块链产品和服务，是的，他们确实没怎么用这项技术，但他们都有自己的创新实验室，区块链可能是他们实验室里的玩具。目前而言，区块链技术对很多大公司仍是一句时髦的流行语，它会让内部一些想要创新的人兴奋不已，但距离真正做商业决策的人去用它，还需要很长的基础架构过渡。

所以不要一开始就指望拿到大公司订单，他们可能是你5~10年后的客户。这里你可能会不服，认为加密货币终将改变世界，我去找他们是在为未来奋斗。但现实是，现在存在的加密公司，都在当下做出了有人需要的产品和服务，这些人可能是密码朋克、数字货币交易者等等。

所以不要陷入未来用户的陷阱，押注未来的最佳方法是找到一群会持续增长的客户，而不是想象一个目前不存在的群体，然后想象他们的偏好，等待他们的出现。否则，你将会陷入无休止的无反馈工作。

5. 给资深人士做产品

这也是很多人容易陷入的误区，很多时候，你会做出一款资深人士都拍手叫好的产品，但就是没办法增长，你想象的KOL用了都说好、其他人马上就来用的场景并没有发生，这是很正常的，通常情况下，资深人士的需求跟真实用户的需求往往完全不同。

不要假想你的用户都是跟你一样的密码朋克，大部分的用户对于加密货币的了解仅限于交易所，他们根本不关心你的去中心化程度，给他们最好的用户体验和赚钱效应可能是增长的最佳解药。

6. 在监管不友好的地区开公司

监管是这个行业绕不开的问题，如果你要做全球产品，新加坡、瑞士、中国香港都是不错的地方，如果你在纽约，除了昂贵的租金和人力成本，监管也会时时刻刻盯着你。当然，这并不意味在纽约没有办法成功，如果你在做交易所、DeFi 或者做跨国业务，复杂的监管是你不得不考虑的问题。但不要害怕监管，监管可能是障碍，但一旦你跨过去，它是你未来强大的护城河。

最后，我的这些观点不一定 100% 正确，我很乐于看到有人打破这些观点，做出激动人心的产品。

资料来源：本文节选于 Dragonfly Capital 合伙人 Haseeb Qureshi 的文章 So You Want Build A Crypto Startup，编译：风答。

5.1　区块链众创第一步：项目定位

区块链众创，我们称之为“基于区块链技术为支撑的实体经济项目，通过非公开、定向的筹资，并通过通证、消费等来激励投资人投入时间、资源、智慧的过程，实现项目预期发展目标”。这里面有三个要点：第一是项目是以区块链技术为支撑的实体项目，无论是什么场景，都需要以实体经济为依托，都需要以区块链技术为基础；二是非公开、定向的筹资，这是目的，通过持股平台或者代持等方式，以熟人及熟人的熟人为基础，对象积累不可超过 200 人；三是通过股权和通证相结合的激励来实现筹资等目标；四是实现项目预期发展目标，推动项目本身发展，推动人类文明发展。

区块链众创与集资有本质差别：集资是用大家的钱办自己的事，区块链众创是用大家的钱办大家的事。区块链众创也与美国的陌生人区块链众创模式不同，现在国内很多网上众筹学的都是陌生人众筹模式。陌生人众筹在西方比较简单，因为西方有很好的契约精神、很好的法律制度，有问题，大家找律师。但中国人契约精神有待提升，所以必须以熟人的信任为基础，以技术的力量为支撑，区块链众创也是从熟人开始，通过区块链技术等方式来建立信任，从而将西方式众筹和中国式众筹模式的优缺点结合起来。

那么，如何做好区块链众创项目呢？区块链众创最关键的是既要筹到钱，又要筹到人，即“有钱出钱、无钱出力”。

5.1.1 项目的使命、愿景和核心价值观

做区块链众创，首先要想清楚这三个主题词，一是使命：我们为什么要凑在一起？二是愿景：三五年后的未来是什么样子？三是核心价值观：为了实现使命和愿景，大家必须一起坚守的理念是什么？区块链众创作为一个新生事物，很多人对它充满期待和好奇，但却缺乏了解，容易头脑发热、一拥而上。好的区块链项目一定有一个明确的使命和愿景，一句话就能说清楚大家在一起做什么。千万不要把区块链众创变成凑热闹，没有长期且共同的目标，这样的一伙人凑在一起是没有未来的。

因此，核心发起人要多想一想：未来三五年大家还能否在一起？区块链项目能够给大家带来哪些改变？大家在一起做事的底线是什么？

区块链众创要凝聚一批能够为项目发展提供资源、技术、能力、消费的人，只有定位清晰，才能精准地找到符合项目发展需要的投资人。但是，一群精英聚在一起很容易头脑发热，自认为集体力量足够大，大家一起能做很多大事，被无限的“想象空间”所迷惑，从而偏离了区块链项目的初衷和主旨。这很容易导致区块链众创的失败。那些项目定位之外的“想象空间”是顺其自然的，不是融资的主题，也不是大家参与区块链项目的初衷，所以一定要在初创期把边界和底线说清楚。

5.1.2　基于项目定位做详细的资源盘点

围绕项目定位，详细梳理项目资源需求，为筛选股东提供依据。区块链众创的逻辑是把项目所需要的资源、技术、能力、消费提前锁定为股东，这就需要基于项目定位做详细的资源盘点。

以“易养链”为例，它是根据易养链未来发展方向来发现资源需求，重点匹配了养老、老年大学、银行、互联网、技术等领域的资深人士作为股东，包括以下四种类型：

资源型投资人：自身业态符合养老业态，可将资源融入本项目；

功能型投资人：各专业领域的资深人士，能够为项目赋能；

消费型投资人：本人或家属有养老需求、要求的人；

财务型投资人：看好养老行业，并愿意从践行中深刻了解养老行业。

5.1.3　力争做成细分领域 NO. 1

区块链众创项目要做到有亮点、能出彩，努力打造成细分领域的 NO. 1，要让股东有荣誉感，可以出去炫耀——“我是某某（区块链众创项目）的股东”。做到某细分领域的 NO. 1 并不是一件难以想象的事，关键是要深挖特色、坚持创新。

目前，在中国区块链应用项目还刚刚起步，在很多领域都是空白，找到细分领域不是一个难事。比如，易养链是中国第一家区块链养老生态，见吾出新是中国第一家区块链 F2C 体验式电商生态等等。项目能激发股东积极参与其中，让他们感觉有自豪感和使命感，更重要的是，项目所处的细分领域往往是蓝海，竞争对手还没有进来。

5.2 区块链众创第二步：模式设计

5.2.1 明确融资类型和具体操作模式

区块链众创项目是要打造新型社会组织和社交平台（不以财务回报为第一目标）还是股权区块链众创（以财务回报为首要目标）？不同的区块链众创类别，关系到操作模式、股东选择、回报机制等一系列问题，应结合项目自身的定位和特征，在项目前期尽早明确。

圈子社交型的区块链众创，聚焦在高品质、强合作的资源人脉圈子，是不以经营利润作为股东财务回报目标的。作为一个社交平台，股份均等、参与感强、交易机会多、成本低，效果才最好。这种模式最适合对传统的 NGO 组织（如行业协会、校友会、商会、俱乐部、家族等）进行改造。

区块链众创，一方面特别适用于能够为出资人提供有吸引力的财务回报的项目，另一方面它强调出资者与项目优势互补。例如见吾出新项目，零售服务的毛利本来就很高，而且见吾出新有上市的计划，利用区块链众创能够进一步降低风险，加快扩张速度；易养链与见吾出新的股权融资，在出资人内部采用均等出资、股权相同的方式同样会形成一个有价值的人脉圈子。

5.2.2 项目前期重在方案设计

区块链项目初期问题较多、不确定性较大、需要的磨合时间较长，首先需要形成一个初步的方案。联想公司有句名言："撒上一层土，夯实了；再撒上一层土，再夯实了；然后，撒丫子跑"。拿来概括区块链众创的培育过程非常贴切，要不断地通过在融资过程中持续地优化区块链项目方案。因为国内真正做区块链项目的专业服务团队并不多，因此，找到专业且合适的咨询服务团队，愿意和项目共同成长很关键。

首先，要建设一个核心团队，经过几轮的沟通，使成员对于区块链众创的认识到位，并彼此间形成共识，然后扩大核心人数，再沟通，再形成共识，然后进入快速发展阶段。

为什么要“有书面方案”呢？因为有了书面方案就可以清晰地展示方案内容，大家持续地提出问题，不断完善方案，看似是降低了效率，实际上是在不断地打磨项目，让更多的人参与到项目的设计中。

在这一阶段适时建立微信群便于透明沟通，通过提出一些粗略想法让目标股东参与互动研讨，达成基本共识，形成价值观认同，在此基础上自然会逐渐优化。集中智慧完善细节的过程就是自我教育和项目营销的过程，同时也是筛选股东和挖掘股东资源的过程。

5.2.3 通过超值回报吸引有资源的投资人

提供超值回报“大礼包”可以充分吸引有资源的出资人参与，为项目多作贡献。区块链众创的核心关注点在筹资之外——能凝聚多少对项目有帮助的资源和人脉。回报大礼包，一般包含两个方面的内容：一是股权收益，主要体现在股权分红、融资上市等方面；二是通证收益，主要体现在通证的赠送，以及通证在平台现在和未来的价值；三是项目自身生产的产品或提供的服务，采用低价或免费的方式提供给股东作为回报。

5.3 区块链众创第三步：股东甄选

5.3.1 找好牵头人及形成核心

项目牵头人对于区块链众创项目的成败至关重要。牵头人需要付出更多的精力推动项目开展，最好是由熟悉项目相关领域、有一定威望、愿意为大家作贡献的业内精英担任。牵头人召集的第一批核心发起人（一般 5 ~ 10

人），应是牵头人认识5年以上的熟悉的朋友，强调不熟不做。第一批人的情况直接关系到区块链众创的成败，其中关键是他们的核心价值观要一致。第一批发起人通过几次小范围的讨论，形成一些基本共识和原则后，就可以采取推荐制分头发展股东了。这个阶段的推进不要大张旗鼓，要悄悄进行，保持神秘感。因为项目前期不确定性大，私下接触潜在出资人，便于各个击破，即使不成功也不会有压力和负面影响。同时，悄悄进行也避免了许多人情因素，保证了项目健康发展，待前期规则确定后，按规则办事，用区块链技术将规则形成智能合约，人情压力就大大减小了。

5.3.2 确定股东甄选的标准和维度

股东结构要尽可能多元化。根据项目主题定位，从匹配资源和打造生态圈的角度，提炼出选择股东的具体标准和维度，如行业、学校、专业、经验、人脉、知名度、职务、年龄、地域等，目的是找到合适的人，提前锁定项目未来发展所需要的资源。股东中，要由在业内有影响力的大佬来举大旗，这样会吸引其他有实力的股东跟进，对项目品牌的宣传也很有帮助；也要有能提供专业智慧和人脉资源的中坚力量，这部分人大概占70%~80%，他们能为圈子贡献活力；还要有少量年轻优秀、执行力强、能操作落地多干活的“80后”和“90后”年轻股东。无论是大佬还是年轻人，大家身份都是平等的，都要从自己的优势出发为项目和股东圈子贡献力量。选股东要严格、谨慎，目的是放大圈子价值、增加合作机会。那些可能索取多、贡献少的股东，例如中介机构、咨询机构等方面的股东，人数一定要降到最低，否则会影响组织的良性运转。

为了围绕创业主题形成高效的资源平台和生态圈，例如易养链从专业、行业、年龄、企业发展阶段等维度上对股东进行结构布局和优化。50个名额看似很多，但按照几个维度划分后会发现名额非常稀缺。

从参与者特征看，主要聚焦以下人群：处于事业发展期，有实现更大发展的强烈动机；愿意分享，需要广交朋友拓展人脉圈子；乐意参与公司活动，希望与公司互动合作。尽量剔除事业发展处于非常稳定状态、缺乏进取心、只出钱不参与互动分享的人。

5.3.3 功利法则：推荐制让前面的人决定后面的人

“选股东要功利”，即要找对项目最有价值的人。通过微信群的讨论和线下说明会，形成治理委员会、执委会、秘书处，建立议事规则和工作组，然后甄选股东。发展股东的原则是“先入为主”，就是要让前面的人决定后面的人，必须有前面股东的推荐才有申请股东的资格，是否能成为股东还要经过执委会投票表决；执委会代表整个股东共同体的利益，考察申请人对圈子的价值，决定是否准入。这种双向选择机制保证了进入圈子的都是优质资源，有互动合作价值。

选股东不能给钱就要。首先，要看备选人是不是符合项目定位的股东架构需求，不是有钱有名有地位就可以；其次，推荐人是谁，背景如何，推荐人靠谱，备选人也就更加可靠；最后，也是很多人容易忽略的一点，股东一起做事，氛围特别重要。股东里有一两个特别令人不舒服的人，气氛一定非常糟糕，所以在选人时，特别找事儿的人一定不要。有一种开玩笑的说法，找股东就要找好欺负、有肚量的人。

要明确股东是一次募齐，还是分批招募，如分批则要逐批溢价，即相同股份的入资额度要按批次递增，以体现前期风险和贡献。例如，易养链第一批股价 5 万元，第二批 6 万元，但股份均等，股东权利完全一样。

把握好股东甄选的节奏，通过层层推荐背书发展靠谱的股东。做区块链众创并不是由牵头人一个人去找一两百个人，而是通过层层发展的方式，我们概括为“股东五步曲”。

第一步，牵头人找 4 个熟悉、靠谱、有共同价值观的朋友，作为共同发起人，股东变成 5 个人。

第二步，每个人再推荐 3 个人，股东规模变成 20 人。

第三步，每个人再推荐一两个人，变成 50 人；确定了 50 位发起人，预计筹资额基本能够覆盖前期场地租金、装修、人员等各项成本，前期磨合较充分，项目基本可考虑收钱启动。这样，区块链众创目标完成！

采用内部人推荐的方式有很多好处。首先，层层推荐使每个发起人都成为圈子中的一个网络节点，每一个参与者都有熟人背书，从而形成紧密的、容易互动合作的价值网。其次，要推荐人加入就需要向对方说清楚这一模式，这本身就是自我思考、自我教育和说服他人的过程，要使申请人真正理解和认同这一模式，这样参与进来的效果会更好。再次，能够推荐有实力的人参与，在一定程度上证明了推荐人的实力、影响力和号召力，保证了圈子的品质，有利于区块链众创组织未来的健康发展。

需要注意的是，为达到多元化和力量平衡的效果，一般每位发起人推荐的人数不宜超过 10 人。

5.4　区块链众创第四步：治理结构

5.4.1　建立治理结构保证决策效率

根据股东人数、财务成本、法律规范等情况，确定组织形式。一般来说，股东不足 50 人可成立有限责任公司；超过 50 人、不足 200 人可成立股份有限公司或通过其他法律许可的交易结构；为避免流程复杂及考虑到税收问题，在股东之间信任度高的情况下，也可考虑代持形式或者通过设立有限责任公司作为持股平台。如成立公司，须产生治理委员会、执行委员会、总经理等核心团队；如不成立公司，可同样设立类似上述的虚拟机构负责日常事务，提高决策效率。

要制定简明的议事规则，例如什么情况由执委会决定，什么情况在治理委员会讨论等。例如，易养链拟定日常重大事务都由执委会讨论决定。同时，为了发挥股东们参与互动和贡献价值的积极性，可以多设置一些专业委员会，如财务委员会、投资委员会、技术委员会、营销委员会等，要求所有股东根据自己的专长至少参加一个委员会。易养链、见吾等项目拟定通过这种方式来增强股东的参与感，提升圈子活力的。

5.4.2 独特双层架构满足不同层面核心诉求

治理委员会要设立专门服务股东的秘书处。与传统公司制相类似的是，区块链组织设置治理委员会、执委会和管理团队。治理委员会初期由所有股东组成，执委会由多位较有威望的股东兼职组成，是整个组织的最高权力机构。公司的日常经营管理和重大事务都由执委会作出决定。执委由股东选举产生，任期 3 年，可连任两届；需要付出必要的时间和精力，参与公司运营事务。监事会也由部分有威望的股东兼职组成，负责整个公司事务的监督管理。

专职的职业经理人团队专注于公司的经营管理，对执委会和董事会负责。公司经营并不是股东关注的核心，由执委会及其代表轮值主席对接管理团队，并对管理团队提出很高的要求，这与公司的绩效要求是一样的。

与传统公司不同的是，区块链组织单独设立了秘书处。秘书处由专职和兼职人员共同组成，其核心职能就是为股东服务，帮股东拉单子，促进股东之间的合作，协助股东开展活动，推动股东的事业发展。

区块链众创模式的核心是形成一个高效互动的有价值的圈子，这种治理结构设计，既保证了对股东核心诉求的满足，又对职业经理人团队的经营业绩提出了严格要求，从而形成健康可持续的运行机制。

5.5 区块链众创第五步：签约入资

5.5.1 入资前形成完善的法律文案和财务制度

做区块链众创，一定要注意法律和财务不要出现问题，专业人士一定要尽早介入评估潜在风险和可行性。比较好的方式是在出资人中匹配法律、财务或投行专家。例如，易养链等项目中都有资深专业律师参与，所有相关的法律文案都由律师股东组成工作组主动、免费提供服务。由于区块链众创涉及的人比较多，工作组考虑问题会非常详细和谨慎，法律文件也要全面、细致。

治理结构形成后，有投行、法律背景的股东形成合同起草小组，着力推进法律文案的谈判、协商与敲定。从更加规范的、避免隐患的角度讲，法律文案应包括：有限合伙公司注册的相关文件；合伙人内部的融资协议、组织机构建立、治理委员会、执行委员会、监事委员会等人选确定等重大事项的集体决议，如有代持还需要代持协议。这些协议一般需要所有合伙人共同签署。另外，还有合伙公司或代持人与项目发起方之间的合作协议等。法律文案要尽量专业、规范和详尽。

5.2.2 签约入资之前应消除所有潜在的问题

以实际出资为节点，前期要慢慢磨合释放风险，出资后要快速推进。出资和没有出资，大家的心态是不一样的。没有出资，怎么讨论大家都没有心理负担；出资以后，发起人和项目操作团队就面临巨大的心理压力。因此，出资之前要反复磨合降低风险，使这些准出资人在主要问题上都达成共识。

区块链众创项目股东比较多，财务上应更加规范。执委或董事可随时查账，过问经营问题，将全部的财务数据上链，股东们可利用自己的密钥随时查阅并提出自己的建议和疑问。董事会办公室每年或每半年给股东一份财务报表，股东如对具体账目有异议，可委托执委查账或内部审计。规范透明的财务可给大家信心，避免内部分歧和不必要的摩擦。

5.2.3 确定出资额的考量因素与技巧

做区块链众创项目，筹资总额要达到年运营成本的 3 倍以上，才能保证 3 年内不会倒闭。储备资金多就能扛过风险最大的早期阶段。如果募资不多，经营压力大，会影响项目可持续性和股东信心。

确定每位股东出资额多少是很有讲究的。对于企业家来说，如果定价低了，对他就没有任何黏性；定价高了，他才会天天惦记着公司是不是赚钱。所以，一般定价的标准是针对目标人群，找到他的平衡点。

定价太低的区块链众创项目为什么做不起来呢？因为大家的兴趣点太多了，今天这个聊得特别投趣，第二天听到其他好东西，兴趣马上转移了。如果他出了 30 万 ~50 万元的话，就被“锁定”了，因为这笔钱他不愿损失，兴趣就不会转移那么快，组织就更健康。

5.6 区块链众创第六步：圈子激活

5.6.1 制定大家愿意响应的游戏规则持续互动

敢于“折腾”股东，通过游戏规则调动股东积极性，使他们持续投入时间和资源。例如，易养链制定了联席 CEO 制度，每个股东每年都有一天来公司体验，作为联席 CEO 为公司发展贡献智慧，为了调动大家手中的资源为项目作贡献，激发出资人的参与感、归属感和荣誉感。股东投入时间越多，对项目和圈子就越有感情，项目的黏性就越强，对股东的价值也就越大。

借鉴中国式众筹模式，1898 咖啡馆采用股东值班制要求每位股东每年要在咖啡馆值一天班，上午当服务员，下午约朋友聚会聊天，晚上办一场活动。让老板去端盘子做服务生，他们反而觉得很有意思，而且在这一天他们可以把平时联系少的老朋友聚到一起。同时，中国人爱面子，股东们之间也有攀比心理，谁值班当天的营业额高了，都会觉得很自豪，这样自然激发大家多为咖啡馆作贡献。

5.6.2 通过利益机制引导股东持续作出贡献

鼓励股东作贡献，不能靠强制性要求，应该由利益机制来引导。这是区块链项目区别于其他项目明显的特点，区块链技术使用的通证可以根据股东的特点，结合通用的激励机制，再设置一些专属的激励政策来获得通证，股东们都有自己的主业，平时比较忙，如果经常提强制性的要求，他们心里会不舒服。做区块链项目讲究的是，每个人贡献一滴水，集体的力量就汇成一片海洋。每一位股东依托自己的资源优势，顺手为群体作一点儿贡献，而且每一点贡献都通过通证予以奖励，汇聚起来就是非常大的贡献，这样才能长期坚持下去。

5.7 区块链众创第七步：预期管理

把握好“60 分、85 分、100 分”这三个层面区块链众创项目对股东的预期管理，对项目的成功非常重要。降低预期，并不意味着降低服务水平，而是创造良好的氛围，并有可能给股东带来超值回报。一个区块链众创项目，传递给股东的预期是 60 分，保证公司 3 年内不倒闭，大家的投资不打水漂；自我要求努力做到 85 分，让企业能够快速地成长，取得良好的财务回报；对于公司和管理团队专职执行团队来说，要求就是 100 分，要做到最好。

5.8 区块链众创第八步：持续经营

项目运营期间建立稳定持续机制，定期向股东反馈项目进展，并寻求股东资源支持。合同签署、资金到位之后，就进入合同约定的项目落地运营时期。要按照项目持续经营的长期机制要求，定期跟进项目进展，向股东通报和反馈信息，并定期进行会议沟通，增强股东信心。这一点通过区块链技术可以很好地实现，对于平台的每一笔交易记载在链上，不可篡改，通过数据整理，实时地呈现在系统上，让每一个股东可以通过密钥实时地查看整个公司的经营情况。

同时，项目推进过程中遇到困难和问题，股东也要提供资源支持，形成类似外部董事会的机制，群策群力，帮助解决。以红酒链项目为例，股东们不仅直接介绍客户，还提供了许多批量采购的大客户资源，针对法国红酒的发展需要，也提供了许多收购、投行、金融、保险等方面的资源。

5.9 区块链众创第九步：项目退出

退出机制需要慎重考虑并明确约定。设立退出机制，需要关注退出时间和回报安排，难点在于价值评估。投资周期是固定期限还是不固定期限，不同的时间节点退出该如何计算回报，都是需要考虑和协商的重要问题。对于区块链众创项目来讲一半都是股权项目，所以均是不固定期限。投资方可以选择协议转让、兼并或者收购、公司进行回购、股东或者管理层收购、清算等方式实现投资退出，具体方式由投资方自行决定。一般来说，入资后设置一个冷静期，例如，易养链规定 3 个月内反悔可无条件退款；花色优品给股东的反悔期是 1 年，1 年内可按约定条件退出。

6.

易养链：“区块链＋”智慧养老商业模式

建设社会尊重和信赖的养老生态，“易养链”作为全国首家运用区块链技术解决了政府、养老机构、金融机构、老人、服务员和生态联盟之间的信任和激励问题的智慧养老商业模式，促进了养老事业发展。它是如何运用区块链商业思维和商业模式来重塑养老的呢？

2019 年 2 月易养链开始启动，是中国第一家基于区块链技术开发的智慧养老服务生态，由河南创吉汇智慧养老科技信息有限公司负责运营。依托政府产业政策支持，以专属 APP + 12349 养老服务热线 + 养老服务网点为立足点，结合异业联盟、医养联盟和人才资源，形成完整的线上线下养老服务体系，为有养老需求的人群提供全方位、全周期、全流程的一站式养老服务。易养链生态具体如图 6－1 所示。

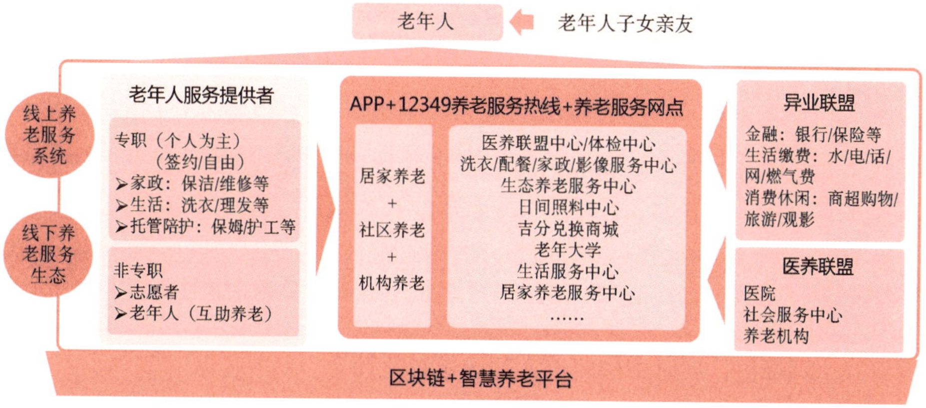

图 6－1　易养链生态图

易养链是由全球金融科技实验室[①]、河南创吉汇智慧养老信息科技有限公司共同打造的“区块链+智慧养老”生态。

河南创吉汇智慧养老科技信息有限公司是中国第一家区块链+智慧养老服务平台的核心技术拥有者、驻马店市政府民政局 12349 养老服务热线唯一运营商、驿城区政府养老服务指定供应商之一、中原银行驻马店分行的唯一养老战略合作伙伴。易养链于 2019 年 10 月上线，截至 2019 年 12 月，有效的正式注册会员数量达到 5 万人。

① 全球金融科技实验室由深圳瀚德共享科技实验室有限公司、中国人民大学国际货币研究所、香港中文大学深圳高等金融研究院联合发起。

6.1 价值主张：做社会尊重和信赖的养老生态

根据国家统计局数据显示，2018年年末中国大陆总人口139538万人，比上年末增加530万人。全国60岁及以上人口已超过2.49亿，占人口比例的17.9%；65岁及以上老年人口达到1.6亿，占11.9%。根据联合国的定义，60岁及以上人口占总人口比超过10%，65岁以上人口占总人口比超过7%的即为老龄社会。中国人口的老龄化程度正在加速深化，具体如图6-2所示。据老龄办预计，到2025年，我国60岁及以上老年人口数将达到3亿，占总人口的五分之一；到2033年将突破4亿，占总人口的四分之一左右；而到2050年前后将达到4.87亿，约占总人口的三分之一，老年人口数量和占总人口比例双双达到峰值，届时中国将进入超级老龄化社会。

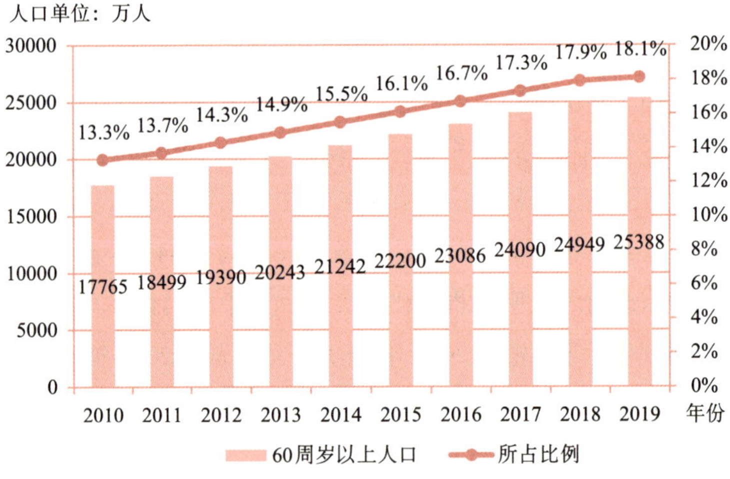

图6-2 我国近十年来60周岁以上人口及其比例

注：根据国家统计局数据绘制。

养老成本高、品质没有保障和服务不及时等问题始终没有得到有效解决，养老市场鱼龙混杂，服务机构盈利的很少，养老人才严重不足，社会民间资本对养老项目的投资参与积极性不高。易养链的价值主张就是让养老更容易，为有养老需求的人群提供全方位、全周期、全流程的一站式养老服务，省钱、省心、省力；以区块链为底层支撑，打造养老产业价值链闭环；建立同业、异业的可信联盟，夯实养老服务一体化基础；建立可流通的积分系统，促进消费，提升信任和效率，让每一个生态的联盟来共建生态，拥有生态，发展生态，做社会尊重和信赖的养老生态。

6.2 拥户画像

易养链生态始终围绕老年人的养老需求来展开，分层次地由同业联盟、异业联盟和居家服务员为老人提供不同层次的服务和产品。易养链依靠所有参与者的共同建设、维护与推广，通过发行的数字积分让所有使用易养链生态的使用者成为平台的拥有者。按照这些拥户在易养链生态中的角色和特点，可以分为：老人及家属、同业联盟、银行、义工、居家服务员、城市合伙人及政府等，具体如表6-1所示。

表6-1　易养链中的拥户画像

社区角色	拥户画像
老人及家属	购买、分享易养链同业联盟养老服务和异业联盟非养老服务的用户
同业联盟	在易养链内为老人提供居家养老、社区养老和机构养老服务的机构
银行	与易养链生态合作为老人和家属提供存定期送吉分
义工	在易养链生态中为老人提供义工服务的人员
居家服务员	在易养链生态中为老人提供上门服务的人员
城市合伙人	在城市中具有一定的优质人脉资源和社会影响力，特别是与养老有关的、能够帮助易养链扩展到其他城市的人
政府	当地政府通过易养链系统来对城市养老机构数据、老人数据和交易数据进行监控分析，来提升城市的养老水平

易养链的所有参与者均可以随着易养链的发展获得吉分①的贡献奖励，在生态中具有一定能力或影响力的节点可以成为易养链的治理委员会成员，与易养链生态更紧密地绑定，享受生态发展带来的收益。

6.3 拥户增益点

中国过去40年逐步建立了以居家为基础、社区为依托、机构为补充、医养相结合的养老服务体系，构建高龄、失能老年人长期照护服务体系，形成以信用为核心、以质量为保障、放权与监管并重的服务管理体系，不断推动中国养老服务向前发展。对于易养链生态拥户对象来讲，价值增益点各有差异，具体如表6－2所示。

表6－2　　易养链拥户价值增益点

生态角色	拥户关键增益点
老人及家属	养老成本降低，品质提升，服务及时
同业联盟	有稳定的消费者，并且能够持续提升收益，分享生态发展的价值
银行	获得稳定低息的存款
义工	能够将现在的付出换取自己以后的养老服务
居家服务员	能够有稳定的服务对象，不仅有短期收益，而且能获得生态发展的价值分配
城市合伙人	通过为生态聚集城市联盟来分享生态价值
政府	养老服务质量持续改善，养老服务消费潜力充分释放，有效满足老年人多样化、多层次养老服务需求，让老人及家属获得感、幸福感和安全感得到满足

① 吉分：易养链生态体系中的内部发行并使用的数字凭证。

6.4 生态联盟

易养链坚持开放、共赢、共享的策略，和政府、同业联盟、异业联盟、技术和战略合作方一同打造公众联盟链，通过与政府部门进行数据合作（结合人口登记、收入结构等数据进行市场研究与产品开发），积极响应国家号召，争取税收优惠及补贴，为发展提供动能。

同时，易养链广泛地和同业联盟、异业联盟和城市联盟合作，通过整合社会化的力量，为老年人提供平价、优质和便捷的服务，省钱、省时、省心、省力，让养老更容易。

易养链和专业的区块链技术公司和团队合作开发区块链底层技术架构等系统整体架构、智慧大屏与智慧养老 APP 等，运用最先进的技术成果快速迭代，创造更好的体验和服务。

易养链与专业咨询团队广泛合作，包括但不限于商业模式、组织架构和价值传递等，不断提升平台的组织能力、技术能力和生命力。

6.5 价值实现

易养链，以居家养老、社区养老和机构养老为核心场景，通过发展城市同业联盟和异业联盟来构建其丰富的线上线下吉分应用场景（见图 6－3），以吉分作为通证媒介，让老人享受到平价、高品质和及时的养老服务。

吉分作为易养链生态基于区块链技术在内部发行并使用的数字凭证，具有唯一性、加密性和可转移性。每一枚吉分都是不可增加的，总量恒定在 30 亿枚，具有以下特性：

吉分可以在哪里用?		吉分有哪些用途?	吉分有哪些优势?
创吉汇旗下	异业联盟商户	康复理疗	
颐康阳光养老中心	大药房	生活缴费（水、电、煤气）	
社区服务中心	旅行社	话费充值	吉分当钱花
日间照料中心	家政公司	旅游休闲	
吉分超市	老年大学	家政服务（上门清洁、理发…）	消费享折扣
老年用品专营店	医院	消费购物（商城、超市）	亲友可互转
	体检中心	文娱休闲（电影/文艺表演）	
	餐饮公司	爱心互赠	
	……		

图 6－3　吉分应用场景

吉分当钱花。通过存款、消费、义工等形式所获得的吉分可在场景内按照 1 吉分 =1 元人民币的价值换购产品和服务；

吉分可互转。吉分可在场景内自由地传递，亲友可以将所获得的吉分转赠给需要吉分的老人或亲友，帮助亲友获得养老服务；

吉分可回购。平台每年将平台所获的盈利（经审计公司审计后得出的息税后利润）的 30% 回购所有平台流通的吉分。

6.6　共识机制

易养链的“区块链 + 智慧养老”平台立足于未来老龄社会养老需求，运用区块链、云计算、大数据等新型互联网技术建立以区块链技术为核心的智慧养老平台。通过核心数据上链来形成“存证”解决信任，利用瀚德科技研发的区块链 Baas 系统，通过对老年人数据信息、服务人员数据信息、养老机构数据信息及养老产业数据信息四个维度的数据上链，确保数据的真实性和不可篡改性，从数据源头来建立政府、老人和联盟商家的信任。

为全面有效满足以上关键要求，易养链养老平台将通过以太坊 ERC2. 0 发

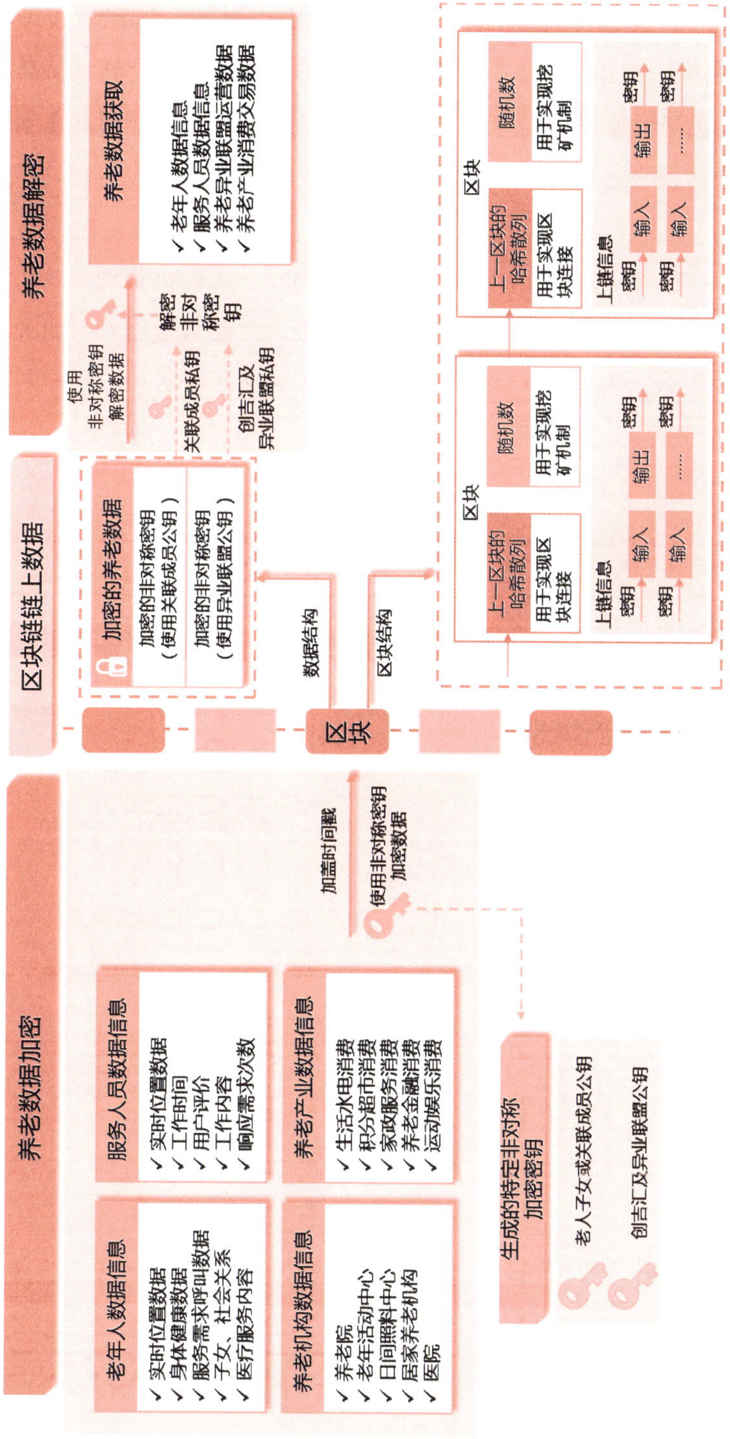

图 6－4　易养链数据上链结构

行Token并在其公链进行流通；平台区块链采用实用拜占庭容错共识机制（PBFT），在网络中构建信任，基于PBFT算法的共识机制，能够支持高吞吐量、低延迟和更高效能的交易处理，而且容错性较强，同时采用默克尔数据结构，可以为存储的交易数据的安全性提供可靠保障，其上链结构具体如图6－4所示。

易养链平台包含六大系统，具体如图6－5所示：大会员管理系统、大积分管理系统、大联盟管理系统、大服务管理系统、大健康管理系统和大政务管理系统（大数据）为老人提供包含“机构养老＋社区养老＋居家养老”的服务，构建15分钟上门养老服务生态。

图6－5　易养链六大管理系统

6.7　激励机制

为了给更多的老龄人群带来福利，同时为了激励各个联盟和城市节点主动推广维护易养链平台，提供高质量养老服务，易养链开发了“吉分”，在平台起到激励作用。易养链平台总共发行了30亿吉分，具体发行方案如下：

①深圳创吉汇公司获得3亿吉分作为创始公司奖励；

②内部核心团队1.5亿吉分作为创始团队奖励；

③外部战略投资人获得2亿吉分作为投资奖励；

④联盟合伙人1.5亿吉分作为节点奖励；

⑤剩余22亿吉分用于平台运营推广及用户奖励。其中第一年计划用户奖励发行量为50%，激励政策将随着吉分发行总量的数量变化进行阶段性调整，其中用户吉分奖励发行量达到奖励发行总量的50%时，所有用户奖励吉分数量将进行减半。

用户可通过银行存款、平台消费、实名注册、邀请好友注册等各种方式获得吉分奖励；服务人员可通过义工服务、老年服务等方式获得吉分奖励；平台可根据运营的发展情况设置新的吉分获得机制，经治理委员会批准后实施。联盟合伙人或城市节点合伙人都可通过邀请商家、推广平台注册用户获得奖励。具体奖励政策如下：

①到中原银行存款一年定期人民币10000元，送300个吉分；

②个人会员实名认证成功赠送20个吉分；

③每推荐一个注册会员，上级和上上级推荐各送10个吉分；

④消费每10元人民币，送1个吉分；

⑤义工服务获得吉分初级义工每小时10个吉分，中级义工每小时20个吉分，高级义工每小时30个吉分；

⑥参加老年大学等活动，听课每小时获得2个吉分；

⑦服务人员每提供10元服务，送1个吉分。

易养链吉分流通具体如图6－6所示。

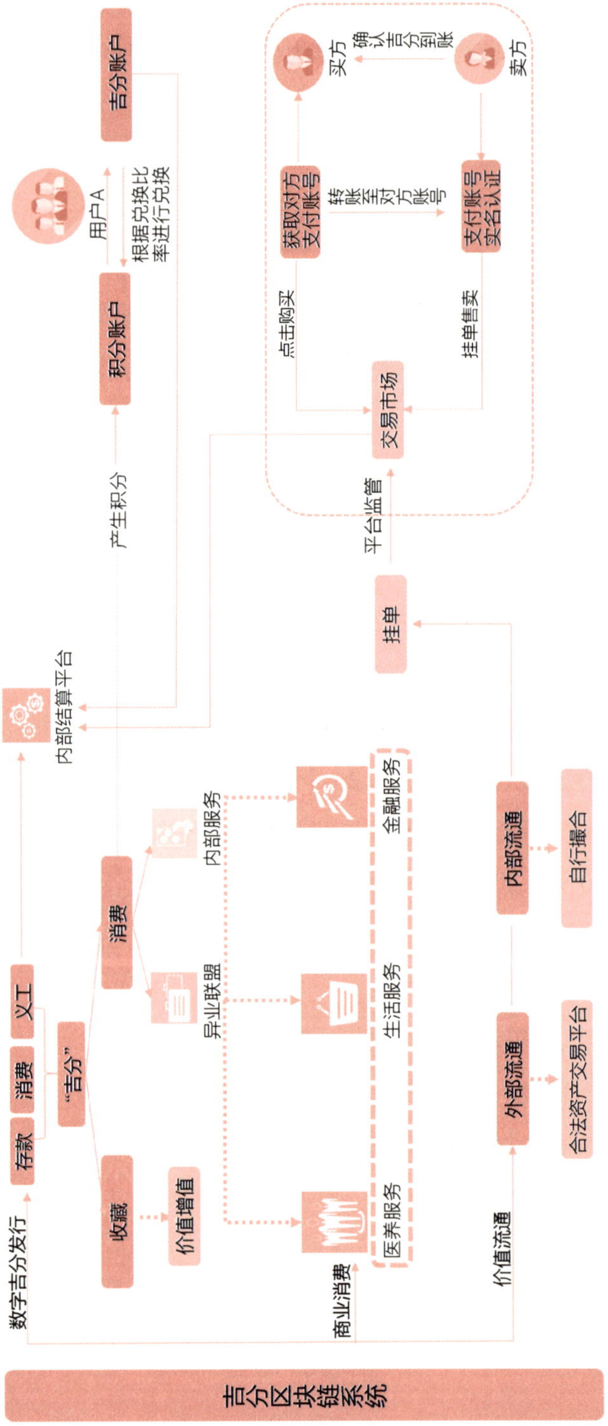

图 6-6 易养链吉分流通示意图

6.8 价值支撑

在短期，易养链平台将主要从通过金融服务、消费返佣和服务抽佣三个方面实现盈利，具体如图6－7所示。

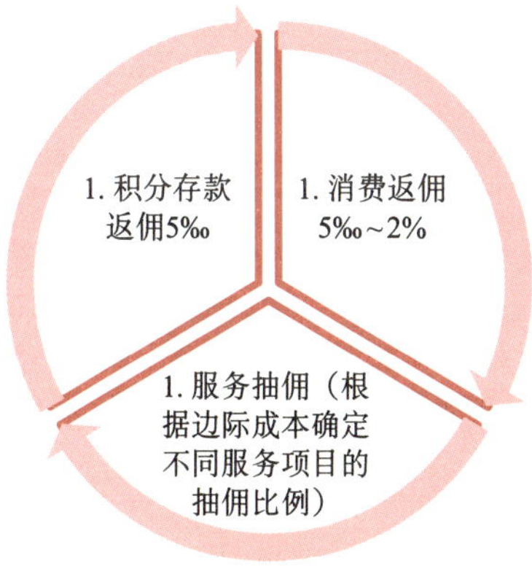

图6－7 易养链盈利示意图

（1）金融板块：

易养链养老平台通过"区块链吉分体系"支持养老服务，联合中原银行等金融机构，初期采用存款送积分、积分当钱花的消费模式，促进吉分在养老平台的流转，同时也为合作银行带来可观的增量存款，平台早期利润中有一部分是来自于银行存款渠道返佣费用。

（2）消费板块：

消费返佣费用也将是易养链平台主要的盈利来源之一，未来随着用户数量和联盟节点、城市节点数量的不断增多，消费品类增多，消费规模的上升将给平台巨大的现金流量，从而消费佣金的增量也将成为支撑平台运营的重要盈利点。

（3）服务板块：

随着平台的高速发展，平台提供的服务项目范围也将快速扩展，平台服务人员的数量也会急剧增加，提供高质量的养老服务将成为未来平台能够持续盈利的核心要素，边际成本的降低将帮助平台获得持续稳定的服务费用回报。

在未来的发展中，随着生态的持续发展，生态的收入逐步从消费返佣和服务收入过渡到生态记账收入。同时，易养链通过将生态不少于30%的净利润按照流通通证持有人的数量予以回购，来持续支撑通证价值，随着生态的盈利水平提升，所有拥有通证的拥户会因为自己的付出而获得更大的收入。

6.9 治理机制

为了打造全方位、高质量的智慧养老服务联盟体系，易养链智慧养老平台正在通过区块链技术手段搭建，平台将成为养老服务基础设施和联盟链的载体，所有加盟节点将成为养老服务区块中的一个区块，同时，平台还将打造公共联盟链，完善联盟链治理规则，每个节点将通过“许可加入方式”加入到联盟链当中，共同参与平台的治理和运营。

易养链平台将基于区块链技术设立联盟链，在链上设置节点合伙人，分为三类：创始合伙人、联盟合伙人、城市合伙人，具体如图6－8所示。

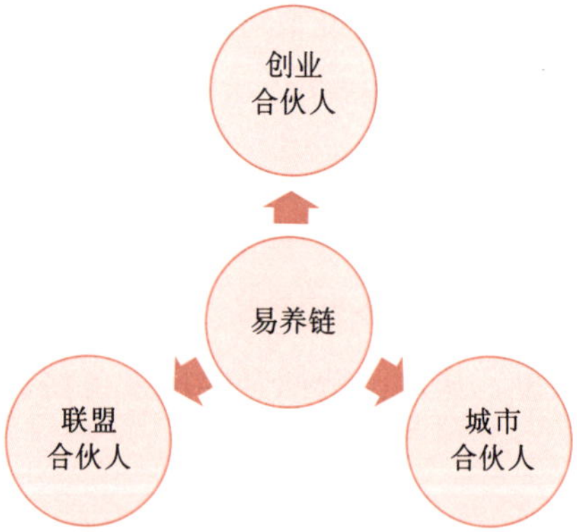

图6－8　易养链合伙人体系

创始合伙人是除创吉汇养老集团以外的创始方，参与平台的发起和创立，也是本次融资对象后的投资人；联盟合伙人将成为养老服务的供应商，为老龄人群提供服务；城市节点合伙人负责其所在城市平台的推广及运营。全球每个致力于加入易养链联盟的机构或个人均可申请加入。

易养链平台旨在通过区块链技术链接各方资源，在创始合伙人、城市合伙人、联盟合伙人共同治理运营，为老龄人群提供优质养老服务的基础上打造共赢、共享的创新养老生态链。具体而言，区块链技术平台技术架构具体如图6－9所示。

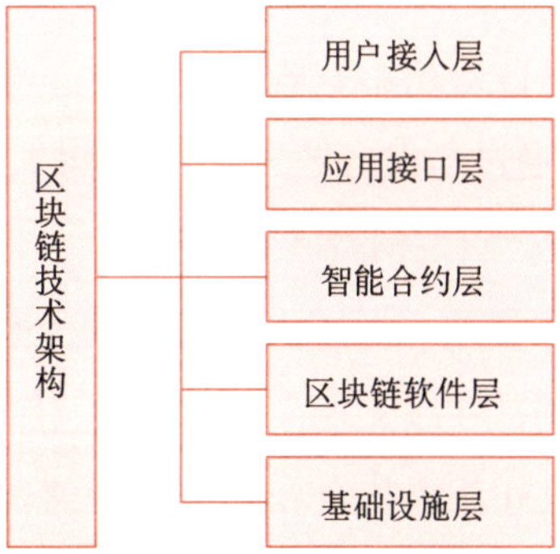

图6－9　技术平台架构图

通过对现有区块链搭建方案的评估，我们将基于以下三个关键要求构建一个新的区块链智慧养老平台：

建立快速高效、低延迟、扩展性强的吉分支付、结算、清算系统；

能够有效支持多个联盟商家、城市节点及超级合伙人共同治理、共同运营的联盟链运营平台；

满足创新智慧养老需求，支持未来养老生态链的创新升级。

创吉汇为养老人群提供医养结合核心服务及全方位支撑养老服务的其他衍生产品，具体如图6－10所示。

易养链通过与政府和银行合作，构建品牌效应基础；通过12349服务热线等，打通消费者评价反馈渠道，扩大消费者之间的积极影响；通过打造线上和线下结合、现金和积分畅通的双模式，营造消费者购买的友好体验；让

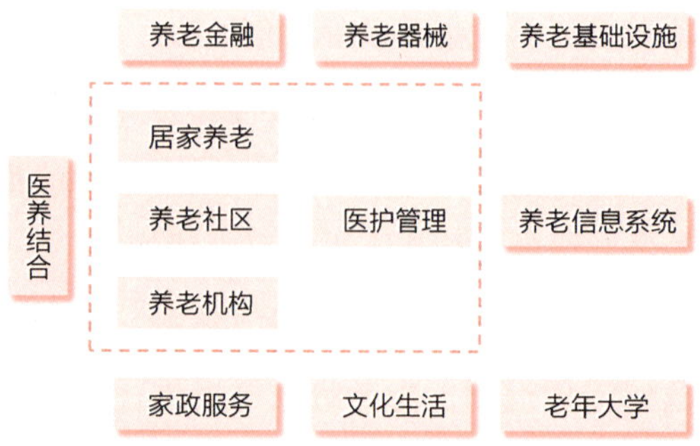

图 6-10 易养链核心业务

老人真实地体验到养老更加容易：价格更低，品质更好，服务更优。

易养链通过线下构建自营超市、餐饮、旅游、养老院及 12349 服务热线等来进行传播（早期），通过与银行等异业联盟推广，通过让每一位消费者成为平台拥有者的省份转换，引发消费者自发推广。

易养链持续地进行 IT 投入，运用人工智能和大数据等技术手段，全部在线化，通过 APP 让所有用户在线实现存款、预约、服务和缴费一体化。

易养链通过区块链积分系统整合养老产业价值链各合作方，形成长期可信的商业联盟，并支持积分在联盟内的流转与消费。

易养链通过提供全周期、全流程的养老服务保障了养老平台服务的持续性与持久性。基于区块链的客户信息，以大数据分析帮助精准营销、客户行为数据沉淀，进一步挖掘与拓展客户的需求链，增强用户粘性。

易养链构建的互信商业联盟具体如图 6-11 所示。

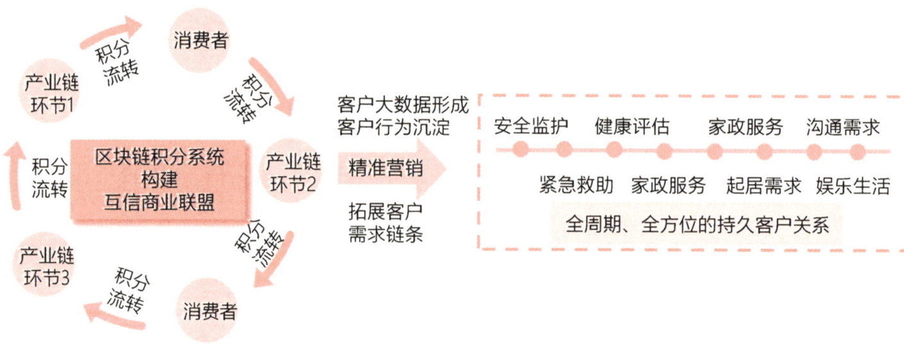

图 6-11 易养链构建互信商业联盟

6.10 结语

易养链的使命是让养老更容易，并希望创造一个全新的智慧养老生态联盟，让天下老人不论身份、不论贫富、不论地域，均可享受优质、便捷的养老服务。

易养链的创新理念是通过打造养老公众联盟链，让联盟中的节点企业通过优势互补、信息共享、利益共享建立更加有深度的链接关系，从而提升平台的整体价值，全方位提高整体养老服务的质量和服务广度。

易养链致力于打造新型"区块链+智慧养老"公众联盟链，即便是不同行业、不同规模的企业或个人都有机会参与其中，共享、共赢、共治。

7.

星链：“区块链 + ”智慧供应链商业模式

星链友店以“供应链＋互联网＋区块链”为产品结构，让用户即是消费者也是经营者。“星链”以“坎陷经济（通证经济）”作为核心思想，以“共建、共享、共治”为核心经营理念，以“重塑商品流通、打破消费边界”为使命，以 S2B2C 为业务模式，构建商业共同体。

星链（Starlink）由怡亚通[①]旗下深圳市星链供应链云科技有限公司运营，2016 年星链供应链云秉承着"供应链 + 互联网 + 区块链"的战略应运而生，旨在通过互联网力量推动零售后端的供给侧数字化发展，为供应链赋能。2018 年 11 月，星链正式上线，2019 年年初分拆出来独立运营。2019 年 3 月，星链获得中融信托 Pre-A 轮亿级融资，同时发布《星链通证经济白皮书（第一期）》；2019 年 7 月，星链友店官宣单月 GMV 过亿元；2019 年 12 月，星链友店官宣平台拥有 150 万 SKU。

7.1 价值主张：全球最大的流通产业供应链云基础设施生态

作为一家基于区块链等新一代信息技术的供应链服务生态，星链以通证经济作为核心思想，以通证为媒介，以"共建、共享、共治"为核心经营理念，以"重塑商品流通、打破消费边界"为使命，以 S2B2C 为业务模式，立足万亿级流通产业市场来打造全球最大的供应链云基础设施生态。星链通过开放式的生态联盟"企业云、零售云、个人云"对企业及个体进行赋能培育，构建全新的供应链云业务版图，使其成为中国未来流通领域不可或缺的基础商业设施。通过区块链商业思维，打造供应链云生态，构建商业共同体。

7.2 拥户画像

星链生态依靠的是所有参与者的共同建设、维护与推广。按照这些拥户

① 怡亚通：股票代码：002183，是中国上市的供应链企业，其业务服务领域涉及快消、IT、通讯、医疗、化工、家电、服装、安防、贵金属等，世界 500 强企业中有 100 多家是其客户。

在星链生态中的角色和特点，可以分为：零售用户、会员用户、社区门店用户、供应商、供应链服务商、城市合伙人，具体如表7－1所示。

表7－1

社区角色	介绍
零售用户	购买、分享星链线上线下商城商品的用户
会员用户	注册成为星链友店的用户，参与推广、销售星链商品
社区门店会员	线下共享超市的会员，采用星链 SaaS 供应链云服务，主要面向周围2公里用户
供应商	星链商城商品的供应商，包括品牌商及其授权商
供应链服务商	为星链提供供应链服务的合作商，如提供仓储管理、物流管理、运营服务等
城市合伙人	在城市当地具有一定销售网络的商家，一般为城市经销商，能够帮助星链扩大销售网络

星链社区的所有参与者均可以随着星链的发展获得星钻的贡献奖励，在社区中具有一定能力或影响力的节点可以成为星链的功能性节点，与星链社区更紧密地绑定，享受社区发展带来的收益。

7.3 拥户增益点

过去20多年来，消费互联网时代使C端（消费者）接收信息更方便快捷，追求极致体验，但流通产业中的S端（供应链）仍然存在信息互联互通弱、营销资源配置难、金融成本门槛高、供应链运作效率低等行业痛点，产业互联网成为互联网时代下半场的新主角。基于区块链的S2B2C模式，最突出的增益点是弱化B端在流通领域的作用，避免因B端制造的信息不对称所造成的效率低下和“堰塞湖”式的流通领域风险。

7.3.1 区块链打破数据孤岛，连接信息和资源

星链利用区块链技术将原本分散沉积的海量数据信息记录在分布式账本，

实现信息互联互通，为 S2B2C 生态中各参与方的数据智能化打下坚实基础。基于区块链的价值转移网络，将逐步形成多样化的数据交易场景，通过信息流、商业流、物流、资金流的全程贯通，结合供应链的产业赋能，将实现流通产业链从生产端到消费端的产业数字化。

7.3.2　通证经济激励用户主动分享和传播

随着智能手机的普及，多元化的社交渠道发展，流量不再局限于传统的中心化平台，而是分布在微信、微博、抖音等载体。秉承"让流量价值回归流量主体本身"的理念，星链让每个用户都可以成为流量传播的主体，实现流量价值与流量主体挂钩，"谁贡献、谁受益"，重新构建流量的价值分配体系。在星链平台上，消费者购买商品、转发商品链接、推荐朋友购买、发表评论等一切有利于生态发展的有益行为，都将获得平台的通证奖励。随着行为贡献促进平台的快速发展，每个参与者的利益都将得到保护和增长，从而进一步激励用户主动分享和传播。

7.3.3　构建合作共赢的行业生态

星链将会创造一个信息互通、和谐共赢的行业生态。这个生态是开放的，社区的每一个成员都有机会参与去中心化的治理，不管是消费者、生产者还是流通者，每个合伙人都可以依托自己的优势在平台的生态体系内找到合适的资源与模式。不管是在平台上买卖、宣传推广，还是浏览评论，一切符合社区共同利益的行为都会被区块链准确记录，并按照章程通过智能合约对每个参与者的每次有益行为进行公平透明的分发奖励。

社区用户作为通证的持有者，其对生态的贡献将会被记录和奖励，用户将会共同成为星链的所有者和利益相关者。未来，随着星链的不断发展，每个用户都能享受到星链生态繁荣的收益，从而实现"用者拥有"的伟大使命。

7.4 生态联盟

星链基于怡亚通21年的供应链沉淀，打造基于区块链技术的供应链云基础设施平台，为客户提供供应链相关的SaaS和PaaS云服务，解决供应链难题。星链的生态联盟包括个人端、商户端和企业端三部分组成，并以星链通证作为核心连接工具，从消费者到零售终端到企业用户进行反向整合，一步步向产业互联网渗透，全面打造数字经济时代的新流通产业。

7.5 价值实现

随着产业互联网的浪潮来临，“流量经济”逐渐转变为“坎陷经济”，“区块链+产业”的趋势成为必然。其中，区块链在结合物联网、大数据、人工智能等新一代信息技术方面已经成为产业互联网的重要工具，星链的推出正是顺应了产业互联网的发展趋势，其中区块链技术与供应链的有效融合将会极大地放大生态所体现的价值。

星链生态的价值实现通过个人云、零售云和企业云来共同实现。个人云的核心产品是星链友店，零售云的核心产品是共享超市，企业云的核心产品是星链云商。个人云、零售云和企业云既独立运行，也互融互通，共同成为星链供应链云的重要组成部分，实现其价值，具体如图7-1所示。

7.5.1 个人云：星链友店

个人云，就是把供应链云通过星链友店共享给个人。星链友店，是一个以供应链为依托推动个人流量裂变和链接的S2C零售平台。随着信息技术的

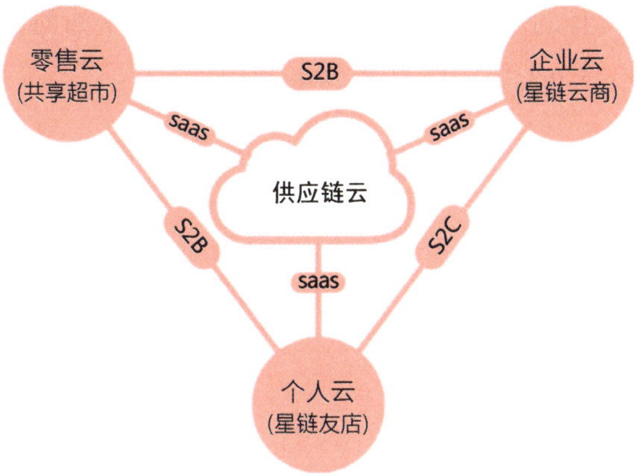

图7－1　星链价值实现图

飞速发展，社交渠道也趋于多元化，个人整合资源、营销推广成本大大降低。这样，原来需要很高门槛和资金要求的门店营销，现在得以开始向个人营销模式发展。

在星链友店的平台中，每个人除了可以在平台上购买商品，还可以注册成为星链友店的会员，帮助其进行商品的宣传和推广，实现"自购省钱，分享赚钱"。星链平台根据商品的毛利结构对所有商品都设置双价格体系——标准零售价和会员优惠价，成为会员即可享受会员优惠价，即"自购省钱"；会员通过社交分享，传播导入新客户，新客户在平台上消费所产生的价值，平台再次回馈奖励给会员，即"分享赚钱"。每个个人会员都在努力提升自己的服务能力和质量，吸引流量并将其转化为消费者，实现轻松创业+流量变现。

同时，在平台上的所有消费、营销和社交行为都能够获得平台通证星钻的奖励，代表对平台所作出的贡献。通证基于区块链技术，每一次的获取、流转和分配都会被记录且不可篡改，帮助品牌发现真实的用户，实现精准化的营销传播和销售。

目前星链友店形成了"SaaS中后台+APP+小程序"的全系列产品，可面向多元化的消费场景和应用。当个人注册成为了会员，星链供应链云将通过SaaS工具为会员提供统一的供应链服务，包括统一集中采购、统一营销运营，提供多元化服务共享，并根据每个会员营销过程中的个性化需求定制分配模式。解决了所有的后端管理后，会员只需要关注如何做好前端的营销、拉新和增长即可，大大降低了个人开店的门槛。

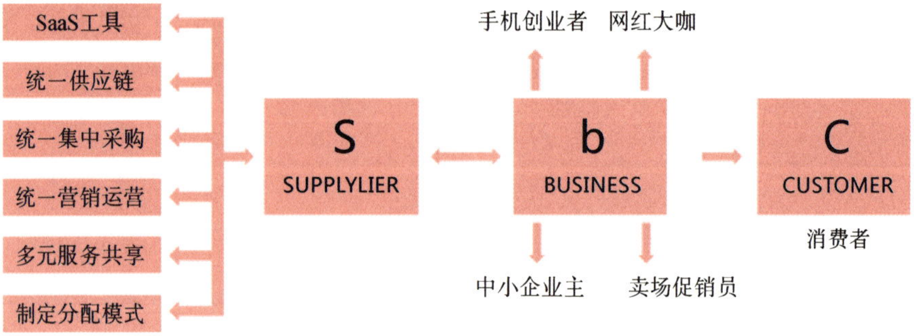

图 7－2　星链 S2B2C 模式示意图

7.5.2　零售云：共享超市

零售云，就是把供应链云通过“共享超市”的模式共享给门店，让门店轻松触网、无限链接，实现 O2O 模式的线下星链商城。

共享超市，是星链平台经营的线下业务，业务的核心是以通证应用链接实体零售的智慧化 O2O 综合服务平台。共享超市全部采用授权加盟的形式，由各区域的合伙人、线下会员自行负责建设与经营，星链平台负责输出商业模式、供应链服务、品牌、系统和管理。同时，共享超市也是星链友店在线下服务的重要载体，与星链友店实现线上线下互联互通，既负责向用户提供本地化的即时性商品消费服务，也负责用户在星链友店线上的预售类商品线下的配送和提货、售后等服务工作。星钻在星链友店中的获取和兑换在共享超市中同样有效。同时，基于共享超市可以链接周边零售业态，实现流量共享的创新服务模式，具体如图 7－3 所示。

7.5.3　企业云：星链云商

企业云，是把供应链云通过星链云商共享给企业客户，让企业轻松采购，将流量变现；星链云商是企业云的核心，是一个专注于企业级客户一站式供应链云服务的开放性服务商体系，赋能个人服务企业客户。

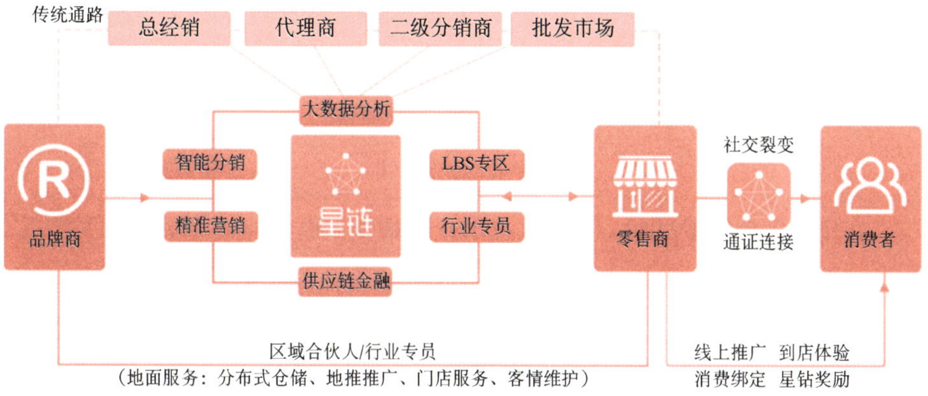

图7-3　星链共享超市模式

通过SaaS工具，星链平台将为企业客户提供“一键式”服务。为企业客户分享大数据成果，制定最优化的商品配置方案，最大化提高物流配送、仓储的有效性和盈利转化，并提供完善的售后服务，大幅降低企业之前花在仓储、物流、供应链等环节的各项经营成本。

星链云商提供的云服务，可以让企业客户在积分商城、移动APP端就准确掌握流量群体情况，制定对消费者行之有效的服务方案，星链企业云的模式具体如图7-4所示。

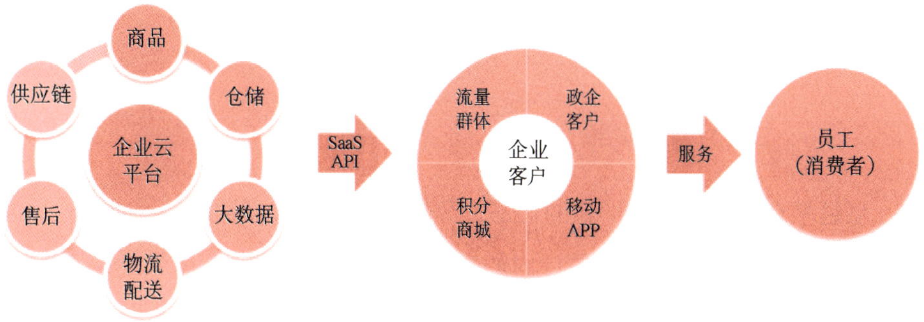

图7-4　星链企业云模式示意图

7.6 共识机制

在星链平台发展早期，为降低技术开发难度，更好地适应平台发展需求，星链以 DAPP 的形式搭建在其他公链上，全部由社区生态内的功能性节点来执行治理权限。未来，等到星链平台技术成熟，规模也足够大以后，DAPP 的形式可能无法承载星链的数据量和用户量，星链平台将把 DAPP 模式转变为行业公链模式，自行开发、维护一条公链，为社区用户带来更好的使用体验。此时星链将需要有自己的验证节点来负责记账、出块和生态维护。

DAPP 时期，星链的治理由生态内的功能性节点来管理，主要负责对重大事项进行制定和决策。当星链公链平台搭建运行以后，星链的治理节点将由验证节点来承担。验证节点是星链公链的底层节点，负责验证交易、合约等，打包出块，维护星链区块链的有序进行。

7.7 激励机制

7.7.1 总量与分配比例

星链平台中包含两种形式的通证，分别为星力值和星钻。

星力值：星力值是星链平台内的功能性记账凭证，用于记录用户对平台所作的贡献，总量无上限，随着平台发展而释放。用户可以通过平台内的挖矿行为获得星力值。星力值为用户个人所有，无法流转和买卖，主要用于按照一定的算法和比率来兑换星钻。

星钻：星钻是星链平台内的奖励型凭证，连接和支持生态中的各个系统，是激励用户、繁荣社区的重要工具。星钻总量 100 亿枚，上限恒定，永不增发。用户挖矿获得的星钻都由星力值兑换而来，即通过挖矿—星力值—星钻这样的途径获得。

7.7.2 发行与释放机制

星钻将遵循一定的规则逐渐释放。初期，只有生态建设中除奖励社区治理机构以外的 10 亿枚星钻是预挖的，其余星钻均处于锁仓、冻结或待挖（待释放）状态。

挖矿方法：平台每年会释放剩余未流通量的 5% 星钻，即第一年释放 5 亿，第二年释放当前未流通量的 5%，假设当前未流通量为 93.5 亿，则第二年释放量为 93.5 亿 ×5% =4.68 亿，以此类推。

7.7.3 星钻在生态中的功能

星钻是平台内的核心通证，代表着对星链的服务使用权、收益权和平台治理权。星钻可以在平台内获取，在平台内抵押和消耗，形成通证生态的良性循环，具体如图 7－5 所示。

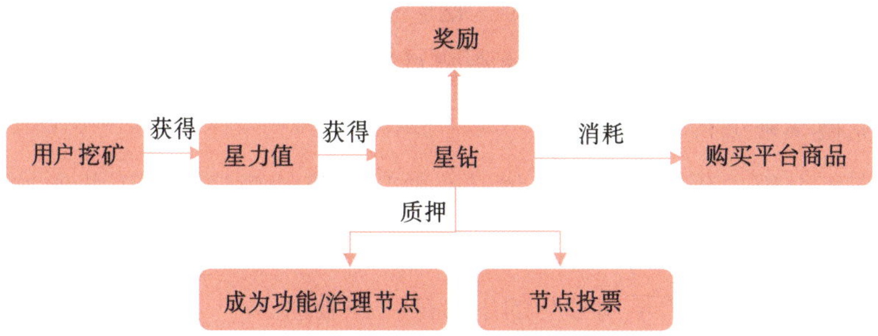

图 7－5 星钻功能图

7.7.4 星钻获取：挖矿机制

平台内用户可以通过挖矿获得星钻。星钻的挖矿机制为"贡献即挖矿"，即对平台作出实际贡献就能够获得星钻的奖励，使得用户与平台一起成长和获益。由于星钻是由星力值兑换而来，所以星钻的挖矿实际是星力值的挖矿。在平台中，星力值的挖矿途径主要包括：

消费即挖矿：消费者和商家可以在星链生态中进行消费，包括商品购买、服务购买等，消费后即可获得相应数量的星力值。

营销即挖矿：用户帮助星链平台做的一切营销推广行为，均可以获得星力值奖励，包括但不限于：转发、分享、邀请、拉新、参与营销活动、营销活动赞助等。

社交即挖矿：用户提高在平台内的活跃度即可获得星力值奖励，包括但不限于：签到、评论、浏览、互动、比价、参与平台运营活动、调研活动等。

星力值的获取始终秉承“贡献即挖矿”的核心，后续也会根据平台内的核心需求及用户的诉求而增加或修改相应的星力值获取规则。

7.7.5　星力值兑换星钻

星钻通过星力值进行兑换，用户积累到一定数量的星力值才可以兑换成星钻。用户可以根据平台内的“挖矿系数”来决定何时将满足数量条件的星力值兑换成星钻。

星钻和星力值的兑换系数即为“挖矿系数”。为保证星钻每年会按照挖矿规则释放固定的数量，挖矿系数将会每日根据当日平台内的总星力值及以往星钻的兑换率来进行动态调整。

由于平台用户预计将会快速增长，总星力值的数量也会不断增加，所以总趋势上挖矿系数是逐渐降低的，即时间越往后，一枚星力值能够兑换的星钻数量会越少，这对于早期参与的用户是一种激励。

7.7.6　星钻代表的权益

星钻持有者在星链生态中会获得多种权益，包括：使用权益：星钻可以用于支付和购买星链生态中的商品和服务。分红权益：星链可以每年向星钻（已流通）持有人进行法律法规允许下的奖励。星链每年拿出不低于当年可分配收益的30%匹配星钻权益，可用于向星钻持有人发放奖励，当年实际可奖励总额不超过累计可奖励总额，其规则为：

①已流通星钻持有人当年可享奖励总额≥星链（主营业务收入－主营业务成本－营业税金及附加－期间费用＋已变现投资收益）×30％＋其他权益，其中其他权益是指星链的额外奖励；

②每个星钻持有人当年可享奖励＝已流通星钻持有人当年可享奖励总额/已流通星钻总量×持有人分配日持有的星钻数量；

③平台的分红将以商品兑换权的形式进行发放，可以是星力值、平台优惠券、实物商品、虚拟服务等等。

④根据平台的实际运营状况，平台每年的分红时间和次数将另行确定，但每年分红不会少于一次。

用户持有星钻即表示具有平台内的治理权，普通用户可以通过将自己持有的星钻链上抵押给治理节点来进行治理节点的投票选举，节点则需要质押一定量的星钻来进行节点升级或竞选治理节点。

选举出来的治理节点将会代表社区用户的意见进行重大事项的决策。同时，平台每年会有 5000 万的星钻分配给所有治理节点，具体收益将根据每个节点的星钻质押数来决定。用户可以通过为节点质押而获得星钻收益。

7.8　价值支撑

7.8.1　星钻的内在价值支撑

星钻能够代表星链平台内的诸多权益，是有真正价值和基本面的通证。

首先，星钻的获取需要一定的成本，如需要充值、消费来进行挖矿，难以通过低成本的重复事务来获取，所以挖矿成本会成为星钻价值的支撑。

其次，持有星钻的所有用户每年可以分得平台总利润的 30% 所对应的权益，这也会激励用户获得和持有更多的星钻。

7.8.2 星钻的价值预期

星钻具有真实的使用场景，其价值将受到供需的影响。星链平台致力于为星钻创造更多的应用和持有的场景，同时通过控制星钻的流通量而防止出现变质。

未来，随着星链平台内的用户数量不断增加以及生态功能的不断健全，星钻的需求将会持续提升。星钻总量固定，流通量边际递减，预计将会逐渐推高星钻的价值。

7.8.3 利润来源

（1）商品销售：

星链平台基于供应链云建立了新零售体系（分布式服务体系）。通过高效的零售体系，星链平台将从配送给合伙人的商品以及共享超市、星链平台售货机的销售中获取盈利。

（2）云服务管理费：

星链平台通过零售云、企业云、个人云为给门店、企业和个人卖家提供供应链云服务和通证应用，使得会员合伙人只需要进行经营和推广即可，省去了用来采购、运输和分析客户需求等大量的财力和精力，极大降低了销售的门槛和难度，提高了销售的针对性和效率，实现轻松采购经营＋流量变现。

星链平台强大的研发团队，极大地便捷了用户的经营活动。所以用户需要向星链平台支付云服务管理费，以维持平台的正常运营和后续的研发支出。

（3）供应链金融：

供应链金融是在供应链基础之上，在原材料采购、生产加工以及销售环节全链条的完整融资服务的创新，为中小企业解决供应链中的资金流问题。

星链平台将给平台企业提供合规、安全、高效的供应链金融服务。基于区块链技术，可以为供应链上的中小企业提供供应链单据上链服务，帮助供应链资金流变得透明，提高企业的信用，降低供应链金融的融资难度和成本。

(4) 营销服务：

星链平台通过通证重塑流量价值分配体系，整合终端门店、社区、社群、明星、网红、个体等等流量入口，可以形成强大活跃的用户群体，帮助品牌和商品进行全面的推广和精准化营销。

(5) 品牌孵化：

星链平台上有众多的加盟会员，和业务往来的供应链合作企业。星链平台和他们不仅仅是服务和被服务的关系，更多的是互相成就、共同发展。但是在前期，加盟会员和合作企业往往存在资金、供应链、营销等方面的困难，所以星链平台需要依托自身强大的整合资源，对他们进行帮助，并孵化出星链平台上的优质品牌。

7.9 共识治理

为提高用户和服务商的参与度，吸引更多的优秀人才和机构加入社区，星链决定逐渐采用去中心化的决策和治理模式，形成合作共赢的社区生态。在项目初期，将由基金会和初创团队进行星链项目的规划、开发、设计与基础设施的搭建，等项目基础完善并上线后，再逐渐由社区中选举的治理节点来进行重大事项的更改与决策。

(1) 星链治理结构：

星链社区主要分为三个层级：平台上广大的用户、发挥特殊功能的功能性节点以及代表平台决策与治理权力的星链决策机构。

其中星链决策机构包括治理节点、执行团队与其他辅助治理机构。治理节点是星链社区去中心化治理的核心，其来自社区，拥有重大事项的决策权；执行团队负责完成平台的规划与任务，是执行核心机构；其他辅助治理机构则为协助治理节点治理社区，给出参考意见，调整社区治理平衡的机构。

（2）合伙人节点：

合伙人节点是参与星链社区的网络建设，向外拓展星链社区的影响力的功能性节点。具有推广和营销能力即可申请成为合伙人节点，主要包括会员用户、门店、供应商、城市合伙人等团队或机构。

（3）供应链节点：

供应链节点是为星链社区用户提供仓储物流、运营等基础设施服务的功能性节点。具有供应链基础设施服务能力的公司和机构可以申请成为供应链节点。

供应链节点的数量较少，需要满足足够的供应链网络、物流设施及覆盖用户。成为供应链节点后就可以接入星链供应链云系统，为星链商城商品提供供应链服务，应获得服务商品的销售返佣。

（4）治理节点的选择机制：

治理节点团队是星链社区中最重要的决策机构，负责进行项目治理、制定战略和规则等。初期治理节点的角色由基金会和初创团队担任，并制定初期的战略规划和章程。后期将从功能性节点中选择治理节点。等星链社区从DAPP形式转变为公链后，治理节点将从功能性节点和验证者节点中一起选择。

DAPP时期，星链社区治理节点将从功能性节点中选择。首先，需要综合实力较强的功能性节点才能获得申请成为治理节点的资格，其是社区生态中不可或缺的基础设施，是能够为社区生态贡献重要力量的机构，即达到五级或六级的合伙人节点或区域重点供应链节点。满足条件的功能性节点可以报名成为治理节点。

（5）治理节点的权限：

治理节点主要对涉及星链社区治理方面的问题进行决策，如社区的管理规则、通证释放和分发规则、节点的规则等。同时，治理节点还用于执行团队负责人和治理辅助机构的选举权。

（6）执行团队：

执行团队负责星链社区的开发、运营、维护等日常运作和执行，是星链决策机构中的重要一员。

执行团队初期由创始团队担任，后期将根据社区的意志进行定期更替。执行团队负责人也是项目的 CEO，需要对社区的章程、理念、治理结构熟悉且认同。执行团队的其他成员由负责人进行任命、选择和管理，团队涵盖运行的各项职能，包括人事、行政、市场、运营、开发、研究等。

执行团队负责人每 3 年需要重新选择，经过治理节点投票通过后可上任，负责人可以连任。如果负责人的能力、品行等与星链社区不匹配或无法履行好职责，可以由治理节点提出申请进行更换，并由治理节点投票决定。执行团队的薪资由星链基金会进行法币的发放，同时具有团队部分的星钻激励。

（7）辅助治理机构：

除了执行团队，治理节点团队还要设立社区辅助治理机构，来帮助和监督治理节点团队制定决策。

星链社区主要设立两种辅助治理机构：

①治理监督机构：在治理节点团队的授权下，对社区各节点和用户行为进行监督，并将社区情况定期向治理节点团队汇报，重大情况要第一时间发现并报告治理节点。

②战略咨询机构：主要选择社区内的 KOL 或具有名望和实力的学者、商业专家等对星链社区的战略发展和推广作出相应的建议和咨询。主要负责协助制定社区的战略规划和社会影响力举措，并向治理节点提供法律政策市场方面的支持以及社区治理建议和方案等。

③辅助治理机构的负责人成员由治理节点从社区节点中选拔任命，其他成员则由辅助治理机构自行招募，主要成员应当来自社区内，但为了整合优质资源提高社区治理水平，部分成员（如法律顾问、经济学专家等）可以来自社区外，且比例不得超过各自辅助治理机构总人数的 50%。辅助治理机构团队主要负责人需要变更时，要向治理节点报备并由治理节点团队投票通过。

7.10 星链商业生态建设计划

星链致力于实现流通产业的供应链云基础设施，实现从品牌到产业端到消费端的全数字化流通。星链平台计划从个人云起势，培养起基数可观的注册用户群体，给星链社区带来大量的流量和创新主体，之后将逐步拓展零售云和企业云，对产业端客户进行反相整合，通过打造零售云和企业云提升核心竞争力，未来星链将能够孵化出一大批星链品牌企业。通过个人云、零售云和企业云的发展，星链将完成供应链云基础设施建设，实现星链生态的闭合回路，能够让星链自我管理、自我激活、自我成长。

8.

陈胡公链："区块链＋"体验宗亲商业模式

作为全球第一个家族数字生命服务生态系统，"陈氏宗亲生命数据生产链"以胡公铁券为媒介，通过3DAR/VR等技术实现陈胡公族人（包含陈、胡、田、齐、姚等陈胡公之后）在线祭祀、数字族谱、传承文化和宗亲互助等功能，建设全球陈胡公在线家园。

一直以来，我国宗族大多数都是以传统线下形式进行传承，这就存在很多问题：在宗亲关系方面，宗亲联系困难，关系松散；祭祀方面，宗亲天南海北分布，无法共祭祖先；文化传承方面，宗亲文化、家风家训的传承主要靠个人自发保护，极易失传；同时由于宗亲间缺乏即时联络工具，成员之间无法有效互帮互助。

陈氏线上宗族作为全国首创线上生命数据生态链，从以下方面完美解决了上述问题：

数字族谱：每个宗亲成员都具有唯一数字身份和个人人生档案，认祖归宗；

在线祭祀：相隔千里随时随地共祭祖先；

传承文化：每一堂口、每一家庭都是一条血脉，血脉相传，文化永存；

宗族互助：聚全族宗亲力量，资源共享，互帮互助。

8.1 价值主张：全球第一家族数字生命服务生态

陈氏宗亲（包含陈、胡、田、袁、齐、姚、虞等陈胡公之后）生命数据资产服务生态是基于互联网、生物科技与区块链技术结合，通过3D/AR/VR建模打造的一个数字生命服务生态。结合生物基因测序技术，每个宗族成员可拥有自己的独立个人形象和基因序列，为全球宗亲提供虚拟数字化的宗亲祠堂、宗亲交流、宗亲教育、宗亲互助、宗亲历史文化传承、宗亲消费等服务，实现全球第一家族数字生命服务生态，从而实现：

（1）文化传承："根文化"是植入到每个炎黄子孙血液中的文化基因内容，家族与祖先就是我们每个炎黄子孙心灵深处的根，宗祠与宗亲会是祭祖与链接宗亲的核心纽带。

（2）精神寄托：本着让后人能够感受传承陈胡公精神的目标，建立陈氏宗亲大数据、传承家族历史文化、宗亲互帮互助、让每一位宗亲成员有尊严的经历生命的旅程，陈氏宗亲打造了全球最大的家族数字生命生态园。

(3) 生态建设：以大型庄园作为设计理念，通过 AR、VR 技术，分别设计中式风格庄园、现代风格庄园、欧式别墅风格庄园，体现陈氏家族体系庞大，枝繁叶茂。

(4) 极致体验：如图 8－1 所示庄园内部由宗亲档案馆、陈氏宗祠馆、陈氏教育馆、陈氏文化馆、宗亲互助厅构成，建筑规模宏伟。庄园位于背山面水的风水宝地，四周天空晴朗，配有飞鸟动画和虫鸣声。

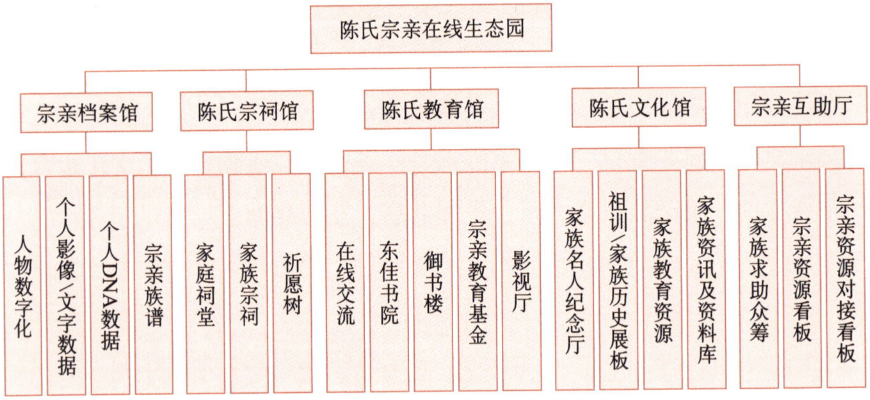

图 8－1 陈氏宗亲在线生态圈

8.2 拥户对象：全球陈氏宗亲

据 2019 年 1 月公安部户政管理研究中心数据显示，陈姓在 2018 年排名第 5 位，户籍人口数量达 0.633 亿人；在广东，陈姓约占该省人口 10% 以上，为省内第一大姓。广东省 2018 年人口为 1.13 亿人，按照 10% 的比例计算，广东省目前约有 1130 万陈氏人口。还有非陈氏但与陈氏有密切联系的宗族成员，如丈夫、妻子、子女、儿媳、女婿等。按三口之家计算，广东省的陈氏人口密切相关者有 3390 万人，全国的陈氏人口密切相关者有 1.899 亿人。

"陈氏生命数据生态"属于全球全体陈氏宗亲所有，由全球陈氏宗亲共同打造的，为全球宗亲提供寻祖问宗、交流、祭祀、互助、传承、投资等服务的生态，致力于推动陈氏宗亲"忠孝节义为本，耕读奉公传家"的千年精神的传承。陈氏生态的拥户主要有以下两类：

一是陈氏宗族成员，即个人姓氏为陈姓、宗亲世系为陈姓且有较多陈姓亲属、部分有专门的纸质版家谱和堂口、部分之前不姓陈但改姓陈的人，满足以上任意一点即可被认为是陈氏宗族成员；

二是陈氏宗族相关成员，即陈姓者的姻亲、子女等密切联系者、之前姓陈但是后来改姓的人，及与陈氏宗族某支在血缘或文化渊源上有重大、直接、密切联系的人或宗亲，以及胡、田、袁、齐、姚、虞等其他陈胡公之后。

8.3　拥户增益点

在服务内容、生态规则的规划设计过程中，宗亲拥户注重以下需求是否得到满足：

安全，宗亲个人生命数据安全可靠；

齐全，宗亲信息齐全，服务内容齐全；

传承，无论财富和精神，希望永久传承；

贡献，每一份贡献都是值得珍惜的；

重要，每一个宗亲都是重要的；

拥户需求满足会带来良好的结果：

自营销，推动宗亲人数和生命数字持续增长；

宗亲纽带持续加强，对生态产生习惯性和依赖感；

被尊重的需要被满足，激励为宗亲提供更好的服务。

8.4 生态联盟

在陈氏宗亲生态中，生态联盟商户入驻生态，提供商品或服务，可使用一定数量的胡公铁券抵扣部分应付货款，由此可以实现和增加成员权益。

异业联盟是区块链+宗亲生态的重要实现手段。在陈氏生命数据生态发展过程中，异业联盟将成为流量引导体系和宗亲权利体系的重要组成部分，并帮助实现胡公铁券的价值增值。

可拓展合作商家包括：

陈氏景点：各地陈氏景点。

陈氏会馆：陈氏宗亲在各地的会馆。

陈氏商业：宗亲企业提供的折扣产品。

陈氏养老：为陈氏宗亲提供养老服务。

陈氏地产：为陈氏宗亲开发的地产项目。

8.5 共识机制

目前为止，区块链共识机制主要有以下几种：PoW 工作量证明、PoS 股权证明、DPoS 授权股权证明、Paxos、PBFT（实用拜占庭容错算法）、dBFT、DAG（有向无环图）等。

根据需要，陈氏宗亲采用 PoW 工作量证明、PoS 股权证明和 DPoS 授权股权证明三者有机结合的方式来建立共识机制。共识机制通过程序代码写入、固化和自动执行，杜绝任何人和其他中心化的篡改。

8.6 激励机制

8.6.1 积分体系：胡公铁券

为了给更多的宗亲带来福利，同时也为了激励各个宗亲和城市堂口主动推广维护宗亲生态，提供宗亲服务质量，陈氏宗亲基金会将开发"胡公铁券"，用于生态激励。基金会将基于公链总共发行100亿的"胡公铁券"，具体发行方案如图8－2所示：。

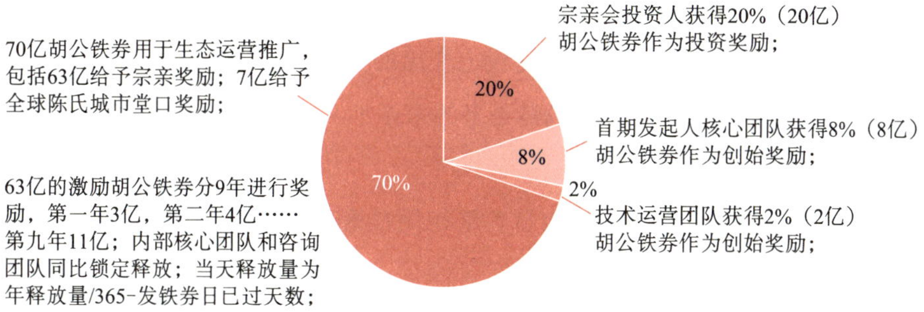

图8－2 "胡公铁券"方案

70亿胡公铁券用于生态运营推广，包括63亿给予宗亲奖励；7亿给予全球陈氏城市堂口奖励。其中63亿的激励胡公铁券分9年进行奖励，第一年3亿，第二年4亿……第九年11亿；内部核心团队和咨询团队同比锁定释放；当天释放量为年释放量/365－发铁券日已过天数；

宗亲会投资人获得20%（20亿）胡公铁券作为投资奖励；

首期发起人核心团队获得8%（8亿）胡公铁券作为创始奖励；

技术运营团队获得2%（2亿）胡公铁券作为创始奖励；

每天拥户所获得的胡公铁券激励等于当日胡公铁券量×个人账户参与挖矿值/当日参与挖矿总值（以当日24：00时间为最后时间点）。

城市合伙人的奖励以城市宗亲堂口为具体对象，按照当日胡公铁券实际交易价格而赠予一定数量，比如按照1元钱赠送10个胡公铁券计算。

8.6.2 贡献衡量：宗亲等级体系

为了更好地衡量生态体系中每个宗亲所作贡献的大小，我们根据宗亲在生态中不同的行为场景，设计了福报值、功德值、福德值（以下简称“值”）。

（1）福报值：宗亲给予他人的帮助，包括但不限于：

财布施：宗亲在投资兴业、捐资助教、扶贫助困、抗震救灾、防恐防疫等领域捐助金钱、财物（比如：布施1人民铁券等于10福报值）；

力布施：在宗亲活动中，提供义工服务等；

慧布施：在宗亲活动中，提供授课、解惑和资源服务等。

（2）功德值：是宗亲在生态建设上作出的贡献，包括但不限于：

生态建设；缴纳宗亲费；邀请更多的宗亲加入生态；完善宗亲档案材料；投资生态或生态基金等；

生态消费：在生态中购买会员、祭祀用品和其他服务等（比如：消费1人民铁券等于1福报值）；

生态循环：在生态中提供各类免费的服务和产品等。

（3）福德值：是宗亲在自我精进上的修行，包括但不限于：

数据完善：完善自己生命数据（含DNA）；

在线祭祀：建祠堂、宗祠、祈愿树、灵牌等供人祭祀；

内容活动：参与生态各类活动，评价内容。

三种值相加的总数超过了一定的等级门槛，即可成为相应等级宗亲，享受该等级宗亲在生态中的全部权限。

8.6.3 宗亲等级体系

针对不同等级的宗亲，陈氏宗亲设计了多层次的激励体系，具体如表8-1所示。

表 8－1　　宗亲等级及相应权益

宗亲等级		门槛	等级权益		
			服务折扣	铁券激励	值奖励倍数
零级	宗亲	上传身份资料	原价享受所有服务	无	1 倍值
一级	秀才	缴纳宗亲费	所有宗亲服务 8 折	所有下线及下下线宗亲在生态的祭祀消费给予 10% 的返券	1.2 倍值
二级	小爵	值累计 5000	所有宗亲服务 5 折	所有下线及下下线宗亲在生态的祭祀消费给予 15% 的返券	1.5 倍值
三级	大夫	值累计 50000	所有宗亲服务 3 折	所有下线及下下线宗亲在生态的祭祀消费给予 20% 的返券	1.8 倍值
四级	子爵	值累计 500000	所有宗亲服务 1 折	所有下线及下下线宗亲在生态的祭祀消费给予 25% 的返券	2 倍值
五级	侯爵	值累计 5000000	所有宗亲服务免费	所有下线及下下线宗亲在生态的祭祀消费给予 30% 的返券	3 倍值

注：不同账户之间的值不可互转；同一个账户的值独立计算，胡公铁券可以合并；值可以换胡公铁券，胡公铁券不可以换值；账户等级根据值的数量来定，即拥有 1000000 值，享受宗族子爵权益，若将其中 900000 值兑换为胡公铁券用于消费；则宗亲值为 100000，享受宗族大夫权益。

服务折扣：相应等级的宗亲在生态购买服务和产品时可以享受相应折扣；

铁券激励：相应等级宗亲的下线和下下线在生态祭祀消费，可给予宗亲本人一定比例的返券奖励；

值奖励倍数：相应等级宗亲享有累积功德值、福德值、福报值加倍的权限。

8.6.4 代币流转：胡公铁券的用途

（1）线上宗祠祭拜：根据祭拜需要的不同，在家庭祭拜和堂口祭拜时购买不一样的祭祀商品，可选择不同的祭拜效果（生态核心功能，不同等级宗亲每段时间会有对应等级的免费祭拜权限）；

（2）发布求助事务：发布求助手续费 5 铁券（若求助失败则全额退铁券）；

（3）线下祠堂代祭祀：根据不同祠堂要求和祭品要求，支付 5～300 铁券不等（价格由生态和线下祠堂协商确定）；

（4）生态兑换商品：景点门票、电子产品、电影票、视频网站宗亲、充话费、航空里程、抽奖等（兑换商品，参考银行信用卡积分设置宗亲权益，生态可以根据自有资源或寻找合作伙伴，进行交叉营销）。

8.7 价值支撑

（1）宗亲费用：生态搭建陈氏宗亲之间的桥梁，吸引更多陈氏和陈氏相关者人才，以宗亲费作为主要的收入来源；

（2）通证溢价：胡公铁券锚定一定的货币价值，随着生态做大，胡公铁券的价值不断提升，生态作为发行方从中获利；

（3）基金运营收益：虚拟祭祀用品的销售收入；

（4）投资收益抽成：成员在生态成功消费的，按照一定比例收取生态运营费；

（5）生态所售服务收入：成员在生态选购基因测序、线下等实体服务时，生态按照一定比例抽成。

铁券联盟的商业逻辑具体如图 8－3 所示。

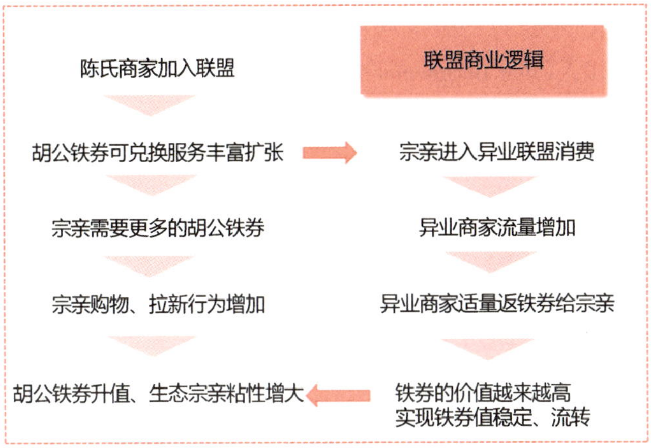

图 8-3　铁券联盟商业逻辑图

8.8　治理机制

生态采用授权股份证明算法（Delegated Proof-of-Stake，DPOS）的治理机制，每年截至 12 月 31 日胡公铁券持有量排名前 108 位的拥户作为生态的治理委员会参与生态治理，并选举公司执行委员会委员（7 名，每位姓氏 1~2 名）进行日常管理，具体如图 8-4 所示。

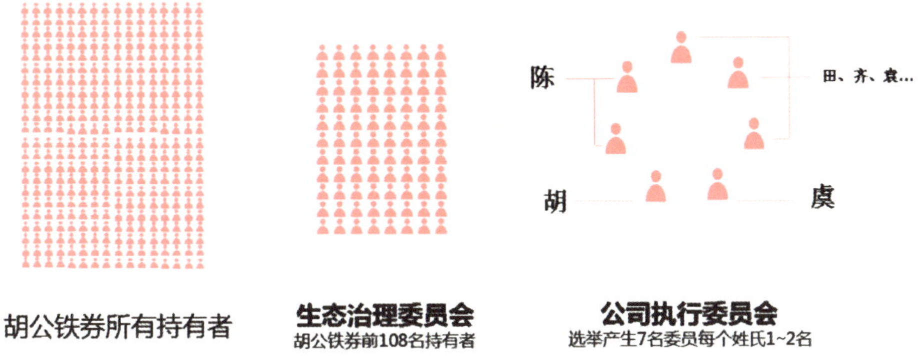

图 8-4　陈氏宗亲治理机制图

生态所有拥户都有权利对生态的运营提出改进建议，但均需提交一个胡公改进方案（CIP，Chen Improvement Protocol），改进方案中包括运营规范和合约标准。一旦 CIP 被执行委员会批准并最终确定，它就成为 CRC（Cheney Requirement Comments）。CIP 的完整原始信息可以在 CheneyHUB 网址找到。

最终确定的 CIP 为胡公生态开发者提供了一套可实施的标准。这使得智能合约或者软件功能可以遵循这些通用的接口标准来构建。所有的 CIP 一旦被采纳，将按照对生态的贡献分成五级予以胡公铁券的奖励，或者按照执委会商议的标准给予奖励；该标准需要提请治理委员会批准方能生效；生态执行委员会可聘请第三方代码审计方对生态代码进行审计，并提请治理委员会批准并通过。

图 8－5 是一个 CIP 产生的流程和可能的状态：

图 8－5　CIP 的产生流程图

生态领导机构的组成如下：

宗亲大会：所有持有胡公铁券的宗亲按照一券一票的原则参与宗亲治理，选举治理委员会成员等；

宗亲治理委员会：治理委员会 108 成员按照其代理的铁券数量作为委员会成员负责宗亲治理；

宗亲监事会、执委会：由治理委员会选举产生 5～9 位执委会成员和宗亲监事会，执行委员会负责宗亲的日常治理工作。

9.

德方智链："区块链＋"智慧城市商业模式

链企银通过区块链把政府的相关部门、人民银行、商业银行、企业、金融科技服务商、数据服务商、监管部门等链接了起来，建立起一个可信的中小微企业融资系统，解决中小微企业融资难、融资贵问题，赋能中小微企业快速发展。

"链企银"金融数据综合服务平台由德方智链科技（深圳）有限公司与娄底市人民政府共同打造，旨在通过技术创新和数据赋能，解决小微企业融资难题并推动城市社会诚信体系建设。德方智链科技（深圳）有限公司长期专注于区块链技术在金融领域中的开发与应用，结合人工智能、大数据等新兴科技手段，为客户提供一站式的金融科技产品及 SaaS 服务。公司拥有具备领先研发能力和产品落地经验的技术团队，并建立了以博士、博士后为主的金融研究团队和大数据风控团队，可为合作伙伴提供小微融资 SaaS 服务，大数据风控 SaaS 服务，智慧供应链金融平台、区块链存证溯源平台等服务，也可提供定制化的区块链+金融解决方案，致力于成为"区块链+"金融领域最值得信赖的技术及解决方案合作伙伴。

9.1 价值主张

链企银通过区块链把政府的相关部门、人民银行、商业银行、企业、金融科技服务商、数据服务商、监管部门等链接了起来，建立起一个可信的中小微企业融资生态，解决中小微企业融资难、融资贵问题，赋能中小微企业快速发展。

链企银平台以区块链技术为底层，建立可信共享环境，打通数据孤岛，为数据存证流转提供基础设施；以大数据技术为手段，通过接入政府部门、金融机构、小微企业等多方主体，拓展数据来源和维度，为企业提供精准画像；以"智能匹配"和"风控增信"为目标，打造金融产品超市和金融生态，为企业用户智能匹配多样化的优质金融产品并提高企业融资效率，帮助金融机构精准获客、降低运营成本，同时，基于大数据画像建立智能风控模型，输出信用评分、授信决策建议、风险预警，为企业增信。其价值逻辑具体如图 9-1 所示。

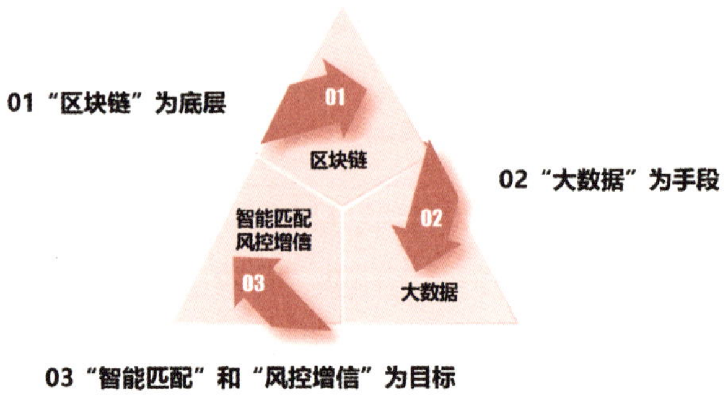

图9－1 链企银价值逻辑

9.2 拥户画像

链企银包含政府、企业、银行和技术运营方多个拥户，共同建设城市信用生态系统。

①政府提供相关的政务数据。在保护隐私和保密的条件下，所有相关的交易和数据都会记录在区块链上，这些链上数据可以为监管部门提供存证溯源服务和实时的、穿透底层的监管服务。

②企业可以通过这个生态了解政府的各项针对企业的财政政策，了解各个银行提供的贷款产品，从平台上申请融资贷款。

③银行可以在平台上发布他们的贷款产品，也可以通过平台对企业的贷款申请进行线上审批。

④运营方通过区块链智能合约对申请贷款企业的数据进行自动化分析，智能匹配企业和银行的需求，为银行提供推荐和助贷服务。

9.3 拥户增益点

针对金融机构和小微企业的调研显示，大多数企业并未充分了解银行产品信息，而银行没有足够多的人手去大规模拓展企业客户，同时，也很难获得企业数据以及对数据真实性进行验证，而且，社会信用环境整体弱，更加剧了真实信息获取的难度。

基于这些问题，链企银平台提供了"区块链+大数据"的创新解决方案：借助区块链技术，在保证数据安全的前提下，连接数据孤岛，实现数据高效存证和共享；

利用大数据技术对海量多维数据进行挖掘，并通过交叉比等方法辨识数据真伪，为小微企业描绘精准画像，并输出信用评分和授信建议。

小微企业融资摆脱以房产、设备等资产为抵押物的抵押模式，向数据增信的纯信用模式转变，彻底解决融资难、融资贵的难题，具体如图9-2所示。

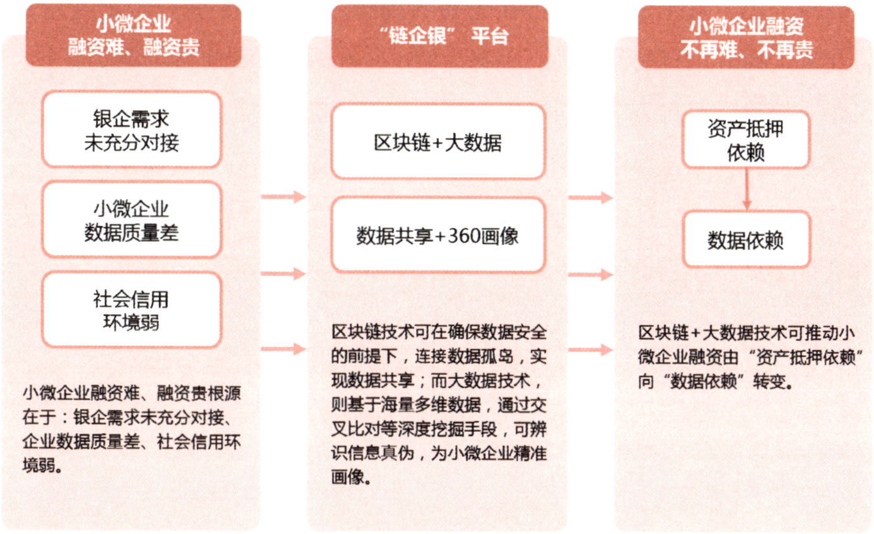

图9-2 小微企业融资路线图

目前生态在国家政策允许的范围内将发行通证来激励各参与方共建整个生态，共同受益于生态发展带给所有拥户的生态价值，同时，随着生态的不断发展，将形成以政府、银行、企业为主的共同治理机制，确保生态持续性的发展，为城市赋能。

9.4 生态联盟

生态的发展离不开更多的联盟共同参与，随着生态的持续发展，城市运营商、数据服务商、保理公司、信托公司、证券公司、担保公司、交易所、律师事务所、会计师事务所等陆续加入进来，构成生态新的发展动能。

城市运营商将持续推动生态在城市的发展，吸纳更多的城市中小企业和银行加入，持续协助地方政府做好中小企业融资问题；

数据服务商将提供更多有价值的数据来帮助生态更好地进行风控画像，持续提升中小企业的信用，降低风险；

保理公司、信托公司、证券公司将为银行产生的中小企业贷款进行资产证券化等，提升银行的流动性；也将为中小企业融资提供更多的融资服务；

中小担保公司将为中小企业融资提供担保，提升中小企业信用；

交易所将为银行等出表资产提供挂牌服务，提供更好的流动性；

律师事务所、会计师事务所将为中小企业融资或者银行出表资产提供法律和会计意见。

9.5 价值实现

平台以破解小微企业融资难题并以此推动城市社会信用体系建设为宗旨。

通过打造包含银行、政府、企业、监管等在内的金融生态，以区块链技术为底层，借助大数据技术，围绕小微企业融资，提供包括企业征信、信息发布、社区互动、反欺诈、融资撮合匹配、融资助贷、贷后管理等服务，提升银企对接效率，并帮助小微企业依靠数据增信，最终成功获得银行信用贷款。

同时，平台以生态和社区为基础，可帮助政府部门加强对城市产业和金融的管理，推动城市信用体系建设，化解经济金融风险。在城市管理方面，平台可提供政策发布和解读、数据共享、产经统筹和管理以及风险识别和监控等服务，具体如图 9－3 所示。平台可成为智慧城市建设的有力抓手。

图 9－3　链企银平台价值实现模式

9.5.1　小微金融生态

小微金融社区生态是指，对于企业用户而言，平台不仅是一个高效化、标准化、规模化的融资需求对接的"金融产品超市"，也是建立包括金融社区、资讯频道、在线交流等模块组成的金融社区生态和信息发布系统，以建立良好的社交生态，提高平台用户黏性和用户体验。首先，通过用户对各类新闻资讯、政策法规、产品广告、社区话题等的评论、分享行为，以及跟踪产品与服务页面的转发与阅读情况，能够积累用户行为数据，推进金融大数据平台建设，有利于构建基于大数据的精准营销、信用评级与风控体系。其次，通过对营销信息传播情况的统计、数据采集和分析，形成营销决策支持工具。再次，小微用户可通过客户端与金融机构客户经理进行实时联络沟通，也帮助金融机构提升客户服务能力。最后，还可用通证的形式，对用户发布文章等的社交贡献给予积分奖励，激活用户活跃度。

9.5.2 金融产品超市

平台将打造成金融产品超市，解决企业与金融机构之间信息不对称、沟通成本高的难题。金融产品超市通过连接众多优秀的金融机构，为小微企业提供不同类型、不同层次的多样化金融产品，搭建丰富的线上场景引导优质用户流量，向企业用户通过专业的智能引擎匹配最适合的金融产品，由平台智能信贷风控体系辅助金融机构，对符合条件的优质小微企业实行全线上快速审批和放款，达到帮助小微企业提升融资效率，减小银行贷款逾期风险，实现降低企业融资成本的目的。平台还支持由企业用户不定向地发布需求到企业融资需求池，智能匹配众多的金融机构来竞相“抢单”，再由客户选择是否接受服务，倒逼金融机构提高服务质量、降低融资利率。

另一方面，平台需真实解决金融机构痛点，才能与众多金融机构建立良好的合作。平台利用大数据、人工智能技术，将智能识别、智能营销、智能风控、智能定价、智能交易、智能客服、智能监管贯穿金融机构的业务场景、用户管理、产品设计、运营流程，进行数字化升级，使金融机构能够快速了解、筛选、批量对接有融资需求的小微企业，降低运营成本、提高资产质量、增强市场竞争力。

9.5.3 可信生态建立及数据隐私保护

区块链分布式、开放自治、数字加密技术、不可篡改的特性，可以有效解决大数据风控数据孤岛、数据低质和数据泄露等数据问题，从而起到数据共享、隐私保护等作用。

金融数据综合服务平台可接入企业节点、国投节点、银行节点、工商部门节点以及其他机构的节点建立区块链联盟链，这样由区块链技术构建的多方共同维护的分布式账本，对于大数据风控有效性的提高有重要意义。一是，众多银行、交易主体、监管部门都作为节点加入区块链时，信息将公开、透明、及时地传递给所有参与者，并由多方实时监控其他用户节点的交易信息，防范风险事件的发生；二是，单个节点不能随意进行数据增减或更改，从而降低了单一节点制造错误数据的可能性，并且将智能合约指令嵌入到区块链中，消除人为操作因素可能引发的操作风险；三是，任何节点对数据的操作都会被其他节点发现，从而加强了对数据泄露风险的监控。

最后，业务处理过程中，通过自主研发的智能合约和共识机制在区块链上自动完成相关协议的执行，并将结果直接写入区块链，保证业务都是先达成共识再进行处理，提高了信任和协议执行的透明度、正确率，极大提高运作效率，避免了操作错误和可能的作弊行为等情况出现。

9.5.4 大数据人工智能风控

大数据人工智能风控是整个金融数据综合服务平台的核心依托，包括大数据分析、反欺诈规则、风控策略、授信模型、贷后管理等服务，具体如图 9-4 所示。风控系统利用反欺诈规则过滤掉不符合准入要求的客户，通过风控引擎对风控模型进行包括评分卡、规则、策略等的配置，风控引擎与业务系统对接，在授信审批的同时触发授信模型把计算结果实时返回业务系统从而帮助风控人员快速识别风险，实现高效审批；数据积累足够多以后对模型进行分析调整，使风控模型不断优化提升，使推荐给银行的客户画像更加精准、风险评估更加准确。平台最终将帮助小微企业融资摆脱对大企业（核心企业）以及中心化机构的依赖，实现企业融资由"资产抵押依赖"向"数据依赖"转变。

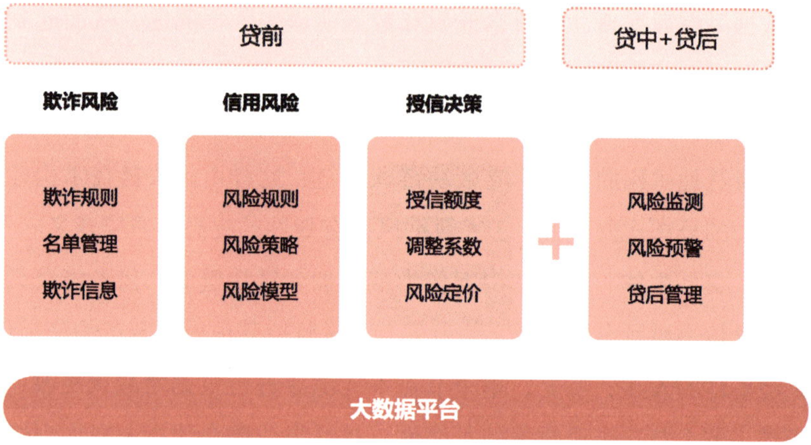

图9-4 大数据平台

9.5.5 反欺诈及风险监控服务

在通过区块链云服务连接各方大量的黑名单数据、欺诈行为数据、失信数据等数据的基础上，平台建立和运行一系列反欺诈规则、策略，提供欺诈情报、账户安全保护、网络安全防护、营销活动保护、渠道推广保护、支付安全保护、交易安全保护、智能验证等反欺诈服务。结合平台自身积累的大量数据，以及与金融机构建立广泛的合作关系，建立正负面清单、不良企业名录库、风险评分卡及策略、风险波动提示与预警等金融风险监控服务。

平台将开创经济、金融新格局。企业、银行、政府和监管部门均能从中受益，生态圈的构建对国家金融稳定将发挥积极作用。

9.6 共识机制

链企银平台是建立在联盟链基础上的一个应用，它的共识机制由下面三个阶段构成：交易背书、交易排序、交易验证。

共识是链企银生态中各个参与方利用它们在区块链网络节点中的作用来

保证的交易完成并验证交易和交易块的一个过程。共识必须提供以下核心功能：

根据背书和共识政策，确认区块中所有交易的正确性；

同意顺序和正确性，因此同意执行结果，就全局状态达成协议；

对接并依赖智能合约层来验证块中有序交易集的正确性。

交易在不同的区块链应用中的含义不同。在链企银生态中，一个区块链的交易可以是企业发起注资登记，提交链企银平台的企业身份认证并在平台上建立身份和相应的信息上链等事件在链上的记录。也可以是企业发起一个融资申请，一家或几家金融机构接受和审批融资申请，相关申请信息上链的记录。建立交易共识的第一步是从链企银的客户端接收链企银客户发起的交易，然后由排序服务进行交易排序。为了实现交易的私密，排序服务不应看到交易的具体内容，交易的内容可以加密或者是采用哈希处理。交易通过接口被传递到排序服务，然后排序服务根据共识算法和配置策略将交易排序。为了提高效率，排序服务会将多个交易打包成一个块再输出，排序服务中需要保证块内交易的顺序。在链企银平台上，智能合约定义了商业逻辑并用来确认和验证交易有效性。智能合约根据特定的策略与约定来确认每一笔交易都是有效的。无效的交易会被拒绝，并在块中被剔除。

在链企银平台上共识遵循安全性和活跃性。

安全性，是指保证每个参与者节点都有相同的输入序列，并在每个节点上产生相同的输出。当节点收到一组交易时，每个节点上的状态变化都应该是相同的。

活跃性，网络中的每个节点都必须接收到每一条提交的交易，除非节点出现错误。

在链企银平台上，建立共识的三个阶段都支持可配置不同参数来实现不同业务对交易背书、排序和验证的不同需求。可以插拔式的配置基于 Kafka 或拜占庭容错的共识算法。

Kafka 有节点崩溃容错能力。最终确定交易仅需几秒钟即可完成，但 Kafka 的弱点是如果系统中出现恶意或故障节点，共识就无法达成。因为链企银是建立在一个可信的联盟生态中，出现类似公链中恶意节点的可能性几乎不存在，所以这种风险可以控制。

链企银支持的另一种共识算法是拜占庭共识。相比 Kafka 它具有节点的容错能力，最终确定交易一般也仅需几秒钟，但节点越多，达成共识所需的时间就越长。另外，它需要网络中的节点是已知的，且必须完全连接，这在可信的联盟链中不是一个问题。

9.7 激励机制

分布式的区块链不仅是数字金融领域的一个革命性的底层技术，也为共享经济的商业模式带来巨大创新。分布式的区块链商业模式的核心是共享和分享。Alex Tapscott 是数字金融领域权威发言人，在 Rebuild 2018 大会上，他提到了利用区块链可以实现的开放式共享的商业模式。这种模式的宗旨是通过区块链技术和有效的激励机制让在生态中真正的价值创造者可以摆脱没有价值的中间商，而获得更多的在生态平台上产生的价值。在 Alex 提到的商业模式中，和链企银相关的内容包括：用区块链协作，创造真正的共享经济；重新定义中间人，减少佣金；提供更多更好的数据，夺回用户的数字资产。

通过链企银平台解决中小微企业融资生态中各方的信息不对称、信息孤岛的问题，这样避免了传统的贷款通过中介被收取高额的介绍费的状况。银行可以高效地获取批量、符合融资条件的优质企业客户。企业和政府数据在融资中产生的价值也回馈到数据真正的拥有者手中。

由于政策和法律的限制，现阶段在中国，通过发行货币型通证，在交易所进行流通和兑换法币来融资和激励生态的方式是不可行的。虽然基于联盟链的链企银生态的发起，建立和正常运作并不需要通过发行货币型通证的融资手段来实现，但是利用区块链技术发行应用类通证（如积分），来激励生态价值创造者是一个未来的趋势。我们可以用积分来激励所有为生态健康发展和扩大作出贡献的行为。如企业可以因为上线注册、实名认证、贷款申请、资料和相关数据的提交、没有虚假数据、及时还款等获得积分。银行也可以通过给企业发放贷款和服务获得积分。放的越多，坏账越少，可获得的积分越多。这些积分可以在链企银的生态中流通和使用。积分可以用来换取平台上的商业化收费服务，比如企业可以用积分来换取第三方融资担保服务，降低融资利率等；银行可以用积分换取第三方的商业化企业数据和相关的风控、助贷等服务。这种基于通证积分的大量用户场景也是激励生态和建立创新分布式商业模式的一个有效手段。

9.8 价值支撑

链企银生态的短期收益在于撮合银行给予中小微企业贷款收取的风控费用，协助银行进行助贷收取的技术服务费等等将是支撑该生态收入与利润的来源；随着银行和企业用户数量的日趋增多形成的城市大数据将是生态未来收入的重要的来源。

平台在建设过程中得到政府和社会各界的广泛关注和支持。2019 年 7 月，湖南省委书记杜家毫在视察中给予平台充分肯定和鼓励，希望平台能做到湖南其他地方去。2019 年年底，平台被中国信通院评为“潜力案例”。目前，平台已经上线，并有 2000 多家企业和近百款金融产品上线，已在提高小微企业融资效率方面发挥了重要作用。链企银期待与更多合作伙伴一起，将平台快速复制，充分发挥区块链、大数据技术在赋能小微融资方面的创新效果。

10.

见吾出新："区块链＋"体验式电商商业模式

为了打造全新的区块链零售生态，见吾出新（深圳科技有限公司作为 F2C 区块链技术体验式电商的代表）通过区块链技术来确保产品全程溯源，保证每一个产品的品质和真实的用户评价，去掉中间商，实现无差价的电商销售。

见吾出新（深圳）科技有限公司是F2C区块链技术体验式电商的代表者，公司自2016年成立以来，聚焦精选极致性价比的供应商家，为中小企业的创新产品提供极低成本的推新裂变，从而赋能中小商家的品牌升级。商家在平台不仅可以实现一键免费入驻和即时到账的零结算风险，且平台通过商家提供的试用和推新商品，由平台的见吾客体验师为商家创新产品进行分布式的众测和真实评价，从而为用户精选极致性价比且适合自己的商品，为用户提供快速聪明的购买决策。

10.1　价值主张

见吾平台底层是区块链公司，是数据化公司，是用户运营公司。见吾平台通过线上的情感链接与用户互动，从而经营好用户，去摆脱流量与位置束缚，所以平台招募了大量的见吾客体验师，通过游戏化的升级打怪应用场景不断晋级，反过来帮助中小微品牌和创新产品的商家找到同类诉求的用户，再通过用户的真实体验和评价筛选出极致供应链和商品。

平台通过标准化、体系化的溯源，实现精选商品的品质保障，并鼓励商家推新商品，用户进行有效评价，这可极大降低消费者货不对板购买场景下的顾虑，同时完善从工厂直接到消费者，去掉中间商环节，基于熟人口碑的购买体验。即结合Costco类的精选与大众点评类的用户评测等优秀理念，见吾出新形成独特、开环、资产证券化的区块链领域新零售生态模式，具体如图10－1所示。

图10－1　新零售生态模式

10.1.1 由渠道商向服务商的根本转型

传统商品销售渠道商先从厂商拿货，加价后利用自有渠道或第三方平台销售。而见吾作为新零售服务提供商，做厂商和消费者之间的全能型媒介，精选有限品类（精选 SKU）的高性价比商品，并以尽可能低的价格（低毛利）直接销售给消费者。消费者价格敏感度高，是零售行业一大特征，在见吾出新，所有商品一件也是出厂价，这就在运营初期便有效触达并刺激消费者群体，并快速获得青睐与二次传播的口碑。

10.1.2 精选 SKU，打造爆款

见吾选择家庭生活必需细分升级品类，每个品类限定筛选 3 ~ 4 个 SKU，既严控品质，又保障了平台商家的流量，一方面极大提升了潜力商品的爆款属性；另一方面也为消费者在多元化需求场景中去繁就简，实现精准选品。其 SKU 路线具体如图 10 – 2 所示。

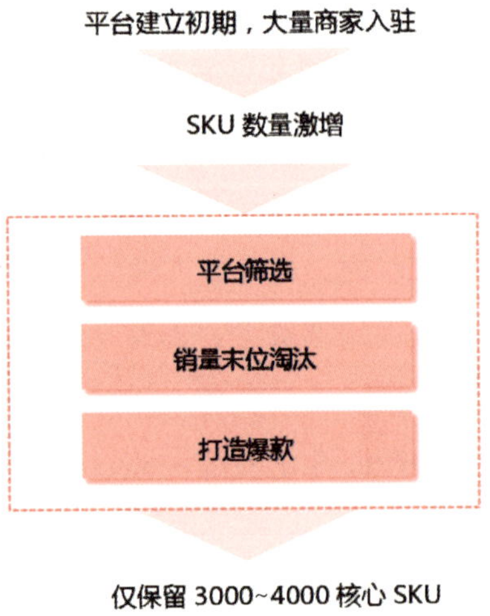

图 10 – 2　SKU 路线图

10.2 拥户画像

见吾出新平台主要共有三类用户角色，他们分别是见吾会员、见吾客与供应商。

10.2.1 见吾会员

（1）会员角色定位：

精准的用户定位，是见吾出新成功的关键要素之一，见吾寻找的拥户有如下特征：

①收入充足，是实现在平台长期消费的基础条件。

②居家为主，同时平台4000种主SKU能满足其所需。

③具备一定人脉关系，平台强关系链接是发展新用户的先决条件。

④注重生活品质，也追求性价比。

⑤具备活跃于社群的习惯，也利于被营销精准触及。

（2）会员规模测算：

根据瑞信财富调研，中国年收入超过15万元人民币的中产阶级已占成年人口的29%（其中年收入超过80万元人民币的为8%），约4.06亿人口，按照一家3.5人左右的家庭规模，已有1.16亿家庭；这部分家庭有能力也有意愿接受会员制服务。

（3）会员增值目标：

从以上数据可以明显概括出，见吾会员的目标群体有以下特点：

①基数大，人口和家庭数量多，可发展会员数较多。

②家庭年收入较高，购买力强。

③家庭必需品支出占总支出比例较大，有刚需。

④较多地使用社交媒体，易于受到社群营销影响。

因此，其指定了三年内获取50万活跃会员的经营目标。

10.2.2 见吾客

见吾客具备KOL、体验测评、内容分享等基础属性，可定义为内、外部口碑传播的重要角色。

（1）见吾客群体定位：

①20~45岁女性。

②负责家庭用品的采购。

③习惯于网购。

④注重商品性价比和使用体验。

⑤具有生活经验，对商品有敏锐的鉴别能力。

⑥乐于分享购物体验，推动会员销售。

（2）见吾客功能：

见吾客具有三项核心权利，即：

①试用商家商品，撰写专业点评。

②推荐试用特权给周围的人，分享生活态度。

③试用商品后购买商品，成为会员。

见吾客角色是见吾出新平台具有独创性的创新，其行为能够给平台带来巨大的好处。首先，他们的真实点评成为用户购买和商品上下架和评分的依据；同时赋予他们的推荐特权，可以结合社群营销提升自身个人知名度与影响力；最后，伴随自身所需的商品购买，营业额的提升也会增加对应权益。

10.2.3 见吾供应商

作为商品的供应端，见吾出新基于供应角色的差异进行了明确的界定。

（1）商户种类：

见吾出新平台的入驻供应商主要以如下三类为主：

商家：即直接进行商品销售的店家、创新者机构等。

代理商：即以进口行业细分为代表的一个或多个品牌，并对他们的商品进行销售的机构。

厂家：即直接生成制造商品，进行销售的机构。

（2）商户层级：

①腰部企业为主：平台的主流商品供应商，具备商品品质高、价格适中、谈判空间较大的特征，为平台销售主要来源（腰部企业：即细分行业品质较好，但市场品牌认知度相对较低的企业）。

②头部企业为辅：商品知名度高，客户群体集中，可为平台提供引流的价值。

③适量小微企业：谈判中拥有较大话语权，从小微企业中挖掘质优价廉的爆款商品，具备能够丰富平台 SKU 和客户选择空间的作用。

10.3 拥户增益点

针对用户的注意点，见吾通过 Costco 模式，不断强化“见吾 = 无差价”的品牌认知，通过分布式用户点评模式，逐步塑造“见吾 = 好品质”的用户口碑：

①精选优质货源，定期末位淘汰，实现优胜劣汰。

②F2 模式，砍掉所有中间环节，保证低价。

③每个品类商品只提供 2 ~ 3 个 SKU ，精选高性价比的爆款，减少用户购买顾虑与决策时间。

④平台邀请专业“见吾客”试用商品，提交真实使用评价。评价真实可靠，无刷单、无水军、无法篡改，塑造健康 PGC 与 UGC 的分享环境。

基于马斯洛需求层次理论，从满足各参与方（用户、见吾客、供应商）的以下需求出发，进行商品提供、平台规则设计、设定区块链安全机制和激励机制：

①针对会员，做到区块链溯源，无假货，保证底价。

②针对见吾客，做到评价数据上链，真实不可篡改。

③针对商家，做到交易数据上链和商品溯源。

④发行见吾积分，激励平台生态，享受成长价值。

⑤针对不同会员性别，设计贴合性别使用习惯的页面布局、图文描述等。

⑥在传统客户服务工作之外，定期进行客户关怀，如组织茶话会等。

⑦推出平台年报，介绍会员全年消费及其影响和改变，针对高等级会员组织会员大会，颁发奖励等。

通过满足用户增益点的运营策略，持续提升用户需求满足感；激发用户自营销，推动会员持续增长；差异化审美体验被满足，培养了用户对平台产生习惯性和依赖感；尊重需要被满足，激励用户等级的保持或持续提升。

10.4 生态联盟

10.4.1 生态联盟商户

生态联盟商户入驻平台，通过商品或服务的提供，为见吾积分增添了必要的使用场景。其作为区块链智慧零售的重要实现手段，已成为见吾出新商城流量引导体系和会员权利体系重要组成部分，并帮助实现见吾积分的价值增值。包括但不限于：

①消费日用品：自有品牌商品的推广；

②日常缴费：包括话费、水费、电费、网费、燃气费；

③影视影音：电影票、音视频网站会员；

④文娱休闲：旅游、航空里程；

⑤医疗个护：医疗、理疗场所。

10.4.2 见吾积分流转体系

见吾积分由见吾出新平台发出，主要是为了激励会员、见吾客、供应商的付费行为和与平台的互动行为。

用户在购物时可以使用见吾积分实现购物抵扣。

平台通过见吾积分的赠送方案，达成了引流的运营效果。

除了在循环圈内流转之外，各参与方都可留存一部分见吾积分在自身账户中，从而维持自己的现有等级和所享受的权益。保证了体系内流转的币量不过量，维持了价格的整体平稳。

见吾平台的积分流转体系，是以区块链思维构建的，具体如图10－3所示。

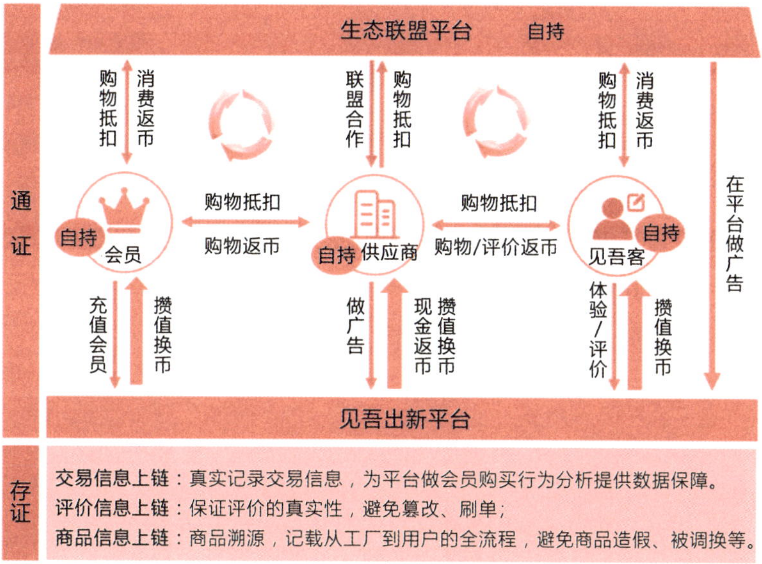

图10－3 见吾出新平台的通证与存证

10.5 价值实现

生态通过开发在线程序为会员提供服务，通过制定简明直接的商品定价策略，让用户能够直白明了地比价与在线购买商品或服务。

10.5.1 会员模式

见吾的会员模式具体如表 10 - 1 所示。

表 10 - 1　　见吾会员模式

<table>
<tr><th colspan="2">会员等级</th><th>实际折扣（出厂价基础上）</th><th>价格建议</th></tr>
<tr><td>试用商家</td><td>青铜</td><td>原价</td><td>行业最低价</td></tr>
<tr><td rowspan="4">正式商家</td><td>白银</td><td>现金 +/-5% 以内见吾积分</td><td rowspan="4">商家可根据商品的实际情况收取见吾积分或者赠送见吾积分来扩大销售</td></tr>
<tr><td>黄金</td><td>现金 +/-10% 以内见吾积分</td></tr>
<tr><td>铂金</td><td>现金 +/-15% 以内见吾积分</td></tr>
<tr><td>钻石</td><td>现金 +/-30% 以内见吾积分</td></tr>
</table>

平台为了吸引更多的会员，在会员享受优质低价商品的基础上，将部分会员权益以见吾积分的形式，通过联盟商家来实现。

10.5.2 联盟商家折扣

即用户消费时愿意接受见吾积分抵扣部分现金的商家，见吾积分抵扣部分其实是商家的让利；想要尽可能多地发展商品或服务的边际成本比较低的商家，可以消耗更多的见吾积分（例如，电影票、音视频网站会员）。通过见吾积分体系，连接平台、会员（见吾客）、生态联盟（商家），促进各方诉求实现，同时不断提升见吾积分的价值，实现通证溢价。

10.5.3 核心 SKU 的打造

为了方便会员购物，并选出核心 SKU，见吾平台倾力打造平台好物榜。

规则：每天根据算法智能推荐平台好物，每个品类根据功能需求选出1~3个SKU（例如，移动式饮水一体机，功能需求单一，选1种；茶叶系列，口味需求较多样，选3种）。

（1）平台好物的产生。平台好物将从以下几个维度进行有效筛选：

①价格不高于其他平台。

②见吾客体验过且拥有好评的商品。

③会员购买量、好评率、复购率（不同品类商品有差异）的加权配比。

④商品历史销量。

⑤会员和见吾客的推荐率。

（2）平台好物的推广策略：

①小程序中通过醒目的广告位进入平台好物专属页面。

②此商品进入平台核心SKU库。

③在商品购买页面显示星标【平台好物】。

④购买同品类商品时，详情页会推荐好物商品。

⑤此商品的供应商将得到商家值奖励，并得到一张定制喜报。

⑥推荐过此商品的见吾客将得到见吾值奖励，并得到一张定制海报。

（3）平台好物的意义：

①打造平台爆款商品。

②为筛选平台核心SKU提供借鉴。

③帮助会员精选好物，减少角色时间。

④增加平台与供应商和见吾客的黏性。

10.6 激励机制

10.6.1 见吾积分的发行

为了给更多的会员带来福利，同时也为了激励各个联盟和城市节点主动推广，维护见吾出新平台与提高会员服务质量，见吾出新开发了“见吾积分”，用于平台激励。见吾积分是见吾出新智慧零售平台的核心通证，具备消费、贮存、交易的功能。

见吾出新平台将基于公链总共发行100亿“见吾积分”，具体发行方案如下：

① 70亿见吾积分用于平台运营推广，包括63亿用于会员奖励、见吾客奖励与商家奖励，7亿用于城市联盟合伙人奖励；63亿的激励见吾积分分9年进行奖励，第一年3亿，第二年4亿……第九年10亿；内部核心团队和咨询团队同比锁定释放；当天释放量为年释放量/365－发币日已过天数。

②外部战略投资人获得20%（20亿）见吾积分作为投资奖励。

③见吾出新内部核心团队获得10%（10亿）见吾积分作为创始奖励。

④每天用户所获得的见吾积分激励等于当日见吾积分量×个人账户参与挖矿值/当日参与挖矿总值（以当日24：00时间为最后时间点）。

⑤城市合伙人的奖励按照城市节点合伙人以当日见吾积分实际交易价格的比例确定，按照1元钱赠送10个见吾积分计算。

10.6.2 见吾积分的产生

见吾积分主要产生于会员、见吾客和商家三类主体的日常活动中：

①三种主体通过日常活动可以积累积分。

②不同账户之间的值不可互转；同一个账户，有多种身份时，不同身份的值独立计算，见吾积分可以合并。

③账户值可以换见吾积分，见吾积分不可以换账户值。

④账户等级根据值的数量来定。例，拥有100000会员值，享受铂金会员权益，若将其中30000会员值兑换为见吾积分用于消费；则会员值为70000，享受黄金会员权益。

10.6.3 见吾积分的用途

平台购物抵扣：根据商品不同，可抵扣5%～50%的现金（需平台寻找联盟商户，抵扣比例的分摊由平台与供应商谈判结果决定）。

会员费缴纳：第二年以后可抵扣 50%（实际抵扣比例由平台确定）。

在平台打广告：可完全抵扣（实际抵扣比例由平台确定）。

商城兑换商品：生活用品、电子商品、充话费、航空里程与抽奖等（平台自有商品可作为纯见吾积分兑换的商品；其余的兑换商品，参考银行信用卡积分会员权益设置，平台可以根据自有资源或寻找合作伙伴，进行交叉营销）。

10.6.4 会员权益

见吾的会员权益具体如表 10－2 所示。

表 10－2　　见吾会员权益

<table>
<tr><th colspan="2">会员</th><th rowspan="2">门槛</th><th colspan="2">等级权益</th><th rowspan="2">购物返现金②</th></tr>
<tr><th colspan="2">等 级</th><th>购物权限</th><th>奖励倍数①</th></tr>
<tr><td>会员</td><td>青铜</td><td>无</td><td>原价购买
出厂价购买（助力）</td><td>1 倍值</td><td>无</td></tr>
<tr><td rowspan="4">缴费会员</td><td>白银</td><td>交 399 会员费</td><td rowspan="4">会员交费即送会员值（每交一次就送一次）（赠值数量＝实缴金额×10）③；
出厂价购物；
极速退款；
专属客服服务；
享兑换商城权益；
推荐返现④</td><td>2 倍值</td><td>0.50%</td></tr>
<tr><td>黄金</td><td>会员值 60000</td><td>3 倍值</td><td>1%</td></tr>
<tr><td>铂金</td><td>会员值 100000</td><td>4 倍值</td><td>1.50%</td></tr>
<tr><td>钻石</td><td>会员值 200000</td><td>5 倍值</td><td>2%</td></tr>
</table>

注：①所有会员在进行购买操作时，以实付款为准，奖励会员值，根据会员等级高低，高等级会员将会奖励更多会员值。以铂金会员为例，假如在平台消费 50 元，根据铂金会员 4 倍值的奖励特权，其可获得 50×4＝200 点会员值。

②所有会员在进行购买操作时，以实付款为准，按照比例返现金，以铂金会员为例，假如在平台消费 50 元，根据铂金会员 1.50% 的返现特权，其可获得 50×1.50%＝0.75（元）。

③会员在缴纳会员费时可直接获得会员费×10 的会员值，假如一位会员花费 399 元缴纳了会员费，则其直接获得 399×10＝3990 点会员值。

④推荐返现：每推荐一位付费会员奖励 133 元现金，最多奖励 399 元。

10.6.5 会员值的获取

会员值的获取，可通过以下方式：

①通过缴纳会员费获取（每交一次送会员费×10倍赠送会员值）。

②购物：按会员等级和购物金额确定奖励数值，奖励值=购物金额×奖励倍数。

③评论：按评论获点赞数，每点赞一次获1会员值×倍数。

④拉新：邀请新用户，每邀请注册一位非缴费会员上家获得330会员值，上上家获得100会员值；每邀请注册一位缴费会员上家获得1330会员值，上上家获得330会员值。

⑤购买：会员可直接购买会员资格，每1元送会员值100；直接享受特权见吾金，当钱花，还可购买返现。

10.6.6 见吾客权益

见吾的见吾客权益具体如表10-3所示。

表10-3　　见吾客权益

见吾客等级[①]	门槛	等级权益		
		见吾值奖励倍数	特权体验金[②]	购物返现
青铜	白银级会员并申请	1倍值	50见吾积分/月	0%
白银	见吾值24000	2倍值	200见吾积分/月	0.50%
黄金	见吾值60000	3倍值	500见吾积分/月	1%
白金	见吾值120000	4倍值	1000见吾积分/月	1.50%
钻石	见吾值240000	5倍值	2000见吾积分/月	2%

注：① 等级提升：见吾客的等级提升依靠于积累见吾值，通过见吾值来确定见吾客的等级。

② 特权体验金：见吾客可以免费体验商品，体验后消耗商品价格等额的特权体验币。若见吾客的特权体验币不足，则需要消耗自己的见吾积分。

③ 推荐返现：每推荐一位付费会员奖励133元现金，无最高限额限制。

10.6.7 见吾值的获取

见吾值的获取，主要依靠以下途径：

关注量：见吾客每得到一位缴费会员关注，加10见吾值；每得到一位会员关注，加5见吾值。

点赞量（点"有用"）：见吾客每得到一位缴费会员点赞，加2见吾值；每得到一位会员点赞，加1见吾值。

吸引下单量：用户从该见吾客的评论页面进入，且完成购买，送消费金额1倍的见吾值。

拉新：邀请非会员进来，有消费且为前三次，送330见吾值；成为会员送3990见吾值。

精准点评：见吾客推荐的商品，进入推荐好物榜，送500见吾值；见吾客不推荐的商品被淘汰，送500见吾值。

购买：见吾客可直接购买见吾客会员资格，每1元送见吾值100个；直接享受特权见吾金，当钱花，还可购买获取返现。

10.6.8 商家权益

见吾的商家权益具体如表10-4所示。

10.6.9 商家值的获取

商家值的获取，主要依靠以下途径：

①提供免费体验商品：奖励值=商品单价×数量×奖励倍数（防止标价虚高）。

②商品销售：奖励值=商品销售额×奖励倍数。

③商品进入平台好物榜：每件商品每进入一次，奖励10000商家值。

④投放广告：在平台投放广告，奖励实付金额×奖励倍数，即奖励值=实付金额×奖励倍数。

表 10－4　　　　　　　　　　见吾商家权益

会员等级①		门槛	等级权益		广告购买见吾积分奖励倍数
			权限	商家值②奖励倍数	
试用商家	青铜	提供价值 10000 元体验装	平台免费提供会员体验并作推荐	1 倍值	1
正式商家	白银	商家值 240000	2SKU	2 倍值	1.25
	黄金	商家值 600000	3SKU	3 倍值	1.5
	铂金	商家值 1000000	4SKU	4 倍值	1.75
	钻石	商家值 2000000	5SKU	5 倍值	2

注：①等级提升：商家的等级提升依靠于积累商家值，并通过商家值来确定商家等级。

②商家值奖励周期：好物榜以月为周期每月奖励一次，其他当日结算奖励。

③平台好物榜：依据商品品类的不同，每个品类选出 1～5 件好物，形成平台好物榜（筛选依据：销售量、见吾客评价、会员评价等）。榜单每月刷新一次，不断地优胜劣汰，选择精品。

10.7　共识机制

共识机制是见吾出新区块链技术的重要组件，它就像一本法典，维系着见吾出新区块链世界的正常运转，使得区块链技术自带改善世界的光芒，也是让见吾出新区块链得以被市场和客户逐步接受和认可的最大幕后功臣，它让互联网、陌生消费者和见吾客之间，在没有第三方作为信用背书的情况下发生的一切交易变成可能，它赋予了见吾出新机械的代码以人性和温度。在见吾出新区块链上，每个见吾客都会有一份记录链上所有交易的账本，链上产生一笔新的交易时，每个见吾客接收到这个信息的时间是不一样的，有些想要干坏事的人就有可能在这时发布一些错误的信息，这时就需要一个见吾客把所有人接收到的信息进行验证，最后公布最正确的信息。

见吾平台的商家、见吾客和会员就形成了强链接关系的权益发展共识，其所有关联方可通过见吾平台获得加密所有权。权益证明机制的运作方式是，当平台创造新业务增长时，关联方通过见吾平台创建的交易规则，按照预先设定的比例把一些币发送给各方。权益证明机制根据每个节点拥有代币的比例和时间，依据算法等按比例地降低节点的贡献难度，从而加快了寻找随机数的速度。这种共识机制可以缩短达成共识所需的时间。

10.8 价值支撑

10.8.1 平台利润来源

（1）会员费：平台搭建厂家与用户之间的桥梁，尽可能少地赚差价，吸引更多的用户注册会员，以会员费作为主要的营利点。见吾不再从价格差中获取收益，而是通过会员费来获取收益，通过会员制，不仅仅可以获得稳定的顾客，还可以：

①提前回笼资金：会员费为预先缴纳，相比其他零售商漫长的回款周期，现金流的压力极大降低。

②付费会员忠诚度高、流失率低：会员会觉得钱都交了，不来买东西就亏了。

③高下单频度和高单均价：一旦成为缴费会员，就想把花了的钱赚回来，就会更频繁地下单，买更多的商品。

④毛利补贴：企业盈利不依赖商品利润，就可以把商品价格压到很低。

（2）自有品牌商品利润：目前品牌已经推出了"卒子"家用清洁系列，"创牌"医疗康复系列和"51 茶"吾要茶系列，发展和推广自有品牌，其利润率远高于渠道商品；

（3）技术服务费：按商家销售额收取 0.6% 的服务费；

（4）广告费：商户通过见吾积分，在平台进行广告投放的收入；

（5）通证溢价：见吾积分锚定一定的平台利润，平台 50% 的利润回购见吾积分，所有通证拥有方从中获利。

10.8.2 平台会员拓展

平台会员的拓展主要通过会员和见吾客推荐来发展会员，见吾生态非常理解大部分的会员是围绕生态最核心的增益点来展开，并没有太大的意愿和能力去推广新会员，所有缴纳会费的会员拉三位新会员加入生态，在来年即可自动获得免除会员费的资格。

而对于有意愿和能力的会员可申请成为见吾客，每位见吾客可无限制地推广会员，每位会员给予133元的返还会员费，并获得相当的见吾值。

10.9 治理机制

平台采用授权股份证明算法（Delegated Proof－of－Stake，DPOS）的治理机制，按照每年截至12月31日的见吾分持有量排名前108位的用户作为平台的治理委员会参与平台治理，并选举公司执行委员会委员（5名）进行日常管理。

平台所有用户都有权利对平台的运营提出改进建议，但均需要提交了一个见吾改进方案（JWsee Improvement Protocol，JIP），改进方案中包括运营规范和合约标准。一旦JIP被平台批准并最终确定，它就成为JRC（JWsee Requirement Comments）。JIP的完整原始信息可以在平台区块链网址JWseeHUB网址找到。

最终确定的JIP为见吾生态开发者提供了一套可实施的标准，这使得智能合约或者软件功能可以遵循这些通用的接口标准来构建。所有的JIP一旦被采纳，将按照对生态的贡献分成五级予以见吾积分奖励或者平台商议的标准；该标准需要提请平台批准方能生效；生态执行委员会可聘请第三方代码审计方对生态代码进行审计，并提请平台批准并通过。

11.

区块链发展：从现在跨越未来

区块链有什么了不起的地方？跨链技术如何影响区块链未来的发展？监管部门的态度如何？区块链从现在到未来，是一个中心化—去中心化—再中心化—再去中心化—再再中心化……循环往复的过程，是一条永不断裂的链条。

2009 年 1 月 3 日，比特币网络开始启动，第一个区块携带 50 个比特币的挖矿激励被发出，继而全网同步。这是一个会被镌刻在人类科技发展史上的重要日子，就好像冯·诺伊曼架构第一次从内存中拾取指令，并执行它；也好像互联网的第一个 IP 报文被发出，然后被路由转发，到达目标主机。比特币支付网络是一个具体的应用，而其底层核心是区块链技术。但是我们早就有了高效便捷的在线支付系统，也有银联这样的清结算网络，为什么还需要区块链技术呢？区域链技术会不会仅仅是一个新的“轮子”？跨链技术的发展将如何推动区块链商业大规模发展？国际监管，特别是中国政府监管将如何影响区块链的发展？区块链技术发展了 12 年，当我们理解区块链技术的本质和趋势，结合区块链商业思维和商业模式，我们才有可能开启区块链的未来，特别是在商业上的应用未来。

11.1 区块链监管和治理的技术化

在区块链技术出现以前，大部分计算机技术都专注于如何完成计算任务，如何提高效率、降低成本、扩大规模。如果坚持从这个角度去看区块链技术，你会发现区块链效率低下，成本高昂，似乎找不到什么亮点。还有一部分计算机技术专注于计算任务的数据安全性和访问控制。但是如果我们从安全角度去看区块链技术，你会发现区块链技术本身也只是利用了非对称加密体系实现访问控制。除此之外，区块链技术并没有发明什么独特的密码学技术。更有甚者，有人把区块链技术看成是另一种特殊的数据库，数据不可篡改。这些看法都是正确的，然而仅从这些角度我们是无法洞悉区块链技术的核心价值的。

区块链技术关注的核心是一个计算系统的自动化监管和治理。这个关注点并不是计算机系统一开始就有的。单机软件时代，整个计算系统都在用户掌控之中，此关注点则毫无意义。在互联网初期的通信和内容分发时代，虽然计算过程已经有一部分交给了他人掌管的服务器，但是我们对计算结果和行为有确信的判断能力，或者计算结果即使背离了我们的预期，通常也无关痛痒，所以这个关注点在当时也不是什么大事。而我们现在处于社交、搜索和推荐服务时代，计算系统深刻影响着我们对世界的认知和对行为的决策，甚至是生存的保障。此时，这个关注点意义重大。当下两大局面决定了对一个大规模面向公众服务的计算系统的监管和治理是一个关乎国计民生的大事。

一是用户对计算服务系统给出的结果无法有效判断其正确性和合理性，无力甄别获取到的信息是否经过了别有用心的筛选和排序。

二是计算服务系统可以直接触及和覆盖比例很高的社会人群，并且承载了人们的社交关系、经济资产、物理身份、信誉征信等关键社会性元素。

下面我们用一个小案例来看看区块链技术实现了怎样的前所未有的能力。以太坊是另一个全球性的公开区块链网络，并支持智能合约使其在区块链网络中执行逻辑可编程，部署各种第三方应用。2018 年 7 月，以太坊网络上出现了一个游戏应用 - - Fomo3D，玩家众多，一时间严重阻塞了以太坊网络。这是一个典型的奖池游戏，玩家陆续以递增的价格向主办方买钥匙，所有购买资金计入一个公共的奖金池。如果一段时间内始终无人买钥匙，则游戏停止，最后一个钥匙买家赢得沉淀资金的一半，另一半资金则向之前的玩家均价回购所有的钥匙。首轮结束时，游戏玩家瓜分了价值 180 万美元的以太币。最有意思的不是这个游戏本身，而是游戏执行的方式。游戏主办方完全匿名，没有任何背景可查，游戏是在一个完全没有信任背书和监管的情况下开始并执行的。一切都如期发生，之前约定的规则都被严格执行了。

且不论游戏本身是否合法合规，这样的活动要公正地开展通常需要严格的监管和治理才能保证。奖池资金需要被托管，主办方需要被监管。以现今的互联网云计算架构来实施这个项目，如果没有监管措施，最后的结果要么是游戏停止，主办方把服务器一关，卷款跑路；要么是暗中篡改上述规则，中饱私囊。现在这种以服务器/客户端为基础的互联网服务的黑箱计算模式，是阻碍互联网服务可信公正的根本症结。

现在初级阶段的区块链技术已经在特定场景中实现监管和治理的技术化，

使大家公认的规则能够被可信地执行，没有人可以篡改，甚至最初制定规则、实际运营业务的人也无法在大家不认同的情况下篡改规则。前提是这些规则及其涉及的状态，能够精准完备地被形式化、数字化，能够完全落实到计算机中的数据结构和程序代码。这是计算机技术的核心突破，而其中涉及的非对称加密技术、安全哈希、P2P 网络通信等都是实现区块链系统的技术手段，而非其技术本质。

科技进步，本质上是要提升生产力，提高效率，降低成本。而区块链技术的出现也一样，只不过效率提升的并不是计算本身，而是关乎计算背后映射的实际意义。区块链技术使得我们可以以更高的效率、更低的成本对大规模计算服务系统进行全自动的监管和治理，从而保障其背后映射的实际意义和价值不被恶意操纵和利用，更好地激发使用者的积极性和有效性，同时也使制度化的监管和治理实施得更广，穿透得更深，定位得更精准。

专栏 11-1　　时空集结创建内生安全

中国工程院院士 李幼平 给本书作者于2020年4月15日3：01私人微信回复

互联网与全球定位，是人类的两项伟大发明。前者基于空间集结，后者基于时间集结，时空集结是两大发明的再集结，将给人类的生存与发展带来内生安全机制。

一、空间集结产生网络小世界

1998年6月，Watts在Nature上发表题为《小世界网络的集结动力学》（Collective Dynamis of Small World Network）的著名论文，论述用互联网连接全球70亿人，只需很少跳数（6~23，平均12）的路由转发。人口总数为N，平均跳数为D，满足D<InN=23。23相对于70亿人口而言，是个小数目。网络给人类带来一个紧密关联的小世界。

平均距离D能不能进一步减少？进入21世纪后，理论家开始研究“贪婪路由”，即不顾一切地减少互联网的平均跳数，得出跳数平均值为3

的仿真结果，相当于 $D < \ln\ln N \sim 3$。贪婪路由的理论结果，给后来出现的软件定义网络（SDN）铺垫了理论基础。

2015 年中国工程院信息学部《最少跳数内容分发》咨询课题指出，最少跳数的冠军不是贪婪路由，而是中国发明的北斗短信。北斗短信连接70 亿人竟然只需两跳转接（一跳上天，一跳入地）。不但 D 最小，而且 D 与网络规模 N 无关，节点规模可以超过 70 亿，而无须增加平均跳数。“小世界”一跃成为不限规模（Scale - Free）的“超小世界”。这一研究为不限节点数目的未来物联网铺垫了理论基础。

二、时空集结产生唯一性标签

不用多久，人们就会顿然感悟，互联网的 TCP/IP 协议错失时间维度的帮助。

全球定位系统（GPS）是和互联网齐名的同时代发明。它源于时间集结，即三个时差集结在一起，可以唯一性地确定一个空间位置。

时间是一个非降变量，只升不减，又不断可分，年、月、日、时、分、秒、毫秒、微秒、纳秒、皮秒……时间数据（时戳）具备天然的唯一性。现代原子钟的精细程度已超越负 14 次方的门槛，支持体现唯一性的工程实施。

很有意思的是，任意数据，只要捆绑产生该数据的时戳与位置，就不再是普通模量了，演化成矢量化的唯一性标签，成了任何人都无力造假与篡改的内生安全数据。唯一性的因果关系，可以看成是减熵的最终成果，具有“不可不信”的神秘魅力。争议到此结束，共识从此开始。我们注意到，近代哲学家已经提出类似意涵的“历史守恒定律”。

哈希计算，成全时空集结，这里还有一个故事。21 世纪 90 年代，政治上互不信任的 5 个核大国，如何在保证各自国家核隐私的前提下，在核禁试条约面前自证清白？办法是在本国试验场周边，布置若干由本国人员自己掌控的地震仪，仅仅要求把地震数据与 GPS 测到的时间与位置数据实时捆绑后去做哈希计算，再借用地震波的时空自洽规律，就可识破任意方式的篡改与造假。经历20余年的实践考核，证明时空自洽作为国际条约的监管手段是有效和可行的。哈希集结，既保护隐私，也保护权益，是介于实体空间与数据空间的可信通证。标注时空的数据，或它的哈希值，称为可信元或可信根。科学界所称的“大数据”，理应是可信元的各态历经集结。标注时空之后，规避人为增熵的风险。

三、规范集结行为的国家标准

从时间、空间两个维度，集成互联网与全球定位两大发明，是一项超越国家规模的基础设施创新。我国于2014年着手起草《统一内容标签格式规范》（UCL）国家标准。编号为GB/T35304－2017的国家标准，于2018年正式颁布实施，比欧盟的《通用数据保护规范》（GDPR）早了一个月。

UCL标准的特色是以“网页自寻网民”为应用目标，作者定义语义、读者定位语用，文字语言、数字语言并举，个人的隐私与个人权益兼得。我们希望时空集结的内容标签，能成为一种回归大自然的内生安全机制，在长时间内帮助人类不断获取共识，为人类命运共同体铺垫基础。现在看来，中国标准与欧盟规范，各有特色，相向而行。

集结两大发明的进程，也是检验天地一体化的进程。北京大有数字资源有限公司为此投资进行了5年科学实验。2018年前重点检验UCL国标的可行性，标准颁布后重点检验UCL用于双生态操作系统的可行性。实验对象是中央党校面向全国几千分校的教学进程。天地平台按生存与发展两种生态分工合作，UCL与课件的流量由卫星（超小世界网络）承载，而师生互动仍然由地面互联网（小世界网络）承载。要求双生态操作系统保证新老基础设施自然衔接，互补相助。做到了“天地一体，天领地”。TCP/IP仍然是未来网的主结构，添加的天基设施成了保证安全可信的次结构。历经5年的长期观察，实现了预定的实验目标。

四、接力“去中心化”潮流

近十年，区块链技术以“制造信任的机器”为目标，掀起了一股

"去中心化"的潮流。由于工作的环境是时延不确定的互联网异步环境，存在三元悖论，至今很难推广到全社会，很难得到科学界严谨的可信性认可。

时空集结通过"时序改时戳"和"单播改广播"，帮助区块链突破难关。

首先，区块链中的时序或块高，是排它的，只允许有一个唯一的拥有者。你拥有了，别人就不可能拥有。当"时序"被物理唯一性的"时戳"取代后，难题消失了。

其次，区块链专家们粗心了，他们常说的广播，实质上只是异步的单播（Unicast），不是通信专家常说的同步工作的广播（Broadcast）。35年前FLP三人的严格推导已充分证明，在异步系统里，是不可能产生共识机制的。

中国学者认为，合久必分，分久必合，乃天下大势。"去中心化"只是"再中心化"的前奏，两者交替产生，相反相成，对立统一。

区块链引领去中心化，时空集结引领再中心化，珠联璧合，合情合理。

五、开展全球科学实验

互联网和全球定位是人类近50年来的两项重大发明，整合两项发明的时空集结创意，必须经受全球性科学实验的检验。

检验的对象主要是应用的普适性（Pervasive）和泛在性（Ubiquitous）。

普适性主要检验"是否在尊重国家网络主权的前提下实现全球化"。大小国家平等的网络主权是通过短波长窄波束来实现的。承载UCL传播的卫星上行通道，天地之间都采用短波长高增益天线，波束在地面上的投影严格限制在拥有地理主权的国土范围之内。中国的卫星星座，拥有ku、Ka和激光三种短波长，有能力保证大小国家平等地拥有网络主权。

泛在性检验"时空自洽对所有网络节点的覆盖能力"。因为天地信道物理上独立解偶，各行其道，双生态操作系统只是按时间先后分工，有能力把内生安全机制整合到所有的互联网节点中去。

11.2 面向未来的商业跨链

区块链技术的发展为商业应用提供了更大的可能，蚂蚁金服副总裁、智能科技事业群总裁蒋国飞指出未来将万链互联，跨链将是万链互联的基础。随着区块链行业的蓬勃发展，多种公有链、私有链和联盟链网络已经出现，由此自然而然地出现了一个问题：链与链之间如何互联互通？在公链的场景下，跨链是通过连接相对独立的区块链系统，实现资产、数据等的跨链互操作，比如跨链资产锚定、互换或跨链资产转移。而在企业级的联盟链场景下，跨链技术承担的不仅仅是数据的转移，更多是打通不同区块链网络背后的协作网络和跨机构业务流程，提高在不同链上但又相互关联的企业之间的协作效率，避免一个个的区块链数据孤岛的产生，将众多区块链“局域网”连接成为真正的“价值互联网”。跨链技术最终会形成一个统一的标准作为基础设施来为所有商业应用提供服务，从而为更广泛的商业模式的落实奠定坚实基础。

11.2.1 什么是跨链?

跨链，也常被称为区块链互操作性（Blockchain Interoperability），顾名思义，就是通过连接相对独立的区块链网络，实现链上信息、数据、资产等的跨区块链网络的流转，实现区块链网络之间的互操作。

跨链包含同构跨链和异构跨链两类。同构跨链指基于相同类型的区块链平台技术的区块链网络之间的跨链互操作，而异构跨链则指基于不同类型的区块链平台技术的区块链网络之间的跨链互操作。异构跨链具有更为广泛的应用前景，并且也面临更大的技术挑战。

11.2.2 跨链的现状

在区块链的落地过程中，不同的机构采用不同架构的区块链服务或解决方案，由于底层区块链平台技术不一致，缺乏成熟安全的异构跨链技术，会导致不同链之间无法有效可信地进行数据交换。

机构可以带节点加入其他区块链网络，从而获取链上数据，但是这种方式对业务系统的改造成本高、效率低。同时，加入区块链可以获取链上所有数据，在企业场景下又给数据隐私保护带来了极大的挑战。

对于跨链的需求，一种常见的方式是采用“应用层跨链”，即通过区块链应用程序在不同链之间进行数据的读取和写入，完成信息交换。这虽然能满足一部分的业务场景需要，但实质上属于“伪跨链”，因为它割裂了不同链之间的共识关联，无法充分保证信息真实性的可信与可验证。

跨链技术常见的有公证人机制（Notary Schemes）、中继（Relay）、哈希锁（Hash Locking）、分布式私钥控制（Distributed Private Key Control）等几大类。目前业界较为知名的跨链技术或解决方案大多是基于公链类型，主要集中在数字货币、数字资产、支付等相关场景，而面向联盟链和企业业务场景的跨链解决方案仍较为稀缺，因为需要解决一系列更为复杂的挑战，例如面向企业用户的安全和认证体系、数据隐私保护的刚需、商业服务的高性能高可靠要求、对主流联盟链技术的适配性等。

11.2.3 跨链业务场景模式

（1）打通产业链上下游：

在零售场景中，商品从生产到销售需要经过原材料的种植、收集、加工、仓储、物流、零售等诸多环节才能提供到消费者面前。其中，由于有着诸多的参与方，各个环节及其上下游都可以单独构建一个区块链联盟。但出于成本及数据隐私的考虑，难以将完整链路中所有合作方都加入到一套区块链网络中。

例如在农产品溯源中，在产品上游的生产加工环节，农场使用IoT设备检测、采集和控制农作物生长的光照、温度、湿度等农情信息，保证农作物的生长环境。之后农产品经过收割、运输及加工流程，成为可以准售卖的商品。从农产品种植到农产品加工，参与各方可以通过区块链技术保证原材料在生产运输以及加工各个环节的质量。

在下游的供销环境，供应商将加工后的农产品通过物流网络运输到超市、商店等终端销售网点，完成农产品的最终销售。供应商、物流、零售商形成了完整的供销环节，各个参与方也可以通过区块链技术保证货物在加工源头、物流、销售各个环节的质量。

通过跨链技术，将上下游区块链网络打通，将诸如原材料的质量、原材料的运输及加工环节中必要的信息同步至下游区块链网络，既减少了在下游区块链网络中不必要的数据的存储负担，也可以提供商品全链路的信息给消费者，增加消费者的认可度。同时，将下游的消费数据同步到上游的生产网络，既保护了消费者的隐私，也帮助生产者、加工者更好地了解消费者的需求和市场趋势，从而反馈到农产品的种植、加工环节，有助于整个产业的升级，具体如图 11－1 所示。

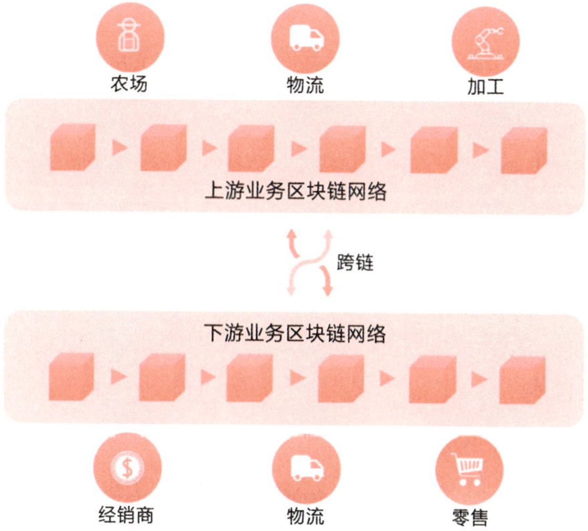

图 11－1　打通产业链上下游

（2）横向业务联盟：

随着各行各业对区块链的探索和落地加速，将会出现越来越多的围绕特定场景的一系列业务联盟链，例如围绕一家核心企业上下游的供应链金融链，围绕某地方海关、港口和相关进出口企业的跨国贸易链，围绕若干家银行的信用证/福费廷链等。而为了更好地融合物流、资金流、信息流甚至资产流，各个业务联盟之间将会产生更多的横向协同和融合的需求，而这个时候，已有的业务联盟基础设施不太可能推倒重建，因为业务永远在变化和扩展，业务联盟基础设施也应该具备动态可扩展性和开放性，因此采用跨链技术实现这些业务联盟之间的横向打通，让信息、数据、资产以一种可信、各方可验证的方式在更大范围内流通，为更多企业实现增信、降低融资成本、扩大商机来源，为更多金融机构提供低风险、高价值的产品输出渠道，具体如图11－2所示。

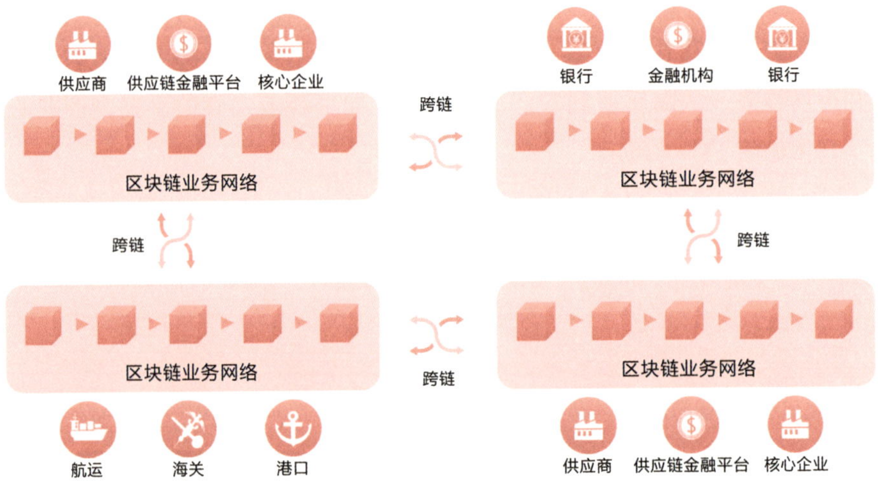

图11－2 横向业务联盟

（3）跨行业监管：

近年来创新业态的不断涌现，给跨行业监管带来了一系列新的挑战和新的需求。传统监管手段通常是让企业通过监管机构的系统或接口上报数据，这种方式并不能很好地保证数据真实性和实现穿透式监管；而让不同监管机构都深入到每家企业的业务系统收集监管所需数据的方式也不现实，因为双方都需要巨大的投入且不符合“放管服”的改革精神。而区块链则有望提供一种更高效、更可信的穿透式监管手段，即监管机构可以在业务联盟中参与各方交易或达成共识的全过程，可透明地获取业务全流程的关键信息，且无需每家企业专门为配合监管投入大量资源进行开发建设与维护。

进一步地，在金融监管、互联网监管、外贸监管等领域，每一家监管机构可能都需要跟越来越多的企业、行业甚至很多业务联盟打交道，而随着监管机构对区块链的重视，也会逐步建设一个全局性区块链网络，以便打通该监管机构的国家、省、市多级部门，所以借助跨链技术，可以保证以高效可信的方式穿透监管众多的目标行业和目标业务联盟，同时保证监管信息和数据在监管机构的全局体系中通过区块链实现透明高效的流转，甚至进行跨监管机构协同，并极大提升政府监管治理的效率和服务水平，具体如图 11－3 所示。

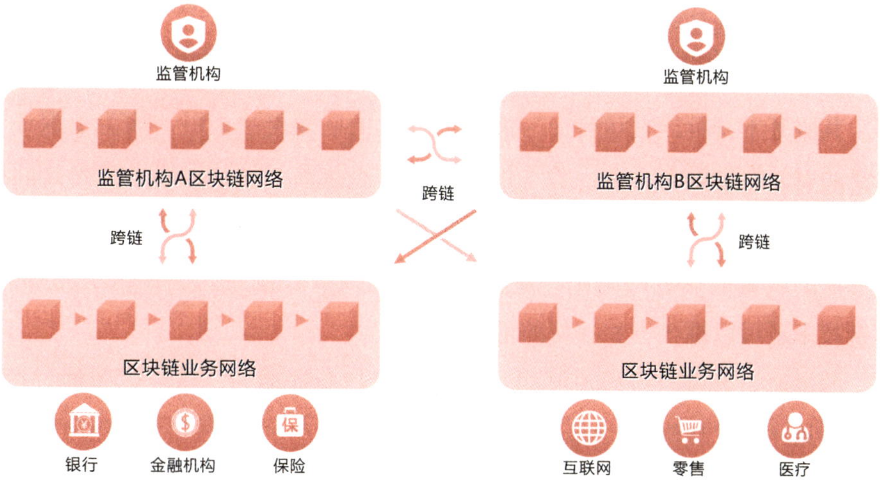

图 11－3　跨行业监管

（4）行业标准化体系建设：

在互联网法院、数字版权保护、税务发票、财政票据等领域，随着政府监管机构、行政机关、行业协会等对区块链的重视和推动，将会出现越来越多的行业性标准化区块链系统或平台，并且往往是省级或国家级的。而对于这种规模的区块链系统，由于在行业内存在着多家规模和实力相近的参与方，因此很难推行单一的技术体系和标准，而需要考虑到多类技术体系共存、互相兼容、支持互操作。因此，在这种场景下，跨链技术能够很好地实现多种异构区块链技术体系之间的可信、互联、互通，实现对应行业的全行业性、全国性的统一布局、协同发展，并形成更具包容性的行业标准体系，具体如图 11－4 所示。

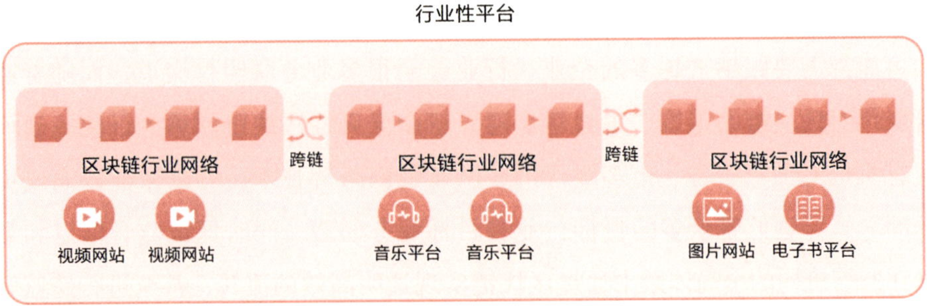

图 11－4　行业标准体系建设

（5）通用服务或资产：

对于通用型的服务或资产，如分布式数字身份（DID），或数字资产发行等，其服务本身可能是运行于一套多方参与的联盟链之上的。而为了保证更广泛的对外提供服务渠道，除了以节点形式直接参与该链、以 API 形式间接访问该服务等形式外，还可以通过跨链技术，将相关服务或资产接入到更广泛行业的区块链业务网络中，实现服务调用或资产流转。而在这个场景下，跨链技术还可以提供一些独特的价值：

服务调用者可以获得对结果或信息的可信验证能力，这点优于通过 API 形式间接访问区块链。

服务或资产的运营链也可以通过跨链技术获取调用方或资产实际拥有方的真实信息，进行可信记录和追溯。

在保证数据安全和隐私保护的前提下，在其他区块链业务网络上关于通用服务或资产的有价值信息也可以反馈到服务或资产的运营链上，提供更多维度的数据价值，并记录各方对价值增值的贡献，甚至实现未来的二次收益分配，具体如图 11－5 所示。

（6）业务扩展：

对于企业的区块链业务系统，应对业务不断扩展的挑战，可以采用 Sharding 的思想，建设或扩展出多套区块链网络，每套区块链可以支撑相对比较独立的业务或数据（例如按业务线、产品类目、经营区域等划分），或者将多套区块链网络分别部署在公共云、专有云或私有化环境，然后采用跨链技术将这多套区块链网络打通（这类场景一般采用的是同构链的跨链技术），不同

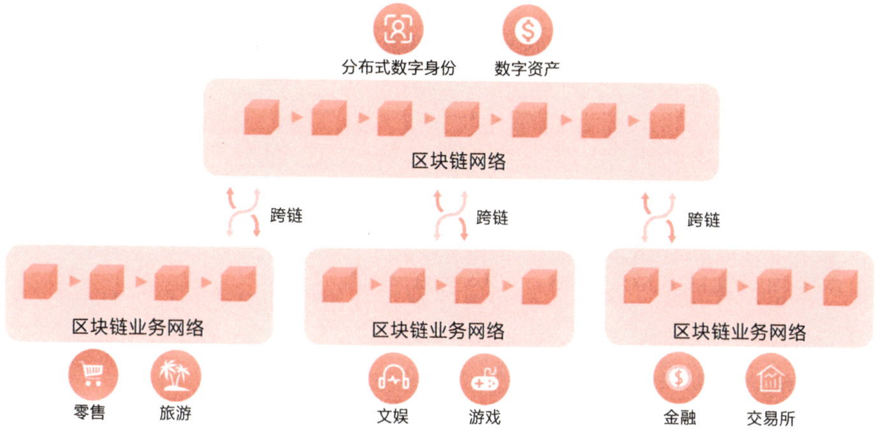

图 11－5　通用服务或资产

区块链网络之间的业务数据不仅可以互相流转和查询，并且能保证数据和交易历史的可信与可验证。这样便赋予了企业的区块链业务系统的动态水平可扩展性，能更高效地支撑业务的快速发展，具体如图 11－6 所示。

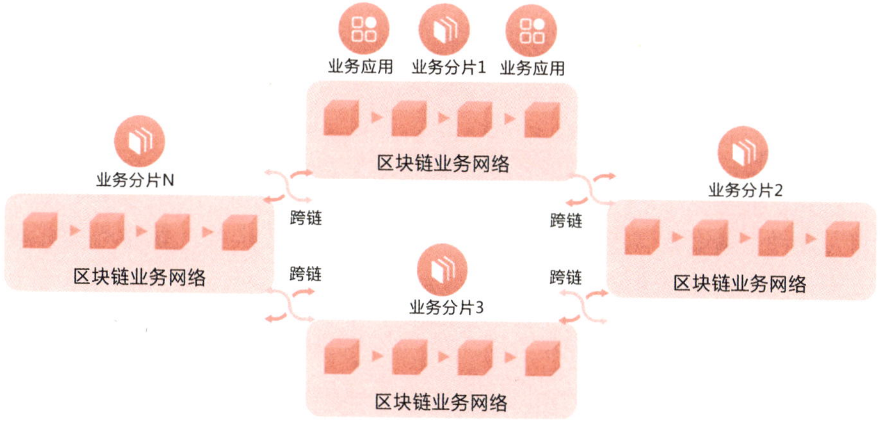

图 11－6　业务扩展

专栏 11－2　　娄底市打造“区块链”应用高地

“通过区块链信息平台办理不动产抵押登记业务，时间从过去的 5 个工作日，缩减至 6 小时以内。”2019 年 11 月 20 日，在湖南省娄底市区块链产业园内，湖南智慧政务区块链公司总经理王超兴致勃勃地为观摩者讲解“政务区块链”。

近两年，娄底市委、市政府持续高位推动，湖南首家区块链政务公司、首个区块链产业园、首家专注区块链产业投资的基金管理公司相继在娄底市成立，区块链产业发展初见成效。

区块链被认为是“下一代颠覆式创新技术”。2018 年 5 月 15 日，娄底市区块链产业园在万宝新区挂牌成立，为全国第 9 个、湖南首个正式挂牌的区块链产业园。该园成立后，陆续引进湖南智慧政务、娄底融数智合、湖南链想科技、湖南链城私募股权基金、湖南链城数字科技等区块链企业。随后，全国第一张不动产区块链电子凭证、全国第一条政务联盟链先后诞生在娄底。2019 年 9 月，杭州趣链在娄底注册成立湖南链城数字科技有限公司，娄底区块链产业再添新军。

两年来，娄底编制区块链产业发展规划，围绕区块链 + 政务服务、数字经济、民生建设、智慧城市建设等大应用方向，在全国率先研发了政务、不动产信息共享、工商税务登记、国有资金竞争性存放平台等多个区块链应用平台。

娄底区块链数字民政平台建设也在抓紧推进，建成后将实现民政部门与劳动、财税、工商、住建、公安、金融等信息比对，有效解决贫困户家庭收入核实难等问题。

目前，娄底逐步将区块链技术应用拓展到教育、就业、养老、医疗健康、商品防伪、食品安全、社会救助等领域。下一步，将加速开放数据资源，开发应用场景，打造应用高地。截止 2020 年 5 月，娄底市各项区块链政务和金融项目成果如下：

- “政务区块链基础网络平台”已经稳定运行 15 个月，具备了为省市级政务系统数据共享服务的输出能力。
- “工商税务区块链登记服务平台”共完成 170 余家个体工商户登记，为娄底市新增纳税 4000 多万元。

- “不动产区块链信息共享平台”已完成全市近 40 万套房屋、36 万笔登记业务上链，基本覆盖全市商品房，已经累计完成处理事务 2400 多万笔；实现了在银行端实现抵押贷款业务的全程在线办理，业务办理时间由以往最少 5 天缩短到现在 6 小时内办结，当日放款。
- “不动产区块链信息共享平台 2. 0”已成功上线运行，是全国第一个区块链政务数据交换平台，可以快速实现多个机构的安全可信便捷数据共享和业务协同。
- “区块链电子证照平台”在不动产区块链信息共享平台的基础上，上线了全国第一个不动产区块链电子凭证。
- “区块链国有资金比价平台”累计注册金融机构 17 家，完成存管资金 1. 7 亿元，通过平台比价实现 1 个月结构性存款利率 3. 6% ~4%，社会效益和经济效益极其明显。
- “区块链招投标应用平台”，项目投资 500 万元，利用区块链 + 人工智能 + 大数据的技术，打造创新型的区块链招投标应用平台，实现最大限度地保障招投标的公开、公平、公正、透明。目前已完成系统开发、安全论证和交易中心测试的全部工作，计划 5 月底正式上线，开始试运行。
- “链企银”金融数据综合服务平台已完成注册登记企业近 3000 家，累计受理企业融资申请 182 笔，融资申请总额突破 2.6 亿元，累计贷款发放总额突破 1000 万元。

11.3 商业跨链案例

11.3.1 蚂蚁区块链可信数据连接服务（ODATS）

可信数据连接服务包括同构/异构区块链层、跨链服务层以及在业务层的区块链编程层。

通过跨链服务在底层区块链中的协议栈和跨链合约，实现同构或异构区块链之间可信交互，从而构成区块链价值网络，实现链上价值的可信流转，完成丰富的链间互操作。

同时TEE预言机保证了数据可信访问，每笔请求都在可信硬件环境中执行并得到响应，并且响应携带可验证的可信硬件执行签名。

业务逻辑可以在区块链编程层实现，通过跨链合约API进行数据调用和合约交互，完成多条区块链的协作，达到区块链的横向应用拓展。

蚂蚁区块链可信数据连接服务具体如图11－7所示。

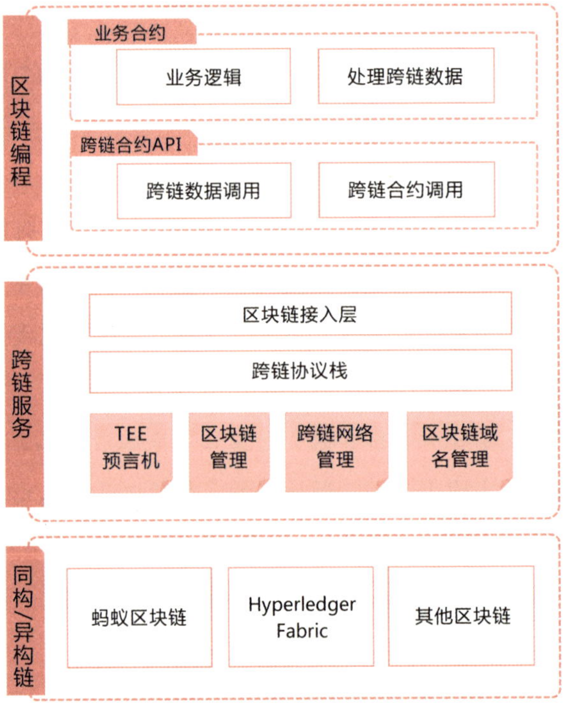

图11－7 ODATS结构图

主要应用场景有：

（1）资产交换与流通

资产跨链给资产交换带来安全和透明。用户可以基于链上匿名身份，在加密世界自由进行资产交换，不需要中心化审核，不需要信任第三方，不会买到假资产，资产也不会被挪用、占用，资产控制权永远掌握在用户手里。

（2）信息同步

用户通过账本数据访问和合约消息的推送获取数据，实现信息的同步。

11.3.2 腾讯 WeCross 跨链平台

（1）平台简介：

WeCross 跨链平台是微众银行区块链团队基于一揽子自主研发并开源的区块链技术方案，以融合连通各大主流区块链平台（例如 FISCO BCOS 和 Hyperledger Fabric）为目标定位，基于对当前行业现状、应用场景和区块链技术发展的全面分析，WeCross 对主流区块链平台体系进行标准化抽象提炼，并以此设计跨链整体架构。

WeCross 的跨链结构主要包括事务层、交互层和数据层，具体如图 11－8 所示。跨链的核心在于交互层的设计，通过中继路由完成在核心数据结构、区块链交互模式和事务管理上提取业界主流区块链产品核心且必需的公共子集，对区块链平台进行多层抽象。

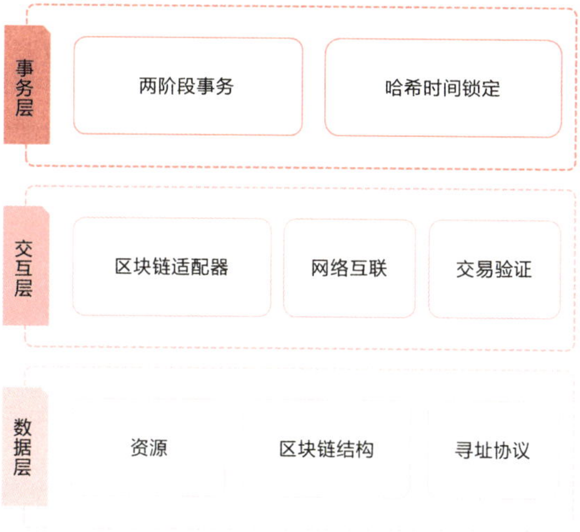

图 11－8　WeCross 平台架构

①数据层：跨链交互的核心是数据在链间的流动，数据层的抽象尤为重要。跨链涉及的数据维度包括区块、交易、合约、消息等多个方面。WeCross

以满足跨链基本要求为前提，提炼通用区块数据结构，将交易、合约和消息等抽象设计成资源类型，为资源设计通用的寻址协议。

②交互层：不同业务场景有不同的跨链交互模型，基于抽象数据层，WeCross 建设通用 区块链适配与路由中继网络，结合标准默克尔证明机制，实现跨链交互层抽象设计。

③事务层：基于数据结构和交互的抽象层，实现跨链事务效果。目前支持两类机制、两阶段事务和哈希时间锁定事务。未来将依据场景需求设计更多事务机制。

（2）主要技术特性：

WeCross 的跨链主要实现方式如下，机构 1 和机构 2 分别部署了区块链 A 和区块链 B，现在机构 1 的用户要访问机构 2 的区块链 B，并要求访问的结果真实可信，其跨链交互时序具体如图 11－9 所示。

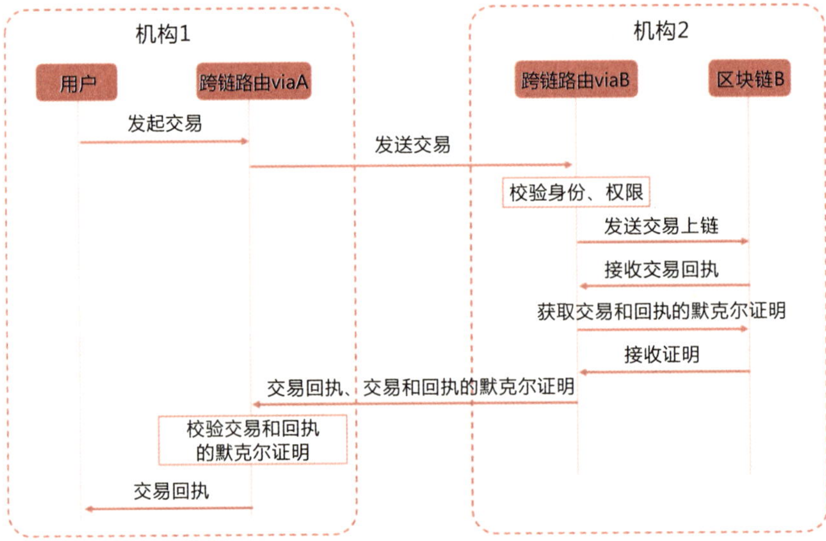

图 11－9　WeCross 跨链交互时序图

该方式和阿里的思路类似，通过中继链交换数据。平台提供规范接口，主要包括数据接口、调用接口和事件接口，能适配多平台，链路验证身份后同步读写信息。用户通过路由 API 拿数据，在交互双方的链上均部署跨链路由，链路由完成中继的身份验证和交换数据。重点在于链路由的验证机制，与传统的区块链交易处理流程相比，WeCross 跨链路由除了传输交易和回执的信息，还额外传输交易和回执的默克尔证明，交易的发送方使用这些证明来进行跨链数据访问的可信验证，使交易的发送方能确认交易在目标区块链上真实发生且获得结果，保证交易和回执的真实可信。

WeCross 遵循跨链交互数据皆可自证的原则，要求交互响应消息同时携带数据和证明，该规则普遍适用于各类跨链场景，可用于保障整个交易流程的真实可信。

（3）应用场景：

官方白皮书提出的应用场景主要基于不同链之间的资产交互（链上有存证）需求，主要包括了司法领域仲裁、物联网跨平台联动、数字资产交换与个体数据跨域授权。其中个体数据跨域授权是针对数据跨链的应用场景。

随着 WeIdentity、Hyperledger Indy 等遵循 DID 协议的区块链身份认证系统出现，多个国家和地区开展了多中心化身份认证的实践与落地，多中心化身份认证目前市场需求巨大，加之政策鼓励支持，行业方兴未艾，处于高速发展的黄金时期。2019 年 2 月 27 日，微众银行区块链团队与中国澳门政府设立的澳门科学技术发展基金签署合作协议，在智慧城市、民生服务、政务管理、人才培训等方面开展合作。双方合作的首个项目基于 WeIdentity 的实体身份标识及可信数据交换解决方案展开，这是区块链在粤港澳大湾区应用落地的重要一步。

身份认证正向跨地域的方向发展，不同地域、业务和基于不同区块链平台的身份认证产品之间尚不能互认的现状造成信息的鸿沟，导致身份和资质等数据仍然局限在小范围的地域和业务内，无法互通。

如图 11－10 所示，WeCross 可以将多个不同架构、行业和地域的多中心化身份认证平台联结起来，帮助多中心化身份认证更好地解决数据孤岛、数据滥用和数据黑产的问题，推进了数据资源开放共享与信息流通，促进了跨行业、跨领域、跨地域大数据应用，在良性互动的产业发展格局的形成上发挥更大的作用。

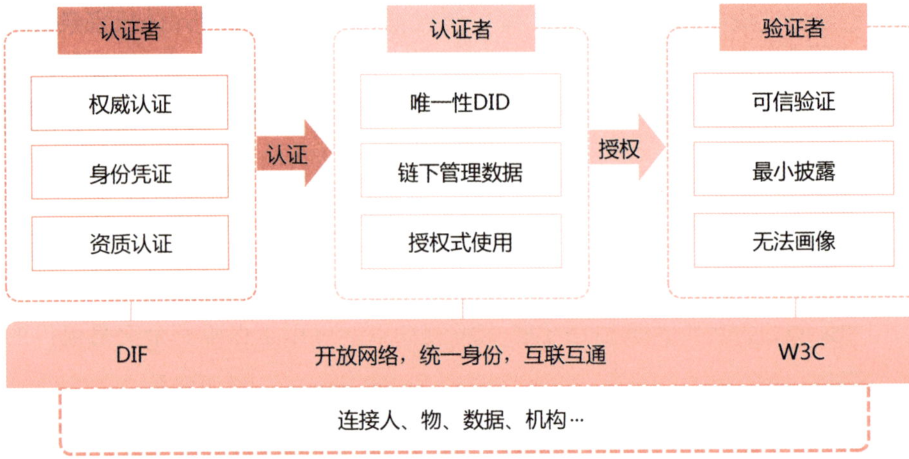

图 11－10　WeCross 身份认证示意图

11.3.3　复杂美跨链

杭州复杂美科技有限公司成立于 2008 年，2013 年启动区块链、智能合约的研发与创新，2014 年申请中国第一个区块链发明专利：钱包找回功能。目前已累计申请了 300 多项区块链技术的发明专利。

复杂美和 Polkadot 技术更接近，其模式类似云的概念，开发者无需重新搭建子链和部署节点，只需要考虑自己的业务逻辑如何与区块链结合即可，而 Cosmos 的成本和难度相对更高。Polkadot 采用了交易信息通过节点验证再上主链的方式，这可能会造成信息被节点控制等问题，而复杂美的方案是交易信息先上主链，再上平行链。这个模式对主链的性能要求相对较高，对比，复杂美也在做相关技术的优化。

复杂美结合跨链技术为美的打造基于区块链的供应链管理平台。

其重点为通过核心企业的信用背书，让供应链金融得到流转。利用区块链技术，可以让美的发出的白条拥有可追溯、可信任、可流转的功能，每一张白条上都存在着只有美的有权限发出的私钥，无法伪造，相当于将核心企业的信用进行数字化。而利用有信用背书的数字化白条，下游企业可以将之用于采购、融资、兑付、转让等，解决了传统企业的供应链金融的几大难题：

①票据、应收账流通难，中小企业资金周转率困难；

②缺乏真实可靠的信用体系，中小企业融资成本高；

③上下游企业发展困难，核心企业业务扩展受限；

④多方协作流程复杂，操作效率低下；

⑤信息不对称，资金方参与积极性不高等难点。

其区块链产品流程具体如图 11－11 所示。

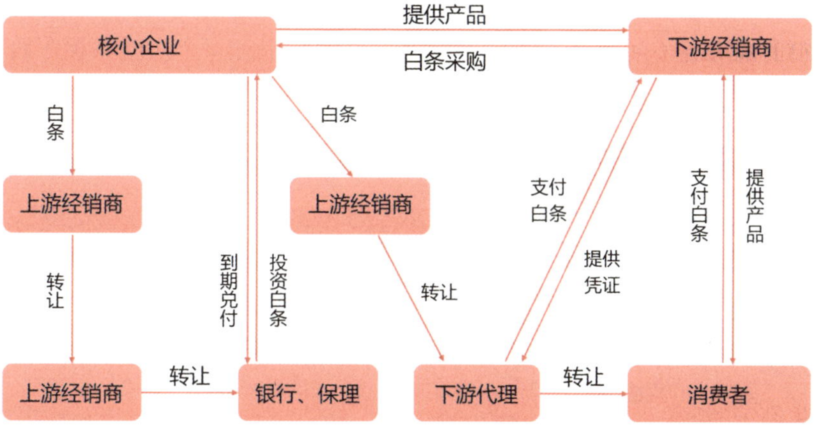

图 11－11　复杂美区块链产品流程图

除了供应链金融，区块链技术在美的集团的供应链管理上也发挥了巨大作用。通过区块链，可以让美的供应链管理做到：

①仓库管理员在接收货物时，必须仔细清点货物，私钥签名登记入库。并对仓单进行数字化，确保标的货物和仓单的准确性和真实性。

②仓储货物的数量和种类实时与区块链上信息匹配，使用私钥签名确认出入库，极大提高盘货、监管效率和灵活度。

③链上数字仓单和发票，作为供应商申请应收账款融资的依据，与金融部门的区块链系统对接，方便登记和确认。

④仓单信息作为企业集团的源头，为生产、品控、市场、售后、金融服务等各部门提供可信、可靠的数据，有助于集团内部的统计与分析，区块链大幅降低了各部门协同成本。

该平台可拓展为电商平台，可以做到将商品通证（Token）化，赋予每个实物商品一个对应的 Token，所有 Token 都有其独一无二的编号，可作为商品的唯一身份识别凭证。同时支持 CCNY 稳定币或 BTY 支付，后期会对接更多主流币。而拥有商品 Token 即获得提货权益，凭 Token 可以提货，也可将 Token 拆分，在平台内进行流通、转让。至于商品溯源，只是其基础功能。

11.3.4 POWER 全球跨链跨境电商

Power 是由新加坡泓天基金会发起的一条服务于跨境电商的应用链，它为跨境电商解决各种问题提供了一个安全可靠的解决方案，同时颠覆了跨境贸易中的传统思维，成为首家提供区块链 + 贸易跨境支付解决方案的区块链平台，其产品结构具体如图 11 – 12 所示。

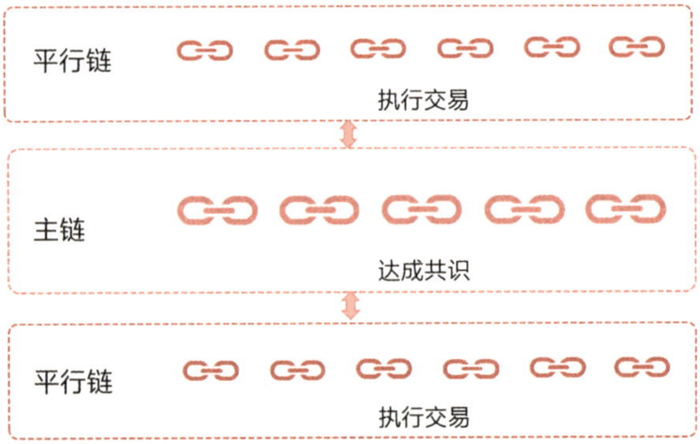

图 11 – 12　POWER 区块链产品结构图

（1）POWER 技术特性：

①Power 运用共振算法和分片模型来提升区块链的反应速度和可伸缩性，最快每秒可处理 10 多万笔交易；

②Power 智能环境简化了对增强现实、人工智能、智能自动系统和自主制造过程的适应，使其能够顺利地完成数字革命；

③Power 正在致力于营造一个统一的、安全的、保密的信息环境，在这种环境下，每个企业都可以利用快速和廉价的支付服务，低成本的取款或大量存储数据。

Power 上的第一个空间叫做“Power Hub”（Power 中心）。Power Hub 是一种多资产权益证明加密货币网络，它通过简单的管理机制来实现网络的改动与更新。此外，Power 中心还可以通过连接其他空间来实现扩展。

（2）POWER 应用场景：

POWER Hub 平行链可以用于跨境交易、商品溯源、数据管理、跨境交易等方面，从而帮助传统跨境电商实现转型，具体有：

①提升跨境交易的效率。区块链跨境贸易采用去中心化技术，交易双方不再需要依赖一个中心机构来负责资金清算，而是基于一个不需要信任协调的共识机制算法，直接进行价值转移。

②用于商品追溯，解决信任危机问题。通过将溯源信息保存在区块链账本中，商品生命周期中的各个参与方都将作为区块链节点共同维护存储溯源信息的账本，保证溯源信息一旦上链就不可篡改、不可伪造。

③杜绝数据造假。为解决传统供应链中贸易数据潜在的伪造、篡改等安全问题，Power 提出了一种基于区块链技术的供应链可信数据管理方案，以智能合约将贸易规则代码化、防范履约风险和提高贸易数据处理可信性。

④保证跨境支付的安全性。基于区块链的跨境支付新模式，与传统电汇支付相比，充分利用了区块链技术的优点，在双方之间直接进行点对点支付，共同参与支付验证，在降低跨境支付风险、提高跨境支付效率、节约银行资源等方面有明显优势。

Power 构建的就是这样一个将商品数字化、以区块链提货券作为权益证明流转的平行世界。它将电商与区块链结合，将商品数字化，转化为提货券的形式。将资产登记、流通和交易都记录在链上，扩大了商品价值网络的边界，为未来电商的发展提供了无限的可能性。

11.4 隐私保护与安全监管

11.4.1 隐私保护技术

隐私性又可以分为所有协作数据的隐私性和通证及其所有者的对应关系的隐私性两个方面。针对前者，我们可以通过哈希算法对数据传输进行加密；针对后者，我们可以通过零知识证明算法对所有者身份进行验证。

零知识证明（Zero - Knowledge Proofs）是一种特殊的交互式证明机制，其特殊之处在于，虽然证明者知道问题的答案，需要向验证者证明自己“知道答案”这一事实，但是又要求验证者不能获得答案的任何信息。

在区块链世界，数据的隐私保护是非常重要的内容。一方面，各节点的物理身份是隐藏的，取而代之的是一段地址；另一方面，我们又需要确保节点真实可靠，这样就需要我们在不知道具体细节的情况下，证明某些主张的真实性。

这一类问题的解决方案包括零知识证明及同态加密（Homomorphic Encryption)。零知识证明是一种特殊的交互式证明，其中证明者知道问题的答案，他需要向验证者证明“他知道答案”这一事实，但是要求验证者不能获得答案的任何信息。

同态加密是一种加密形式，它允许人们对密文进行特定的代数运算且得到的仍然是加密的结果，将其加密所得到的结果与对明文进行同样的运算结果一样。换言之，这项技术令人们可以在加密的数据中进行诸如检索、比较等操作，得出正确的结果，而在整个处理过程中无须对数据进行解密。同态加密是一种具有极高潜力的隐私保护解决方案，即便缺少某些细节，我们仍然能够将整个数据集合进行有效计算。

11.4.2 兼顾监管友好

如何平衡隐私与监管是所有公有链都面临的挑战。系统通过以通证为核心的设计辅以灵活的权限管理机制，可以实现灵活的多签。这里的灵活性表现在，根据不同应用场景的要求，监管的力度也不同。

监管的实施方式与区块链的记账方式相关，如果记账方式设置合理，监管也能根据不同场景调整力度。目前主流的记账方式可以分为两大类，第一类是中本聪在比特币区块链中提出并使用的 UTXO 记账方式，第二类是以以太坊等区块链为代表的基于账户的记账方式。账户模型与传统的银行记账方法很类似。用户可以在银行创建一个账户，然后在账户里存钱或者消费，银行相应地更改账户里的余额，这就与 UTXO 的做法完全不同。账户模型比 UTXO 更高效，因为系统只用更新数据库中的余额，而不需要创建新的 UTXO。但是账户模型并不适合分片，因为在账户模型中，如果一个用户想要向他人转账，需要经过这样两个步骤：第一步是修改原来持有者的账户，第二步是修改新持有者的账户。出于安全原因，系统必须对这两个步骤进行原子性的操作，但在分片环境中，原子性很难保证，即便实现了原子性也会使得系统性能变低。但是，在通证模型中，只需要一个步骤，即增加通证新的所有者。

基于通证的区块链系统采用的是基于通证的记账方式，也就是说，通证的转移在本质上就是变更了通证的所有者（Owner）信息。当发起交易时，参与该通证流通的成员可通过签署数字签名确认该次操作，由系统的验证者节点（Verifier，由投票选举产生）确认满足权限要求并同步到其他节点后，该通证的所有权即发生变化。

由于通证的转移只是改变了通证的所有者，我们根据区块链以通证为中心的特点，对现有区块链的技术进行了改进。在系统内部，每个通证的转移是独立的，不会相互影响，因此是天然可并行的。在多核 CPU 上，这极大地提高了记账者验证交易及写入区块的性能。由于聚焦于通证的相关功能，我们精简了不必要的抽象，系统的性能可在传统区块链上有巨大的提升。

一般区块链系统的治理设计方案中，涉及的权限管理包括三种权限类型，即发行权、交易权和管理权。发行权即发行该域下的通证；交易权即通证的转移；管理权是对该域的管理，包括设置各操作权限阈值、有权限进行该操作的用户组等。

权限管理由通证发行者设定，每一个权限至少由一个组来管理。当一个通证发行时，发行者必须指定每一个权限下相关组的权重和阈值。在一个域下执行任何操作之前，系统会验证该操作是否得到了足够的权重，只有当得到授权的权重达到阈值，操作才会被执行。这种灵活的权限管理与分组设计适用于现实生活中的许多复杂情况。

图 11－13 模拟了两个用户持有同一个通证的应用场景，描述了夫妻双方的婚后资产属于双方共同持有，如果需要转移婚后所得资产，必须由夫妻双方都同意签署后才能发起转移。图 11－3 中，通证所有者为 Alice 和 Andy，各自权重为 1，所有者所在组的权限阈值为 2，也就是说必须 Alice 和 Andy 均同意签署，才能满足阈值需求。如果 Owner Group 成功发起了转移操作，还需要 Group A 和 Group B 签发认可，操作才能最终成功执行并确认。

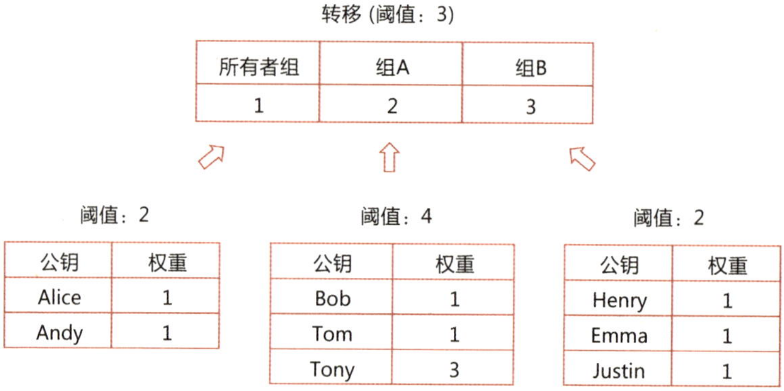

图 11－13　多个所有者的转移权限树示意图

更具体来讲，如果上述案例中的通证对应的是房产，那么涉及的监管部门就可能包括银行、房管局等组织，它们均可受邀参与该操作的多签，不同监管部门的侧重点也不一样，对应的权重也不同，可以有效实现强监管。在很多其他应用场景中，只需要弱监管，那么就不需要设置监管部门参与多签，只需要定期或根据要求报备通知即可。监管的力度与用户交易隐私之间的平衡取决于具体的应用场景下通证发行者定义的权限管理机制，并且发行者可以根据实际情况再调整更新权限树。监管中的任意环节都可以放在权限树中处理，系统会支持脚本化的权限节点，在公钥验证的功能之外，会加入 KYC 等自定义的验证方式，一个权限节点就代表了一个验证过程，这些脚本由通证发行者定义，系统提供的是图灵不完备的、一小部分的灵活性，以平衡功能需求和安全的问题。

相比之下，UTXO 记载的是地址与余额，难以与所有者对应，基于账户的记账方式虽然方便查阅个人拥有的资产，但从资产流转的视角查找数据就非常复杂。基于通证的记账方式以及灵活的管理权限，使得相关的监管部门，不论是从通证流转的视角，还是所有者或操作授权，都能够方便有效地查阅信息，能够迅速锁定房产的全部交易历史，以及每一笔交易对应的授权记录，监管部门还可以根据实际的应用情况，通过改变组内的权限管理对应的参数来实现监管级别的调整。

11.4.3 政府监管的态度趋势

“中俄强监管，日美慎立法，韩国态度趋严厉”，这似乎是公众对于各国区块链监管政策的固有印象。随着 2019 年区块链领域的不断发展，各国区块链政策也有了相应变化。互链脉搏根据公开资料统计了 2019 上半年全球共 181 条区块链扶持相关的政策信息和 187 条监管方面的政策信息。这些政策信息分别来自于 65 个国家和 4 个国际组织，可见当前许多国家均关注着区块链领域的发展。

2019 年 2 月 15 日，《区块链信息服务管理规定》正式施行，中国的区块链监管相较于此前九四的“去伪”，愈加倾向于“存真”。国内各地推动区块链真项目发展的扶持政策也逐步跟上。国外方面，美国将数字货币纳入已有的证券监管体系；韩国在监管的同时更加重视对区块链领域的资金扶持；泰国、乌克兰、马绍尔等国开始推动国家数字货币的发展。

2019 年上半年，中国国内共有 106 条区块链扶持方面的政策信息公布，占国内政策信息总量的75%；而监管方面的信息共有35条。可见在强监管的基础上，国内对于区块链技术的扶持力度也丝毫不弱。其中，最为重要的是3月30日，国家互联网信息办公室发布了第一批境内区块链信息服务备案编号，并督促未备案主体尽快履行备案义务。除此之外，北京市、山西省、河北省等各地的政府机关，提醒民众警惕虚拟货币区块链骗局：3月7日，北京银保监局表示，警惕虚拟货币区块链骗局；3月22日，北京市互金协会发文提出，防范以STO名义实施违法犯罪活动风险。3月末，江苏省表示，将全面实施企业标准领跑者制度，在区块链等领域制定标准。而除了3月份的监管信息外，其余月份的区块链监管信息数量基本维持在5条，与扶持政策信息相差3倍。

韩国对于区块链企业的政策支持则有以下几条：2019年3月13日，韩国专利厅宣布将对区块链等初具规模的创业公司进行集中支援；5月2日，韩国金融服务委员会已指定9家金融企业，利用区块链等新技术提供创新服务。

在韩国大力扶持区块链领域的同时，美国也有相应的资金扶持政策被提出。2019年1月10日，美国能源部资助区块链研究项目。3月20日，美国卫生与公众服务部投资700万美元用于探索区块链等技术。美国作为区块链扶持政策信息数量排名第二的国家，共有相关信息13条，占比11%。其多数为各州通过的用以推动区块链发展的相关法案。1月28日，美国华盛顿特区提出法案，鼓励发展区块链技术。4月26日，美国俄亥俄州众议院提出一项法案，允许政府实体采用区块链技术。

除美韩两国外，日本、俄罗斯、德国、泰国分别有3条区块链扶持政策信息公布。俄罗斯的扶持信息主要是允许加密货币交易和使用。德国则体现在逐步布局区块链发展，研究发展建议、计划建立研究所。德国政府成立的"工业4.0平台"发布的《工业4.0愿景2030》文件表示：区块链等在工作日程上，正同中国等合作伙伴进行积极的交流；日本较为重要的扶持信息是，6月份，日本政府在"未来投资会议"上提出促进区块链等技术采用的方针，进一步推动区块链技术与各应用领域的融合。泰国的重点在于央行数字货币项目。3月份，泰国央行行长表示，正在开展央行数字货币项目，用以推动银行清算的发展。乌克兰、马绍尔、伊朗等国也在陆续开展国家数字货币的实践。

11.5 纳入新基建，迎接新机遇

2020 年 4 月 20 日，国家发改委首次明确新型基础设施的范围，初步研究认为，新型基础设施是以新发展理念为引领，以技术创新为驱动，以信息网络为基础，面向高质量发展需要，提供数字转型、智能升级、融合创新等服务的基础设施体系。

新型基础设施主要包括三个方面内容。

一是信息基础设施。主要是指基于新一代信息技术演化生成的基础设施，比如，以 5G、物联网、工业互联网、卫星互联网为代表的通信网络基础设施，以人工智能、云计算、区块链等为代表的新技术基础设施，以数据中心、智能计算中心为代表的算力基础设施等。二是融合基础设施。主要是指深度应用互联网、大数据、人工智能等技术，支撑传统基础设施转型升级，进而形成的融合基础设施，比如，智能交通基础设施、智慧能源基础设施等。三是创新基础设施。主要是指支撑科学研究、技术开发、产品研制的具有公益属性的基础设施，比如，重大科技基础设施、科教基础设施、产业技术创新基础设施等。

根据我们对政策发展与技术演化的判断，人工智能与区块链技术的融合发展是未来的必需。

一方面，区块链技术天生的不可篡改特性奠定了机器的伦理价值，这是一种天生的“公共性”，亦即大家遵循着一样的规则。所有的行为数据都能够不被篡改地记录在案，这会对人机伦理价值产生深远影响，作恶历史无法洗白，认知水平高的节点则会脱颖而出，因此能够引导各主体自觉为自己的数据负责。要证明自己的可靠性就需要历时性的可信记录，也就是说不会单纯因为某一个节点的算力强大或者身份权威而绕开必须花费时间来积累的信用壁垒，无法忽略的时间成本也为人类应对快速发展的 AI 提供了一种可能的制衡路径。

另一方面，随着节点的增多和交互数据的增长，未来的网络空间或者区块链世界将会变得越来越复杂，仅凭简单的人机结合方式也不可能完全处理得当，必须引入适当的 AI 算法实现对系统中的热点、痛点进行主动的感知，根据具体的业务场景问题进行及时的初步干预或提供处理意见，并由人机节点投票迅速达成共识。这种深度融合 AI 与 Blockchain、人类智慧与机器智能的系统，才有可能实现人与机器的博弈、协作与进化，在不同的业务场景中，由相应节点发挥专业所长，服务未来的人类社会，积极应对不可预测的未来场景。

第三方面，区块链从现在到未来，是一个中心化—去中心化—再中心化—再去中心化—再再中心化……循环往复的过程，是一条永不断裂的链条。而商业模式的变化始终围绕这个逻辑来展开，特别是再中心化的过程将涌现出一大批新的模式，只有再中心化能够实现，才能持续地激发所有参与者的积极性和持久性。但商业思维的本质不会改变，那就是“让使用者拥有”的时代到来，但变化的是使用者已经发生了异化，可能是我们人类，也可能是“人工智能”，从比特币开始，人类的商业世界在区块链商业思维的指引下迈入新的世界！

从习总书记 2019 年 10 月 24 日讲话到发改委将区块链纳入新基建，再到央行的数字货币 DCEP 的快速推进，都表明区块链技术已经得到国家层面的重视与鼓励，区块链技术从理论创新到落地实践，都还有广阔空间可为。区块链从业人才势必加快区块链和人工智能等前沿信息技术的深度融合，推动集成创新和融合应用，推动区块链商业思维和商业模式发展，构建健康可持续的区块链产业生态，为拥抱人类未来贡献坚实力量。

参考文献

安德烈亚斯·安东诺普洛斯. 区块链：通往资产数字化之路. 北京：中信出版社，2018.

白硕，熊昊. 大数据时代的金融监管创新. 中国金融，2014（15）：37－38.

保罗·维格纳，迈克尔·凯西. 区块链：赋能万物的事实机器. 北京：中信出版社，2018.

彼得·德鲁克，朱雁斌. 21世纪的管理挑战［M］. 北京：机械工业出版社，2009.

白硕. 区块链技术及其应用［J］. 债券，2018（05）：81－85.

毕夫. 全球区块链的金融变革图景［J］. 对外经贸实务，356（09）：95－98.

蔡恒进. "黑科技"如何有效赋能社会救治. 中国青年报，2020年2月12日，第二版.

蔡恒进，江身军，蔡天琪，耿嘉伟，程希冀. 区块链：链接智能未来. 北京：人民出版社，2019.

蔡恒进，蔡天琪，耿嘉伟. 人机智能融合的区块链系统. 武汉：华中科技大学出版社，2019.

蔡恒进. 人工智能的挑战：误区与急所. 国家治理，第223卷，第7期，36－39，2019.

蔡恒进，郭震. 供应链金融服务新型框架探讨：区块链＋大数据. 理论探讨，第1期，94－101，2019.（CSSCI）

蔡恒进. 人工智能时代必须敬畏的天命. 湖南大学学报，第 32 卷，第 1 期，32 –36，2019.（CSSCI）

蔡恒进. 数字凭证：小范围内快速达成共识的工具. 当代金融家，第 6 期，39 –41，2018.

蔡恒进. 意识的凝聚与扩散——关于机器理解的中文屋论题的解答. 上海师范大学学报（哲学社会科学版），47 卷第 2 期，32 –39，2018.

蔡恒进. 超级智能不可承受之重——暗无限及其风险规避. 山东科技大学学报，第 2 期，9 –15，2018.

蔡恒进. 论智能的起源、进化与未来. 人民论坛 · 学术前沿，总第 132 期，10 月下刊，24 –31，2017.

蔡恒进. 机器崛起是否意味着人文危机？文化纵横，总第 55 期，10 月号，37 –43，2017.

蔡恒进. 人工智能发展的突破口及其提出的新要求. 江西社会科学，总第 371 期，第 10 期，18 –24，2017.

蔡恒进，蔡天琪，张文蔚，汪恺. 机器崛起前传——自我意识与人类智慧的开端. 北京：清华大学出版社，2017.

蔡恒进. 认知坎陷作为无执的存有. 求索，第 2 期，63 –67，2017.

蔡恒进. 触觉大脑假说、原意识和认知膜. 科学技术哲学研究，第 6 期，48 –52，2017.

邓晓芒. 人类起源新论：从哲学的角度看（上，下）. 湖北社会科学，7：88 –99；8：94 –105，2015.

李博，郑博，郭子阳等 . 区块链技术在金融方向应用的发展及展望［J］. 应用科学学报，37（02）：5 –17.

李海，胡麓珂 . 首次代币发行（ICO）监管再思考——以德国现行法为视角［J］. 财经法学，2019（02）：3 –16.

李静元，范祥辉，王颖 . 基于区块链的共享经济隐私保护机制的设计［J］. 计算机应用与软件，36（01）：302 –307.

李礼辉. 加速推进数字金融与普惠金融建设［J］. 中国金融，2020.

李雅文．区块链：如何填补法律监管“空白”？［N］．人民邮电，2019－12－06（008）．

李智，黄琳芳．数字货币监管的国际合作［J］．电子科技大学学报（社科版），2020，22（01）：12－19.

蒋国飞．浅谈跨链技术在企业级区块链场景下的应用．2019 云栖大会 蚂蚁区块链 生态峰会演讲．

牟宗三．五十自述．台北：鹅湖出版社，1993．

任安军．运用区块链改造我国票据市场的思考［J］．南方金融，No. 475（3）：41－44.

孙国峰，陈实．论 ICO 的证券属性与法律规制［J］．管理世界，2019，35（12）：45－52.

吴桐，李铭．区块链金融监管与治理新维度［J］．财经科学，2019（11）：1－11.

杨东，邢博洋．美国 STO 监管经验与启示［J］．中国金融，2019（05）：76－77.

姚前．分布式账本与传统账本的异同及其现实意义［J］．清华金融评论，2018（06）：64－68.

朱嘉明．货币正在丧失中性特征［N］．第一财经日报，2018－11－20（A11）．

迈克尔·波特；陈小悦译．竞争优势［M］．北京：华夏出版社，1997.

王嘉平．区块链到底有什么了不起［J］．中国计算机通讯协会，2020（03）．

区块链的四大特征．星星的博客https：//blog. csdn. net/qq_34930488/article/details/97898840.

全球监管分析，陈思进博客 http：//blog. sina. com. cn/s/blog _5ef1fe090102zhkh. html.

ICO 全过程一点通．https：//www. jianshu. com/p/5924abd170a3 Gartner 2019：区块链技术成熟度曲线．上海市科学学研究所．http：//stcsm. sh. gov. cn/P/C/163086. htm.

魏炜，林桂平，朱武祥．从治理交易关系与业务交易关系探讨企业边界及相关命题——一个多案例研究的发现．Exploring the Enterprise Boundary and Relevant Propositions by Studying the Governance Transaction Relationship and Business Transaction Relationship——Findings from a Multiple Cases Study [J]. 管理评论，2016，028 (004)：212－224.

Buterin V. "A next-generation smart contract and decentralized application platform," 2013.

David LEE Kuo Chuen, Li Guo and Yu Wang. Practical applications of cryptocurrency: a new investment opportunity? Practical Applications, Vol. 6, Issue 4, 2019. https://doi.org/10.3905/pa.6.4.324.

Robert W. Greene, David LEE Kuo Chuen. Singapore's open digital token offering embrace: context and consequences. The JBBA, Volume 2, Issue 1, pp. 1－11, 2019.

Cai T., Cai H. J., Wang H., Cheng X. and Wang L. Analysis of blockchain system with token-based bookkeeping method. IEEE Access, vol. 7, pp. 50823－50832, 2019.

Chepurnoy A. "POS forging algorithms: multi-strategy forging and related security issues," Github, Dec. 2014.

Crane F. B. Proof of Work, Proof of Stake and the Consensus Debate. 2014. Accessed: Jul. 24, 2018. [Online] Available: https://cointelegraph.com/news/proof-of-work-proof-of-stake-and-the-consensus-debate.

Delegated Proof-of-Stake Consensus (DPOS). Accessed: Jul. 24, 2018. [Online] Available: https://bitshares.org/technology/delegated-proof-of-stake-consensus/.

EOSIO. Accessed: July 19, 2018. [Online] Available: https://www.eos.io/.

Ethereum, Ethereum white paper. [Online] Available: https://github.com/ethereum/wiki/wiki/White-Paper.

EveriToken Lab, "everiToken technical whitepaper," v2. 5, 2019.

Nakamoto S. , "Bitcoin: a peer-to-peer electronic cash system," 2008. [Online] Available: https://bitcoin. org/bitcoin. pdf

Pacioli L. "Summa de arithmetica, geometrica, proportioni et proportionalità," 1494.

Poon J. , Buterin V. , "Plasma: scalable autonomous smart contracts," 2017.

Roger Penrose. The emperor's new mind. OUP Oxford. 1999. 罗杰·彭罗斯. 皇帝新脑. 长沙：湖南科学技术出版社，2007.

Marvin Minsky. The emotion machine. Simon & Schuster. 2007. 马文·明斯基. 情感机器. 杭州：浙江人民出版社，2016.

Pei Wang. The assumptions on knowledge and resources in models of rationality, International Journal of Machine Consciousness, 3 (1): 193 – 218, 2011.

Todd P, "BIP-Hash locked transaction," Apr. 25, 2014. Accessed: Jul. 24, 2018. [Online] Available: https://lists. linuxfoundation. org/ pipermail/bitcoin-dev/2014-April/005556. html.

Vitalik Buterin. Chain Interoperability.

William Mougayar, Vitalik Buterin, Christopher Grove. The Business Blockchain: Promise, Practice, and Application of the Next Internet Technology. Wiley Press, 2016.

Zhou C. The impossible triangle of blockchain, Mar. 2, 2017. [Online] Available: The Impossible Triangle of Blockchain. [Online] Available: https:// news. 8btc. com/the-impossible-triangle-of-blockchain.

后记：从数字区块链到数理区块链

区块链正在以前所未有的速度改变着我们的世界和生活，未来 12 年将是区块链时代茁壮成长的 12 年，我们可以预见一个基于区块链实践的移动互联网将革命性地重塑人类的信任，从而推动人类从信息互联网时代到价值互联网时代。

在刚开始撰写本书的时候，我有幸与中国工程院院士、核武器电子学专家李幼平先生结缘，成为李院士的学生，得到李院士的悉心指导．李院士给我开启了区块链研究的另外一扇门，即从数字区块链到数理区块链。

对于我而言，这是一个全新的视角。在我认识的区块链专家中，三位是世界顶级的物理专家出身——李幼平院士、蔡恒进教授和已故的张首晟教授，他们各自从不同视角去研究区块链，但最终都殊途同归。李幼平院士认为数字区块链无法实现的“不可能三角”在数理区块链上进行了规避，从而有效地解决“不可能三角”问题。

李幼平院士认为：信任，尤其是让原本互不信任的双方都“不得不信”，需要拿出“真实、唯一、可信”的“数学证明 + 物理证明”，不能局限于数学证明。中本聪的比特币和当前的区块链，只满足于基于哈希函数的数学证明，缺失物理证明，只能说在一定规模之内是安全的，在全社会推广则存在问题，区块链作为全社会的信任手段，目前尚不成熟。而物理证明，首先是时间、位置的证明。时间是单调函数，过去了的永远不会再来；而某位置如果被某物件占领了，一般可以排斥被别的物件占领，只具有相对意义的排它性。只有“时间 + 位置”才具备“确定无疑”的排它性或唯一性，即天然的唯一性，无人可以推翻，所有人都“不得不信”。每一个人身边的手机，不管安装的是中国的北斗、美国的 GPS、俄国的格纳拉斯，还是欧洲的伽里略，都可以提供真实性唯一性的时间、位置数据。

李幼平院士指出："数学证明 + 物理证明" 做到 "不得不信"，20 世纪前已有成功案例。20 世纪 90 年代，政治上互不信任的五个核大国，如何在核禁试条约面前自证清白，而且希望避免他国人员与他国设备介入，保持国家的 "核隐私"？各国达成的共识是，在本国试验场周边布置若干地震仪，地震数据与 GPS 测到的时间与位置数据实时捆绑后去做哈希计算，再借用地震波的时空自洽规律识破任意方式的篡改与造假。经历 20 几年的考验，核大国在地震核查的技术问题上始终保持共识，证明 "数学证明 + 物理证明" 概念是有效和可行的。

李幼平院士又提出：在电路交换通信系统中，它是一种信令或令牌，制约通信电路的接通或断开。近年来，以促进人与人 "互相信任" 为目标，出现了 "基于真实性/唯一性/可信性的普适证明"，我们把它表达为 "通证"，也借用 Token 一词。这种证明之所以做到互不信任的双方都无法推翻，"放之四海皆准"，是因为它是一种纯客观的证明，证明过程始终无人参加，严格防止主观因素介入，因此属于人工智能的成果，可称 AI Token。

李院士说：我这 20 年，做了一件事，就是发现 "时空自洽" 可以 "自证清白"，并推动把它做成国家标准，让国人可以在现实空间与网络空间之间，建立唯一性的数字指认，它有助于在破解网络安全难题的同时，逐渐形成人类共识机制。李院士一直致力于在 "天地一体" 国家工程中，采用 "天领地" 的设计思想。一是天基卫星转发，空间途径确定，时间延时确定，天然的时空自洽带来内生物理安全，拒绝网络攻击，拒绝不确定威胁，有能力通过简单的内容标签识破网络攻击，体现国家网络主权。二是卫星转发与地面存储相结合，形成不限规模（Scale-free）的信息生产能力，共享共治覆盖全球全网，规避异步环境难以形成人类共识的障碍，在可信的基础上重塑区块链技术的共识机制，一步步创建价值互联网。

从我的视角来看，数理区块链将是一个去中心化到中心化、再到去中心化的循环往复的过程，而这个过程将开启区块链应用的无限空间，天下大势，合久必分，分久必合，合—分—再合—再分—再再合—再再分……以致无穷。裂变—聚变—再裂变—再聚变……n 微秒后，结束全过程。中心化—去中心化—再中心化—再去中心化—再再中心化……以致无穷。如果人们只满足于免费的去中心化，不追求再中心化，区块链到此打住，普朗克链条到此打断，区块链创建人类共识目标，死棋无疑。数字区块链让我们掉入了“去中心化”的泥潭，比特币“51% 的攻击”从经济角度是不经济的，但从政治的角度来看可能，集中 51% 算力攻击又何尝不可能呢！另外一点，数字区块链无法解决的数据真实性问题在数理区块链将得到真正的解决，在物理自洽和数学自洽的基础上，添加“语义自洽”功能，拓展通证概念成为一种安全、可信、隐私的内容标签，从而实现数据从一开始就是真实的。

不能简单地认为数理区块链就是数字区块链 + IoT 的组合，IoT 技术解决了人与物、物与物之间的信息沟通问题，将数据实时传输到数字区块链上进行存储，从而解决数据信任问题，但是 IoT 技术没有解决物理自洽问题，就无法从一开始就确保数据的真实性，从而让基于数字区块链的信任机制变得非常脆弱和不堪一击！

李幼平院士指出 2020 年将为数理区块链的元年。来自中国北斗导航系统的官方消息显示，北斗卫星导航系统第 47、48、52、53 颗卫星已经完成在轨测试、入网评估等工作，近日正式接入系统，提供定位导航授时服务。其中，第 41 和 49 颗卫星由中国空间技术研究院研制，分别于 2018 年 11 月 1 日和 2019 年 11 月 5 日在西昌卫星发射中心发射；第 50 和 51 颗卫星由中国科学院微小卫星创新研究院研制，于 2019 年 11 月 23 日在西昌卫星发射中心发射。根据北斗全球组网计划安排，2020 年中国将组织最后两次北斗三号组网卫星发射，最终建成北斗全球系统，向全球提供服务，全方位对标 GPS，最终实现几代北斗人执着追求的“全球梦”。基于北斗的天基网的建立，数理区块链元年的大幕已经开启。

从商业的视角来看待数理区块链将加速本书开篇区块链商业思维的实现，也会推动更多的商业应用的落地。因为数据真实性的问题彻底解决，同时数据的异步性也得到了规避，数字成为资产的日子将越来越近，当数字资产化成为必然的时候，“拥户”的时代就席卷而来，当每一个人都成为生态的拥有者的时候，生态本身就具有了生命力，这一切都变得自然而然。

AI Token 解决了数字资产本身的信任问题，虽然基于 Token based 的数学区块链也试图通过数学的方法解决了数字资产在流通过程中的信任问题，但没有解决数字资产在发行时的信任问题，信任自洽需要数学、物理和语义三方面共同的自洽才能完成，当数字资产从一开始就解决信任问题的时候，其实也就意味着价值互联网时代的到来。

数理区块链同时也解决了国家中心化的问题，国家中心化只是在中心化到去中心化，再到中心化过程的一个演进，通过卫星物理自洽让国家意志也得到彰显，数字的攻击将成为不可能，也让监管成为了可能，以卫星的天基网和以服务器的地基网的相互融合，形成两个有机的生态，在监管和自由中间得到一个非常好的平衡，并相互赋能。

数理区块链对于央行的数字货币来讲也将是一个非常好的解决思路，目前中国的数字货币的解决方案没有设定技术路线是对的，同时采用中心化的模式也是对的，对于国家来讲，基于数字区块链的安全是不能保证一个国家的安全的，盲目地采用数字区块链的解决方案会导致国家主权的丧失，而数理区块链通过 AI Token 的解决方案，在 P2P 模式基础上实现全网同步广播和记账，既保障了央行的权威性，又增强了货币的可信性。

数理区块链在智慧城市、民生领域及金融领域均将开启全新的应用空间和方式，天网和地网的融合将是未来区块链走入世界的样子。目前全球只有两个国家拥有话语权，或许未来欧盟的伽利略系统也会加入进来，从三足鼎立到三权融合也只是时间的问题，或许由于发明了除了卫星之外的物理自洽工具，人类在未来 30 年能够让信任不仅仅在地球，还会衍生到外太空。

本书对于数理区块链的研究还是非常肤浅的，在李院士一个多月的指导下，我感觉基本找到了一扇研究的窗户，窗户的缝隙已经开启，但要深究下去，或许需要 30 年。从数字区块链转型到数理区块链可能需要 3 年的时间，但如果 3 年能够验证今天的研究成果，那么 30 年也是值得的。李院士也希望我在完成本书撰写之后，投入到数理区块链应用的研究，撰写第二本专著

《北斗区块链》。在数理区块链的理论指导下，人类会迈向一个新的理想世界，也就是“专门利人，毫不利己”的世界。

在本书即将付梓之前，本书的撰写得到了很多人的鼓励和支持，我的太太总是给予我无私的帮助，激发我的各种可能；我的父母、岳父母、姐姐、哥哥、妹妹还有朋友们总是在各个方面给予我支持和鼓励，才使得本书能够实现。特别感谢陈梦华、姚晔（华兴银行总行）、宋学工、肖冬军（环球易购副总裁）、禹荣贤、张朝辉、王斌峰（通群科技首席销售官）等编委专家的宝贵意见和修订。本书成书的时间也是中国举全国之力抗击新型冠状病毒肺炎的时间，除了希望区块链能够给政府防疫工作提供一些解决方案之外，还特别希望借助本书的缘分能够聚集一批人为疫区武汉作一点点贡献，很多读者积极响应，非常感谢陈熙、叶志新、史腾飞、邓理鹏、陈光、温妙艳、戴颖、葛斌、陈武义、谭丽君、熊丽莉、郝有顺、方小菲、韩光怡、李杭俊、俞洁芳、倪征宇、顾春国、曹战果、隋增平、胡婷、杜明灯、那振、戴燚、董连河、陈建林、李晏辉、陈燕行、马哲、刘钊、齐琳、李献文、林小红、刘志毅、张峰、张克强、龙菲、刘羿葳、刘辛元、刘兰妤、卢立新、马世昌、鲁昀、肖林、黄诗达、王佳、聂辉、李彦生、李伟、毛洪云、覃佳欢、刘晓利、陈利、许明生、栗相军、李昌瑜、丘逸、倪梓鹏、黄基恩、莫小雄、黄亚辉、王智刚、李广通、饶芳柱、王玫、谭作文、汤明安、宋致祥、王颖劼、王瑞玲、李卫亚、陈月杏、王焕朋、项庆峰、王明辉、宋学工、杨拥军、向振宏、宋长伟、严建平、王博、熊君、舒蒂、韩景华、李新建、阮爽、李效楠、唐德鑫、汤骏、王方松、汪成钢、张兆涛、张明、赵铮、张明艳、周荣杰、周安成、徐涛、秦桃源、郑名悦、张杰、张国胜、司徒丹、王石、朱卫文、吴娟、余利红、陈东杭、俞杰、陈泽兵、张煜、魏晓光、李瑞慈、左佐、张国明、黄博、刘瀚生、熊功建、姚华林、刘娜等，还有很多朋友同仁付出爱心和建议，这里就不一一列出，如有疏漏，也敬请谅解。